BORUTO
-NARUTO NEXT GENERATIONS-
DAS OPFER
13. SCHRIFTROLLE
ORIGINAL STORY AND SUPERVISING
MASASHI KISHIMOTO
MANGA: MIKIO IKEMOTO
SCENARIO: UKYO KODACHI

BORUTO -NARUTO NEXT GENERATION- CHARAKTERE

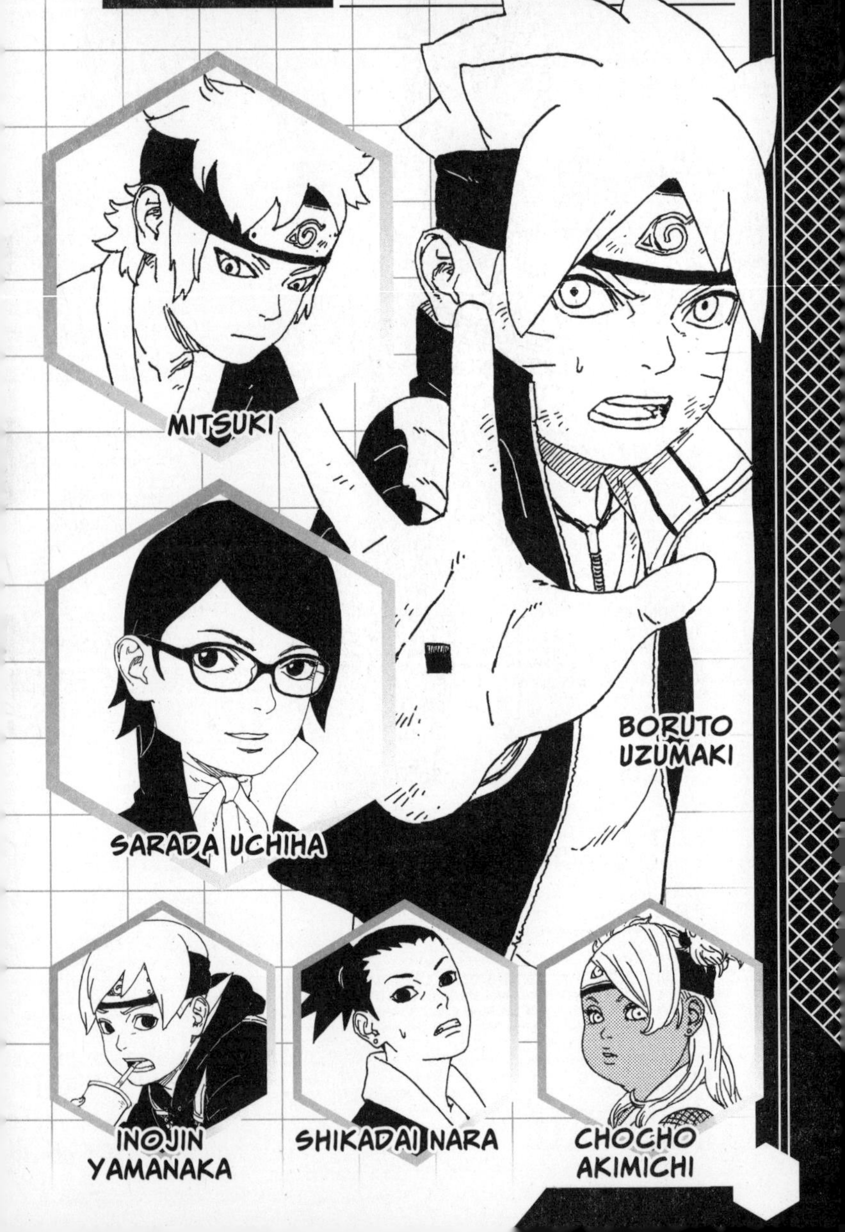

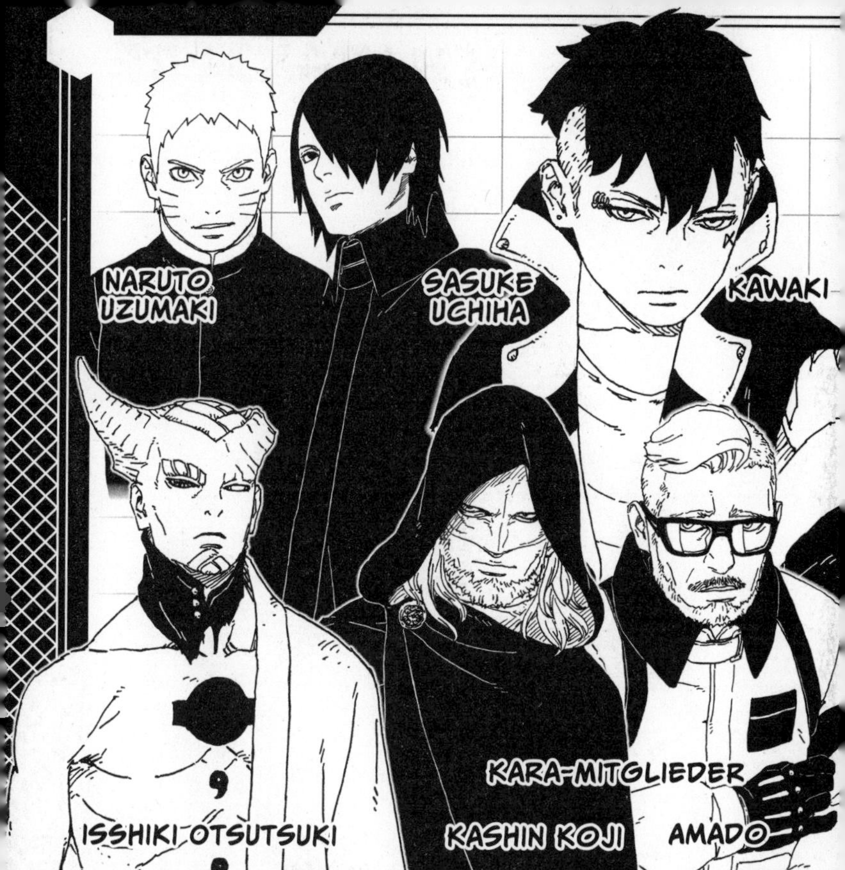

STORY

DER NINJA-WELTKRIEG IST VERGANGENHEIT, DIE MENSCHEN IM DORF KONOHAGAKURE GENIESSEN DEN FRIEDEN. DOCH ALS BORUTO, DER SOHN VON NARUTO, DEM SIEBTEN HOKAGE, AN DER CHU-NIN-PRÜFUNG TEILNIMMT, GREIFEN MOMOSHIKI UND KINSHIKI OTSUTSUKI AN. DIE KONOHA-NINJA BESIEGEN DIE ANGREIFER, AUF BORUTOS RECHTER HAND BLEIBT ABER EIN SELTSAMES MAL, KAMA, ZURÜCK.

AUF EINER MISSION STÖSST BORUTO AUF EINEN JUNGEN NAMENS KAWAKI, DER EBENFALLS EIN SOLCHES MAL TRÄGT. ES STELLT SICH HERAUS, DASS DIESER JUNGE DAS »GEFÄSS« IST, NACH DEM DIE DUBIOSE ORGANISATION KARA SUCHT.

NARUTO NIMMT KAWAKI IN SEINE OBHUT UND LÄSST IHN BEI SICH UND SEINER FAMILIE WOHNEN, UM DEN JUNGEN ZU BESCHÜTZEN. BORUTO UND KAWAKI VERSTEHEN SICH ANFANGS NICHT, ABER ALLMÄHLICH GEWINNT KAWAKI VERTRAUEN IN DIE KONOHA-NINJA UND FREUNDET SICH MIT BORUTO AN.

KARA VERSCHLEPPT JEDOCH NARUTO, UM KAWAKI ZURÜCKZUHOLEN. BORUTO UND SEINE KAMERADEN SCHAFFEN ES, NARUTO ZU RETTEN, ABER BORUTOS MUTATION DURCH KAMA SCHREITET FORT…

DANN KOMMT DAS KARA-MITGLIED AMADO NACH KONOHA UND WILL ASYL – UND KASHIN KOJI KÄMPFT GEGEN JIGEN! MITTEN IM KAMPF ZEIGT SICH JIGENS WAHRE IDENTITÄT: ISSHIKI OTSUTSUKI!

BORUTO

BORUTO
-NARUTO NEXT GENERATION-

13. SCHRIFTROLLE

DAS OPFER

INHALT

48: BAUERNOPFER

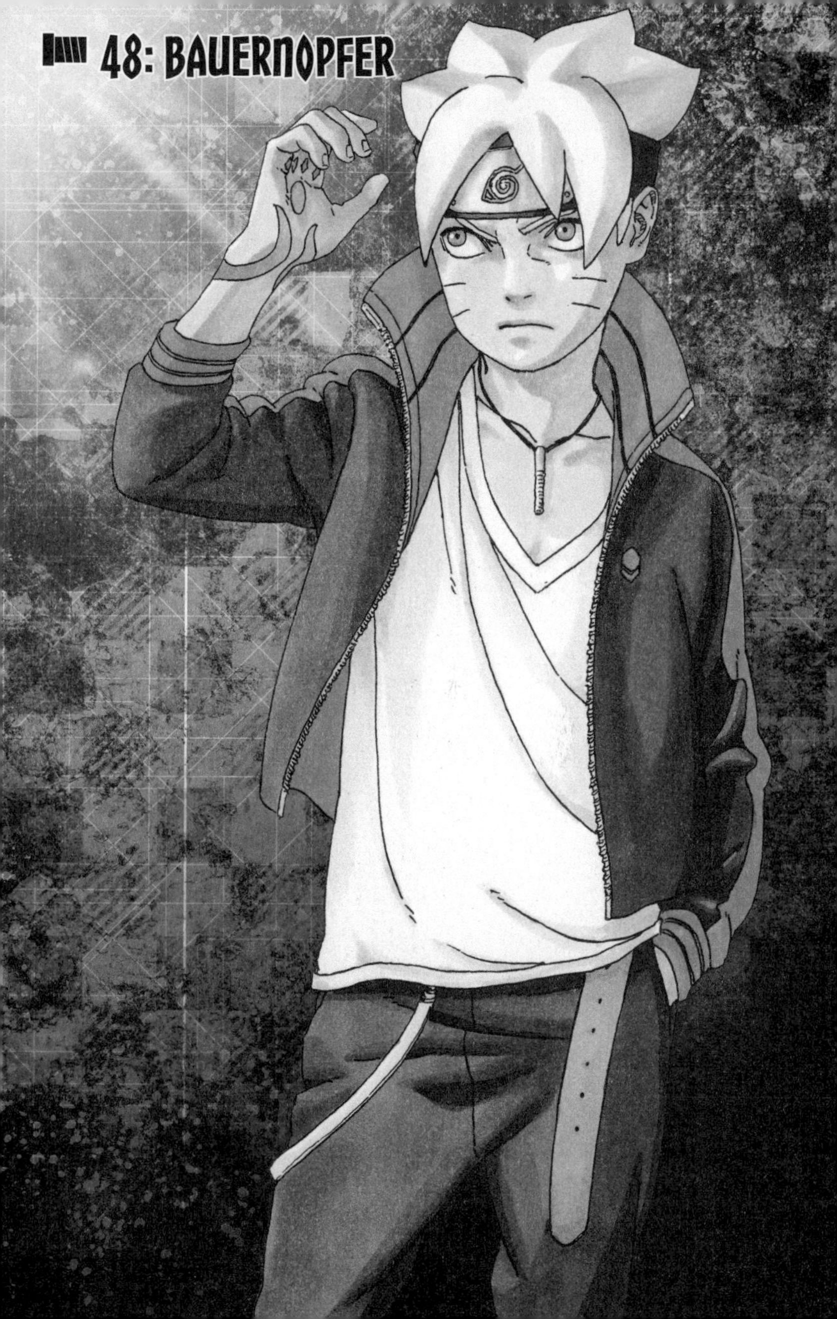

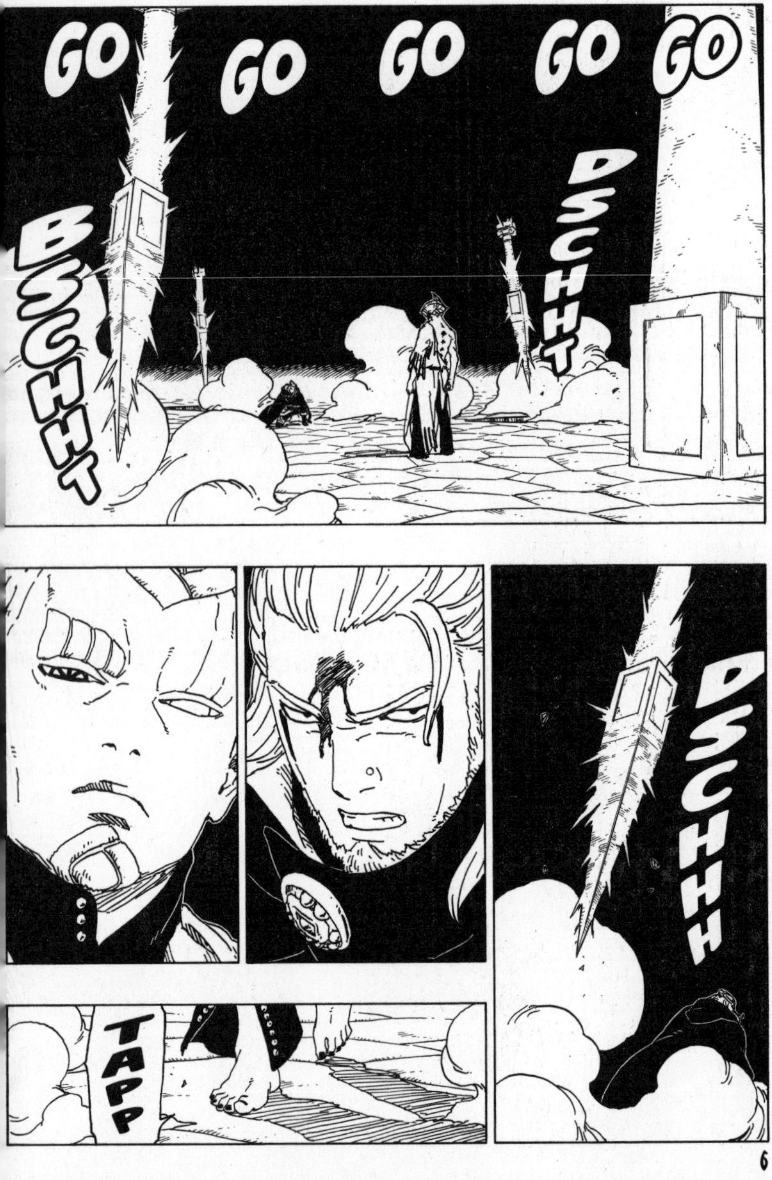
GO GO GO GO GO
DSCHHT
BSCHHT
DSCHHH
TAPP

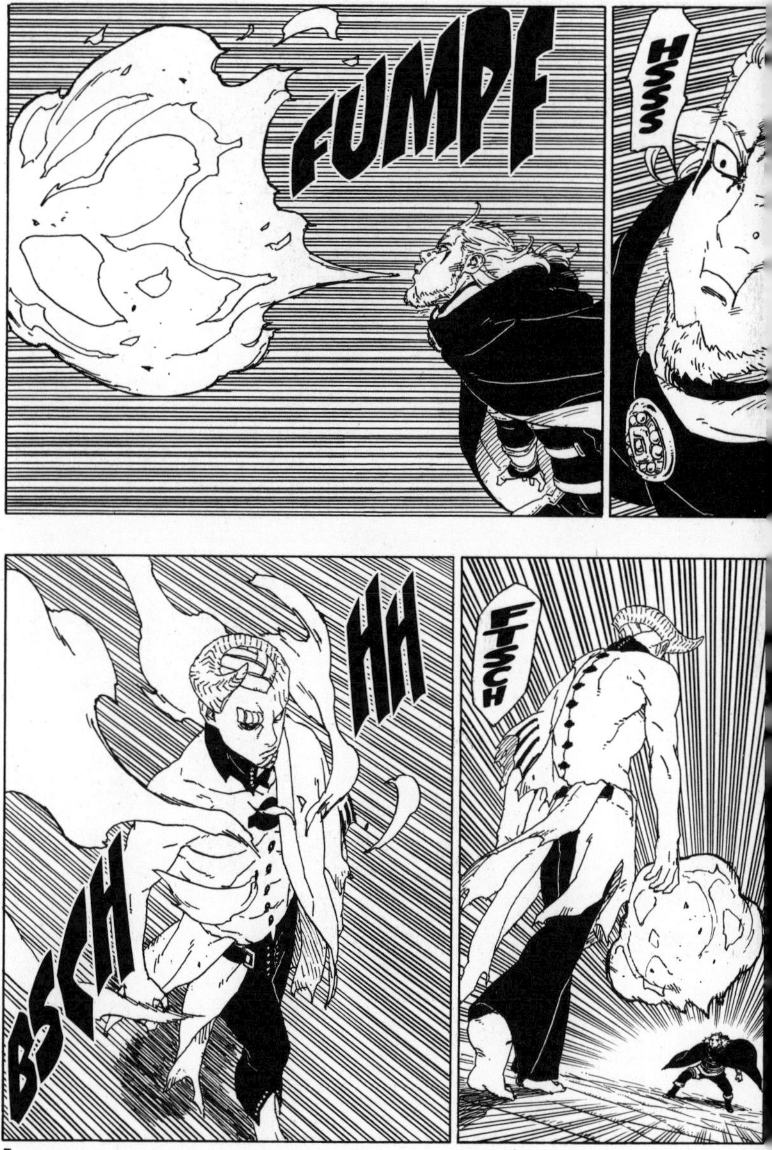
HSSS
FUMPF
FTSCH
HH
BSCH

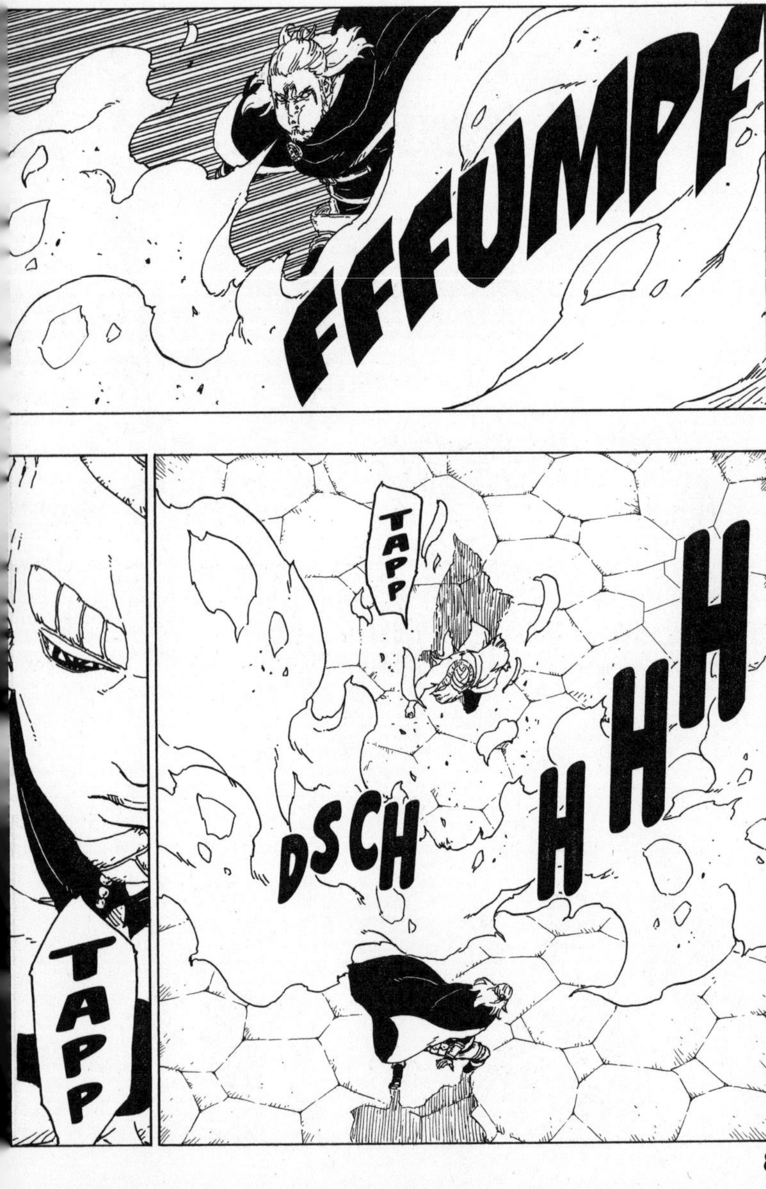
FFFUMPF
TAPP
DSCHHHHH
TAPP

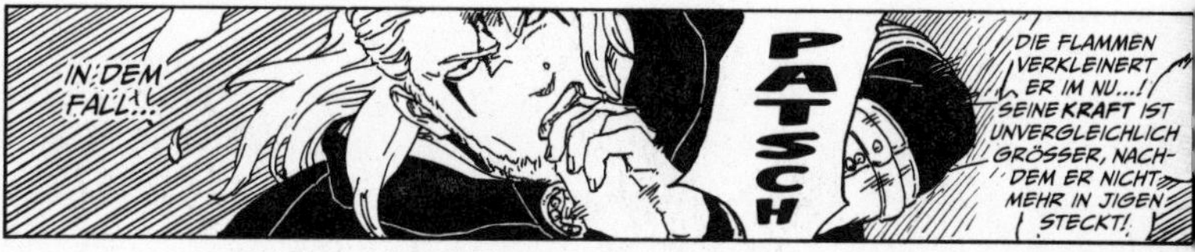

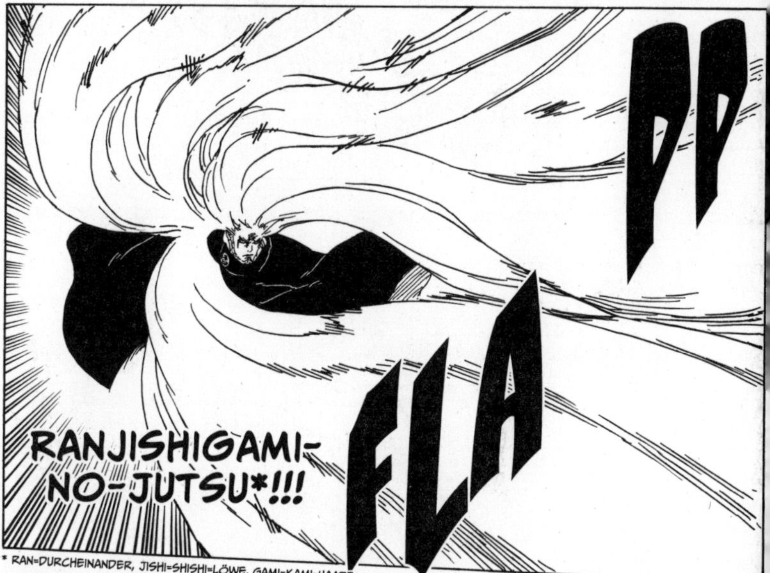

* RAN=DURCHEINANDER, JISHI=SHISHI=LÖWE, GAMI=KAMI=HAARE

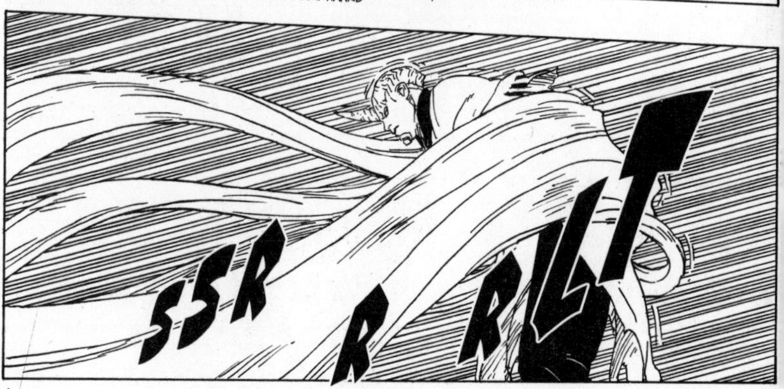

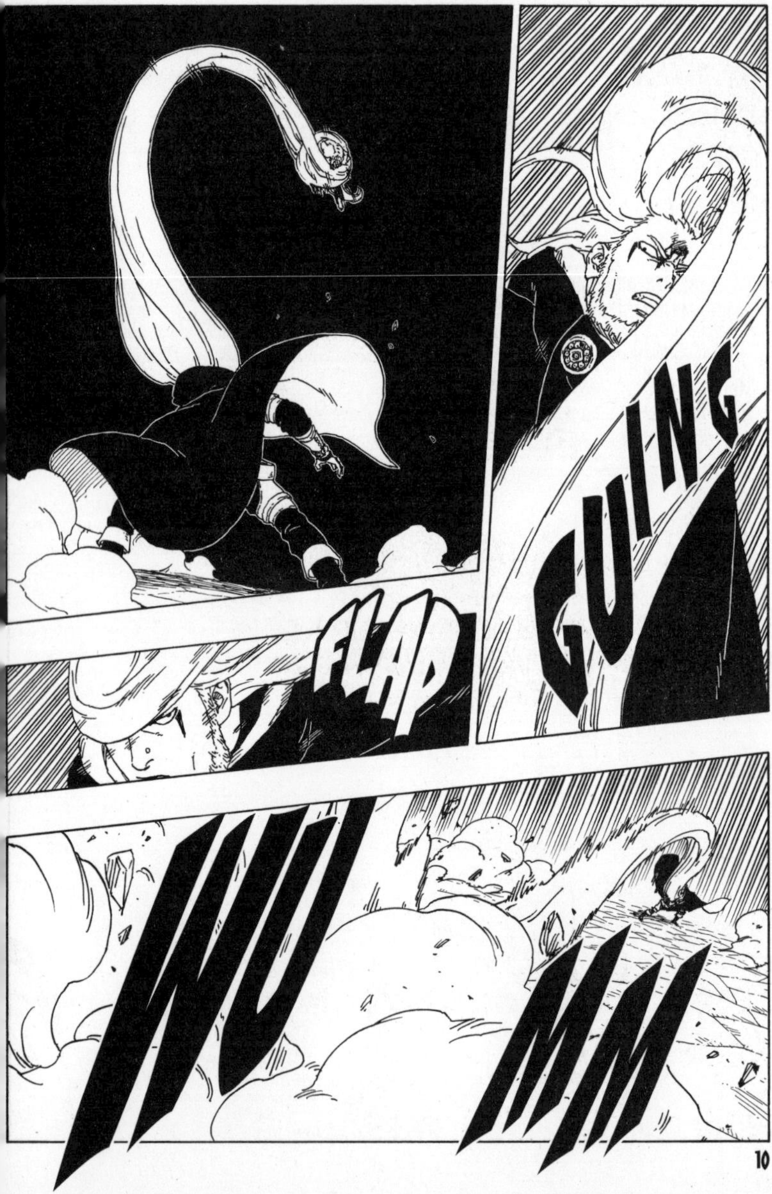
GUING
FLAP
WUMM

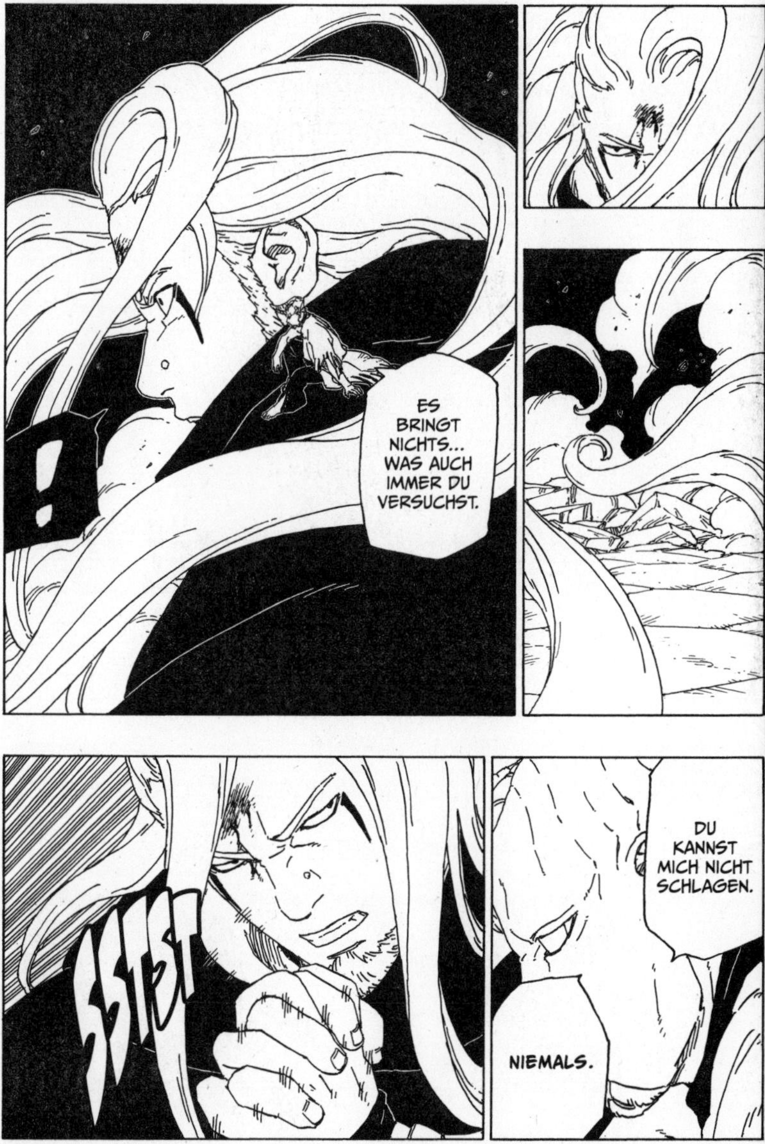
ES BRINGT NICHTS... WAS AUCH IMMER DU VERSUCHST.
DU KANNST MICH NICHT SCHLAGEN.
NIEMALS.
SSTST

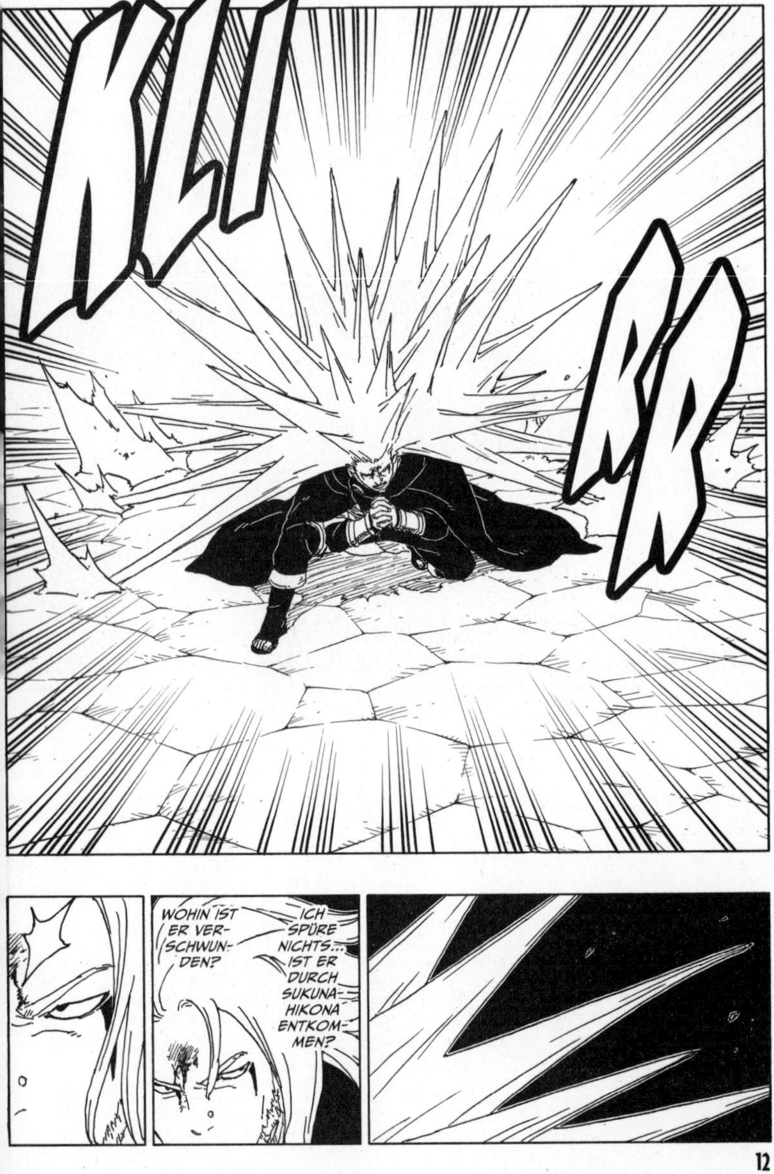
ICH SPÜRE NICHTS... IST ER DURCH SUKUNA-HIKONA ENTKOMMEN?
WOHIN IST ER VER-SCHWUN-DEN?

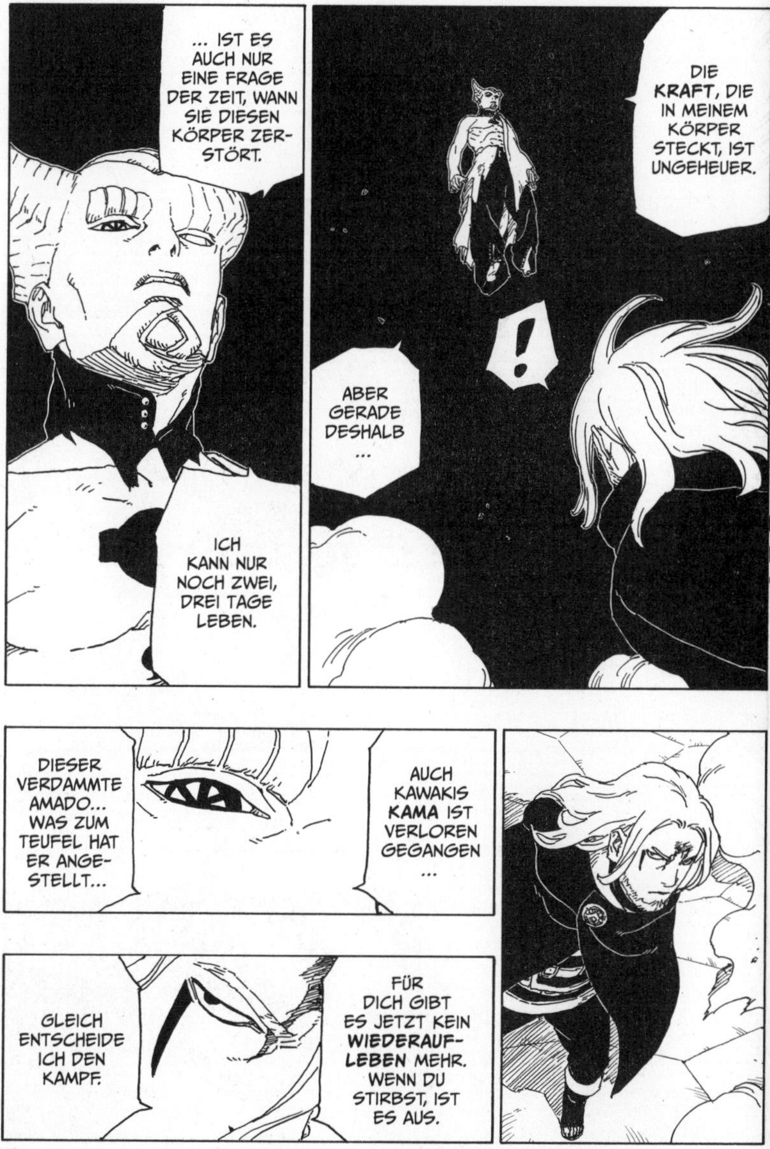
DIE KRAFT, DIE IN MEINEM KÖRPER STECKT, IST UNGEHEUER.
ABER GERADE DESHALB ...
!
... IST ES AUCH NUR EINE FRAGE DER ZEIT, WANN SIE DIESEN KÖRPER ZERSTÖRT.
ICH KANN NUR NOCH ZWEI, DREI TAGE LEBEN.
AUCH KAWAKIS KAMA IST VERLOREN GEGANGEN ...
DIESER VERDAMMTE AMADO... WAS ZUM TEUFEL HAT ER ANGESTELLT...
FÜR DICH GIBT ES JETZT KEIN WIEDERAUFLEBEN MEHR. WENN DU STIRBST, IST ES AUS.
GLEICH ENTSCHEIDE ICH DEN KAMPF.

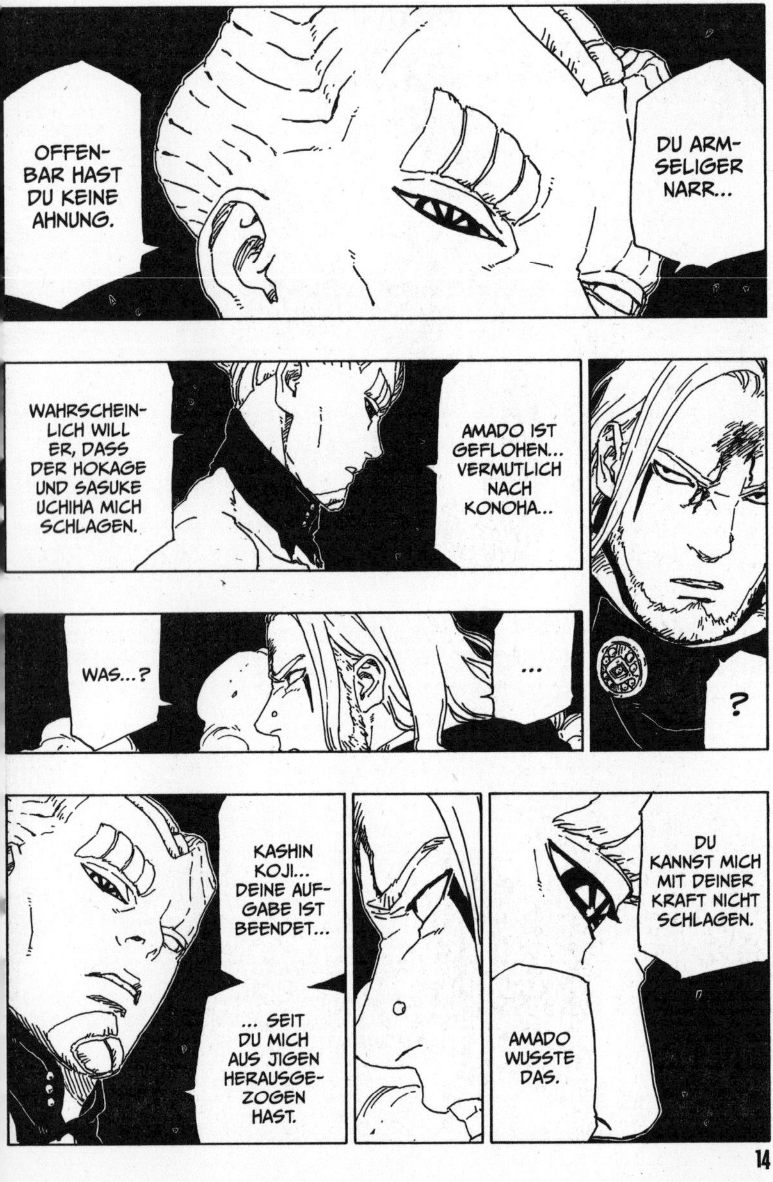

DU ARMSELIGER NARR...
OFFENBAR HAST DU KEINE AHNUNG.
?
AMADO IST GEFLOHEN... VERMUTLICH NACH KONOHA...
WAHRSCHEINLICH WILL ER, DASS DER HOKAGE UND SASUKE UCHIHA MICH SCHLAGEN.
...
WAS...?
DU KANNST MICH MIT DEINER KRAFT NICHT SCHLAGEN.
AMADO WUSSTE DAS.
KASHIN KOJI... DEINE AUFGABE IST BEENDET...
... SEIT DU MICH AUS JIGEN HERAUSGEZOGEN HAST.

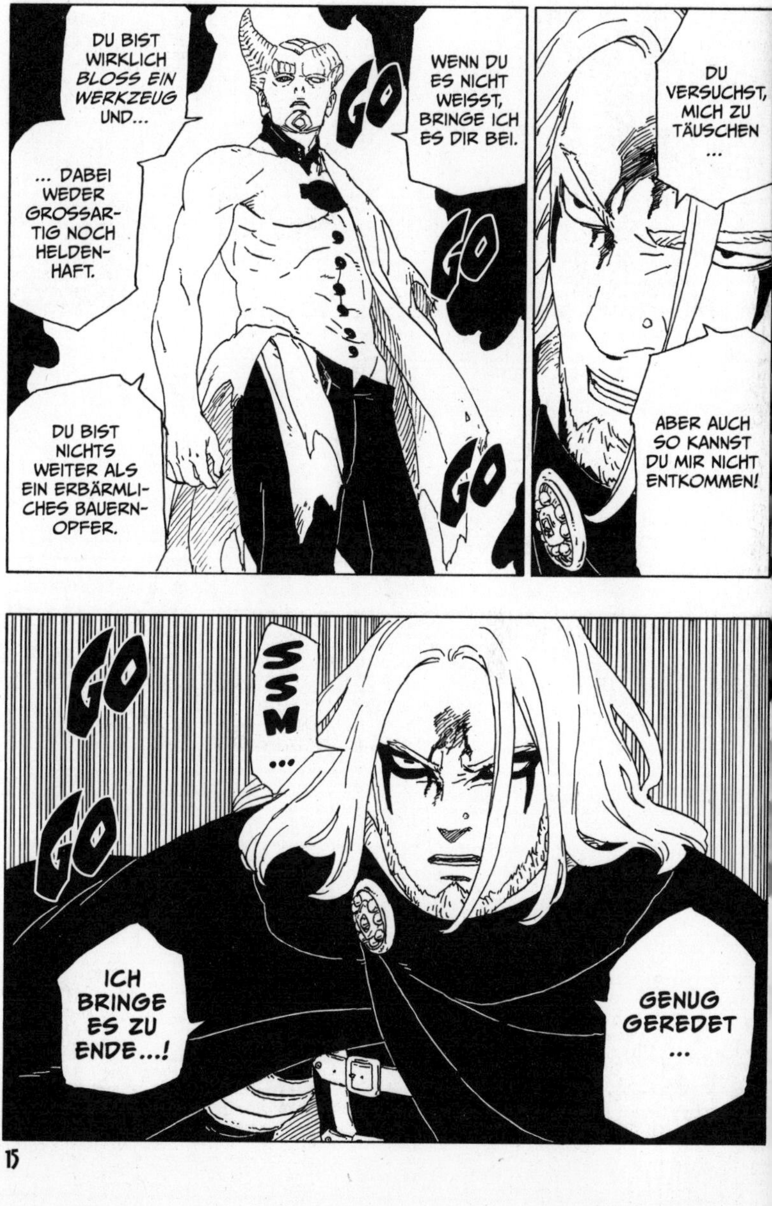
DU VERSUCHST, MICH ZU TÄUSCHEN ...
ABER AUCH SO KANNST DU MIR NICHT ENTKOMMEN!
WENN DU ES NICHT WEISST, BRINGE ICH ES DIR BEI.
GO
GO
GO
DU BIST WIRKLICH BLOSS EIN WERKZEUG UND...
... DABEI WEDER GROSSARTIG NOCH HELDENHAFT.
DU BIST NICHTS WEITER ALS EIN ERBÄRMLICHES BAUERNOPFER.
GENUG GEREDET ...
SSM ...
GO
GO
ICH BRINGE ES ZU ENDE...!

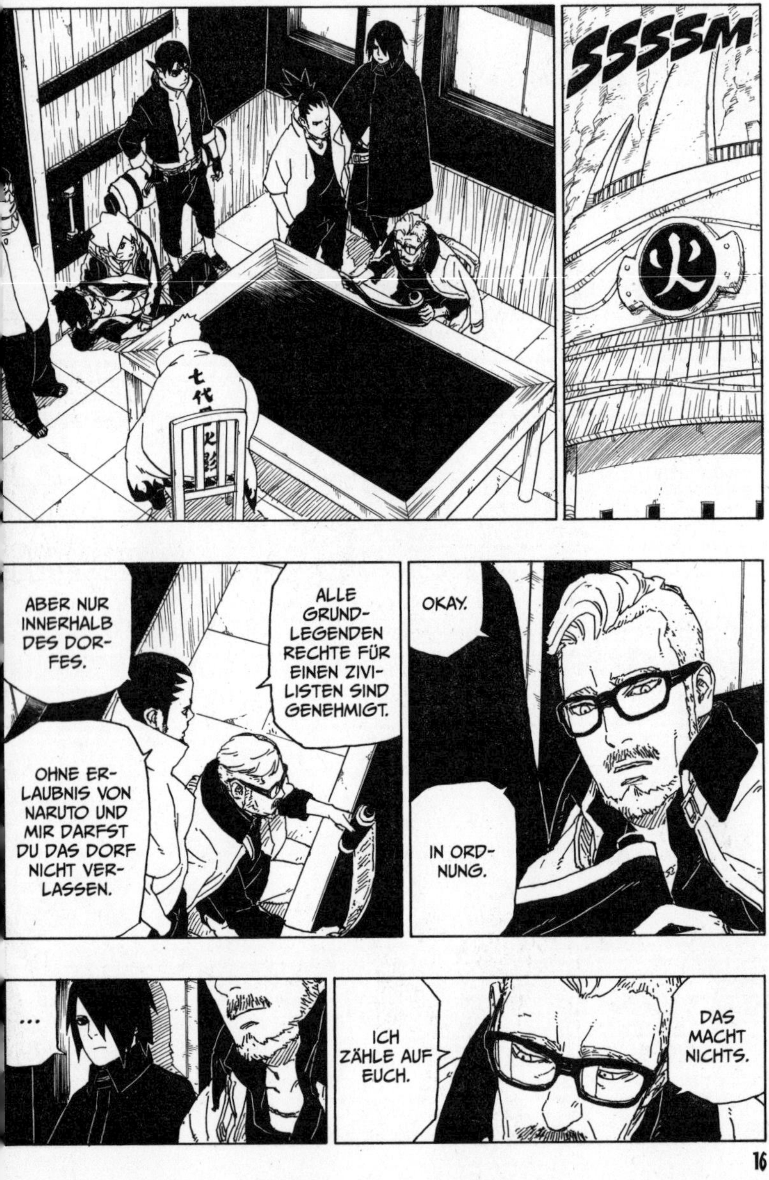
SSSSM
OKAY.
IN ORDNUNG.
ALLE GRUNDLEGENDEN RECHTE FÜR EINEN ZIVILISTEN SIND GENEHMIGT.
ABER NUR INNERHALB DES DORFES.
OHNE ERLAUBNIS VON NARUTO UND MIR DARFST DU DAS DORF NICHT VERLASSEN.
DAS MACHT NICHTS.
ICH ZÄHLE AUF EUCH.
...

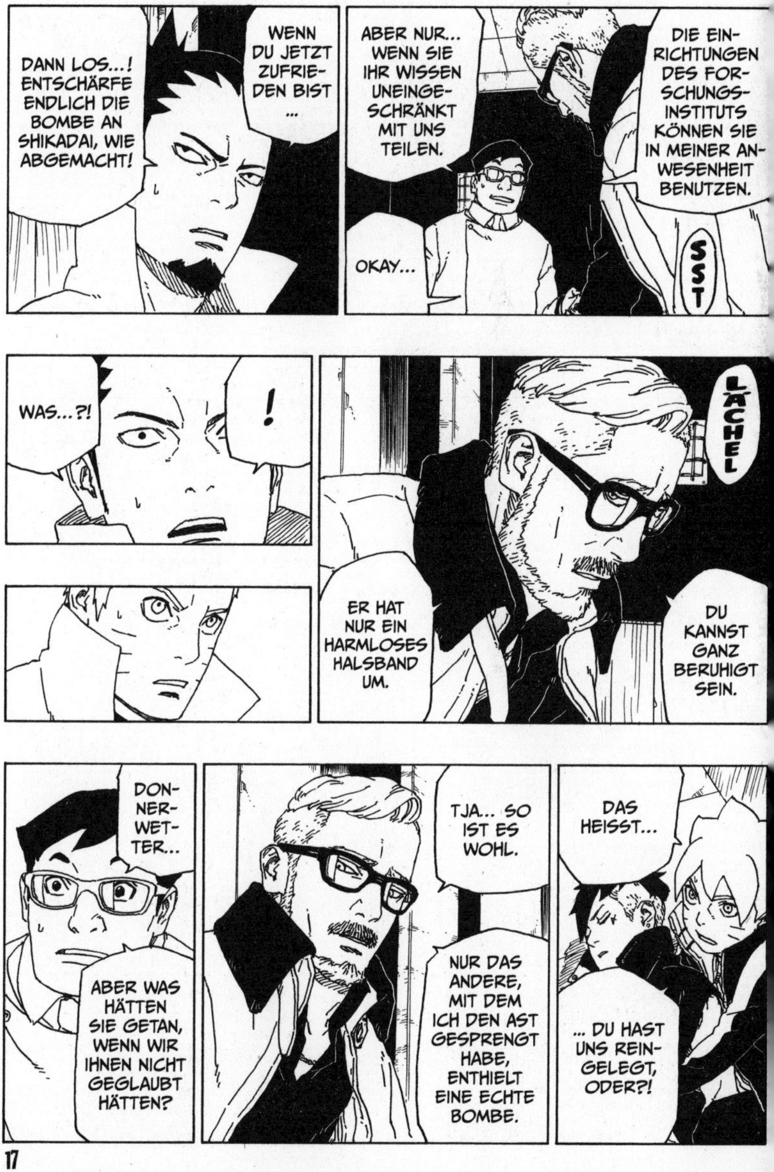
DIE EINRICHTUNGEN DES FORSCHUNGSINSTITUTS KÖNNEN SIE IN MEINER ANWESENHEIT BENUTZEN.
SST
ABER NUR... WENN SIE IHR WISSEN UNEINGESCHRÄNKT MIT UNS TEILEN.
OKAY...
WENN DU JETZT ZUFRIEDEN BIST ...
DANN LOS...! ENTSCHÄRFE ENDLICH DIE BOMBE AN SHIKADAI, WIE ABGEMACHT!
LÄCHEL
DU KANNST GANZ BERUHIGT SEIN.
ER HAT NUR EIN HARMLOSES HALSBAND UM.
!
WAS...?!
DAS HEISST...
... DU HAST UNS REINGELEGT, ODER?!
TJA... SO IST ES WOHL.
NUR DAS ANDERE, MIT DEM ICH DEN AST GESPRENGT HABE, ENTHIELT EINE ECHTE BOMBE.
DONNERWETTER...
ABER WAS HÄTTEN SIE GETAN, WENN WIR IHNEN NICHT GEGLAUBT HÄTTEN?

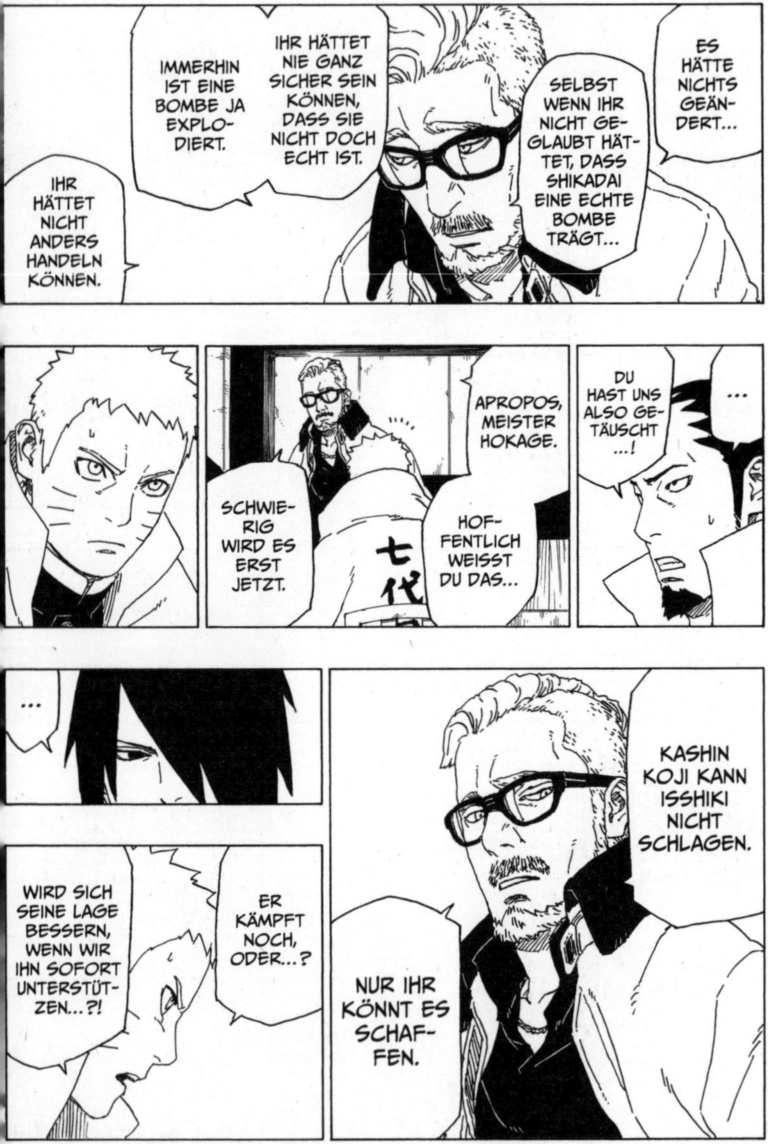

ES HÄTTE NICHTS GEÄNDERT...
SELBST WENN IHR NICHT GEGLAUBT HÄTTET, DASS SHIKADAI EINE ECHTE BOMBE TRÄGT...
IHR HÄTTET NIE GANZ SICHER SEIN KÖNNEN, DASS SIE NICHT DOCH ECHT IST.
IMMERHIN IST EINE BOMBE JA EXPLODIERT.
IHR HÄTTET NICHT ANDERS HANDELN KÖNNEN.
...
DU HAST UNS ALSO GETÄUSCHT ...!
APROPOS, MEISTER HOKAGE.
HOFFENTLICH WEISST DU DAS...
SCHWIERIG WIRD ES ERST JETZT.
七代
KASHIN KOJI KANN ISSHIKI NICHT SCHLAGEN.
NUR IHR KÖNNT ES SCHAFFEN.
...
ER KÄMPFT NOCH, ODER...?
WIRD SICH SEINE LAGE BESSERN, WENN WIR IHN SOFORT UNTERSTÜTZEN...?!

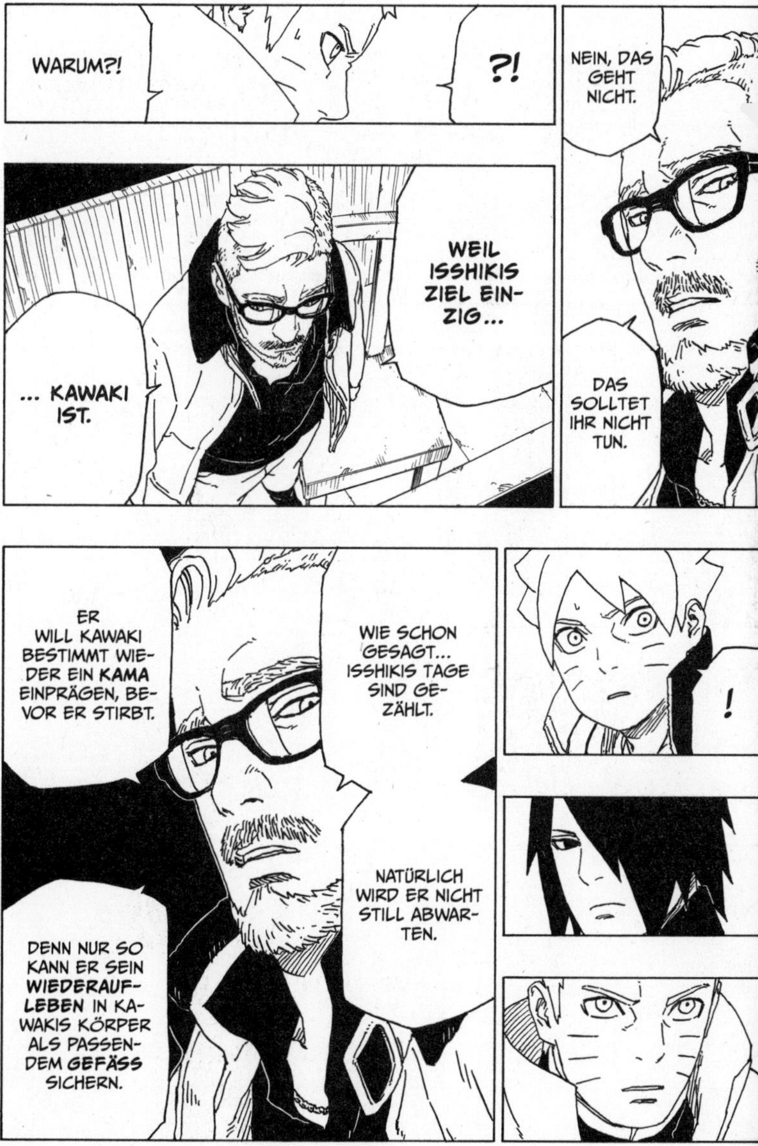
NEIN, DAS GEHT NICHT.
DAS SOLLTET IHR NICHT TUN.
?!
WARUM?!
WEIL ISSHIKIS ZIEL EIN-ZIG…
… KAWAKI IST.
WIE SCHON GESAGT… ISSHIKIS TAGE SIND GE-ZÄHLT.
NATÜRLICH WIRD ER NICHT STILL ABWAR-TEN.
ER WILL KAWAKI BESTIMMT WIE-DER EIN **KAMA** EINPRÄGEN, BE-VOR ER STIRBT.
DENN NUR SO KANN ER SEIN **WIEDERAUF-LEBEN** IN KA-WAKIS KÖRPER ALS PASSEN-DEM **GEFÄSS** SICHERN.
!

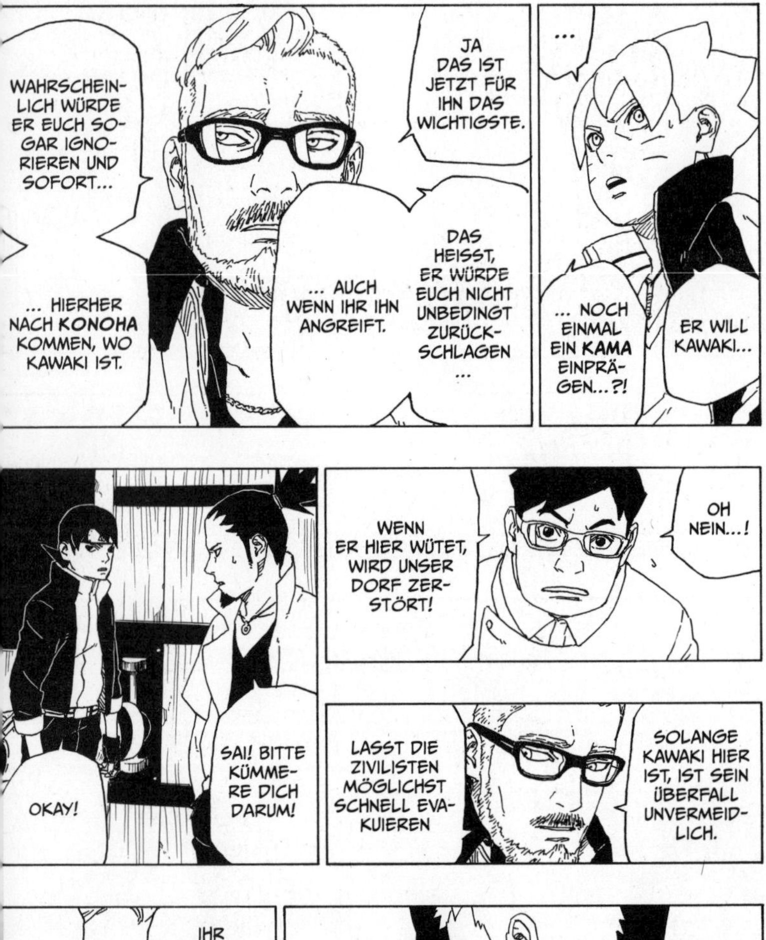
...
ER WILL KAWAKI...
... NOCH EINMAL EIN **KAMA** EINPRÄGEN...?!
JA DAS IST JETZT FÜR IHN DAS WICHTIGSTE.
DAS HEISST, ER WÜRDE EUCH NICHT UNBEDINGT ZURÜCKSCHLAGEN ...
... AUCH WENN IHR IHN ANGREIFT.
WAHRSCHEINLICH WÜRDE ER EUCH SOGAR IGNORIEREN UND SOFORT...
... HIERHER NACH **KONOHA** KOMMEN, WO KAWAKI IST.
OH NEIN...!
WENN ER HIER WÜTET, WIRD UNSER DORF ZERSTÖRT!
SOLANGE KAWAKI HIER IST, IST SEIN ÜBERFALL UNVERMEIDLICH.
LASST DIE ZIVILISTEN MÖGLICHST SCHNELL EVAKUIEREN
SAI! BITTE KÜMMERE DICH DARUM!
OKAY!
VERDAMMT!
KÖNNEN WIR NICHTS ANDERES TUN...?!
IHR SOLLTET KAWAKI WENIGSTENS IRGENDWO VERSTECKEN.
ABER...

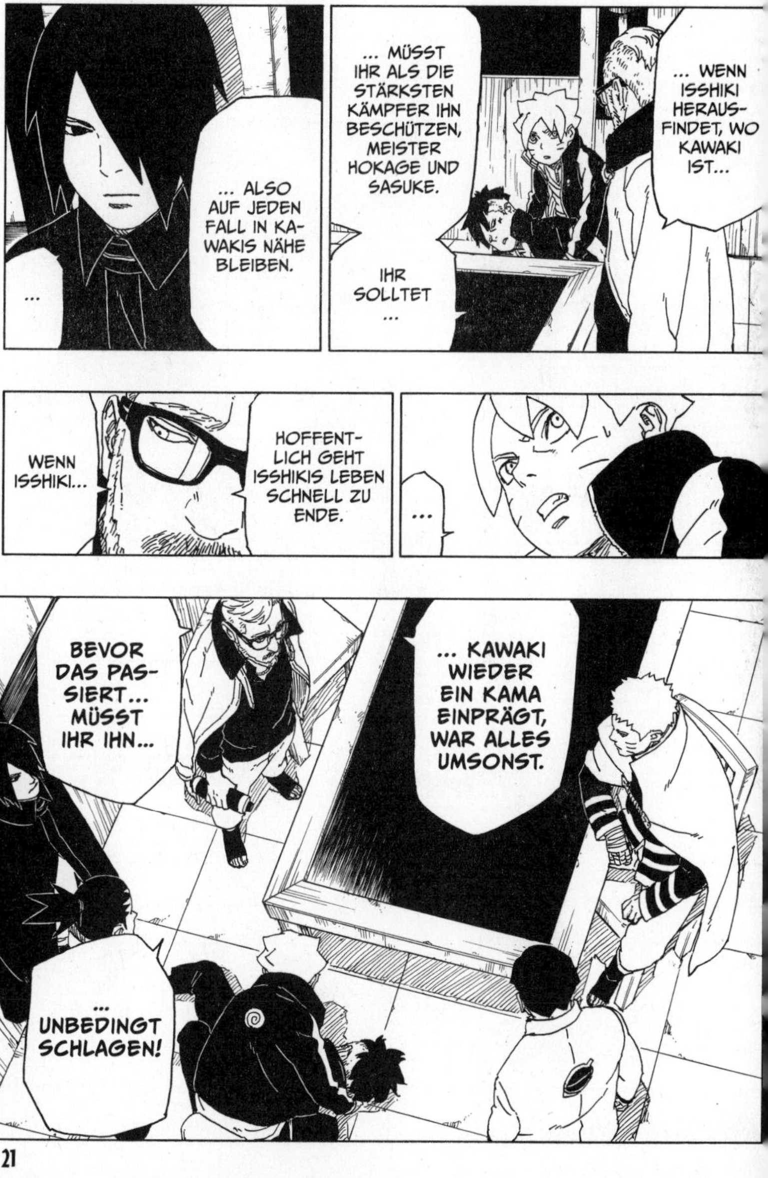
... WENN ISSHIKI HERAUSFINDET, WO KAWAKI IST...
IHR SOLLTET ...
... MÜSST IHR ALS DIE STÄRKSTEN KÄMPFER IHN BESCHÜTZEN, MEISTER HOKAGE UND SASUKE.
... ALSO AUF JEDEN FALL IN KAWAKIS NÄHE BLEIBEN.
...
...
HOFFENTLICH GEHT ISSHIKIS LEBEN SCHNELL ZU ENDE.
WENN ISSHIKI...
... KAWAKI WIEDER EIN KAMA EINPRÄGT, WAR ALLES UMSONST.
BEVOR DAS PASSIERT... MÜSST IHR IHN...
... UNBEDINGT SCHLAGEN!

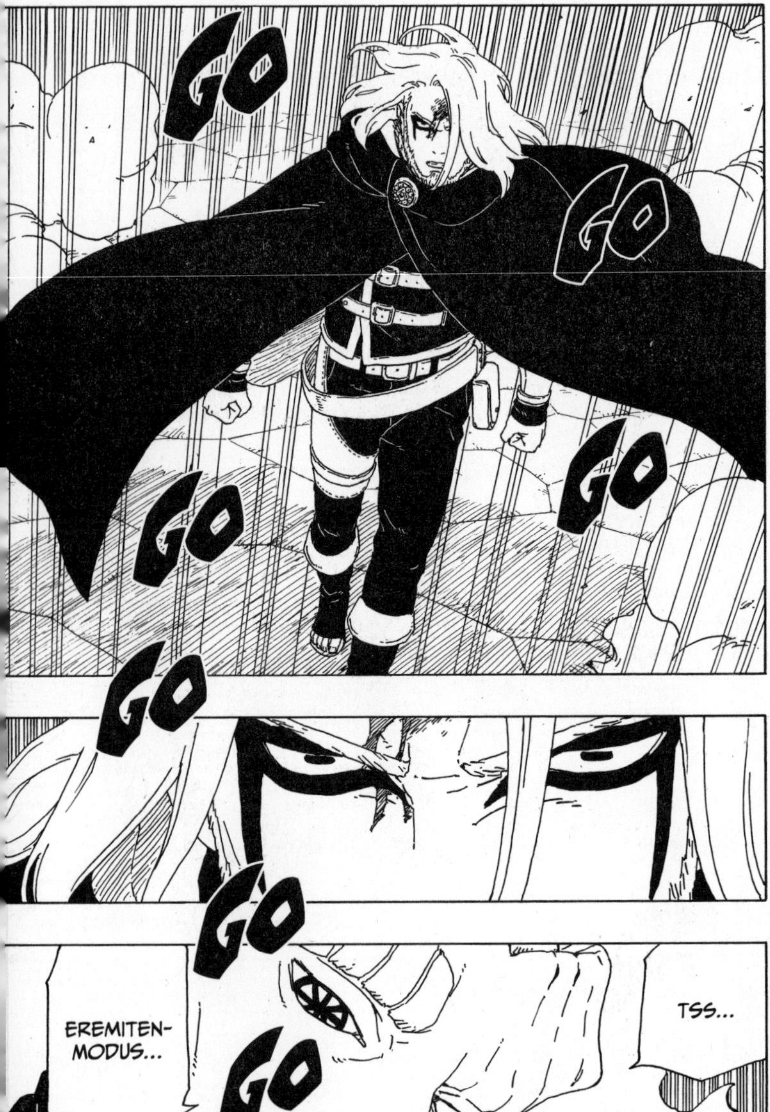
GO
GO
GO
GO
GO
GO
GO
TSS...
EREMITEN-
MODUS...

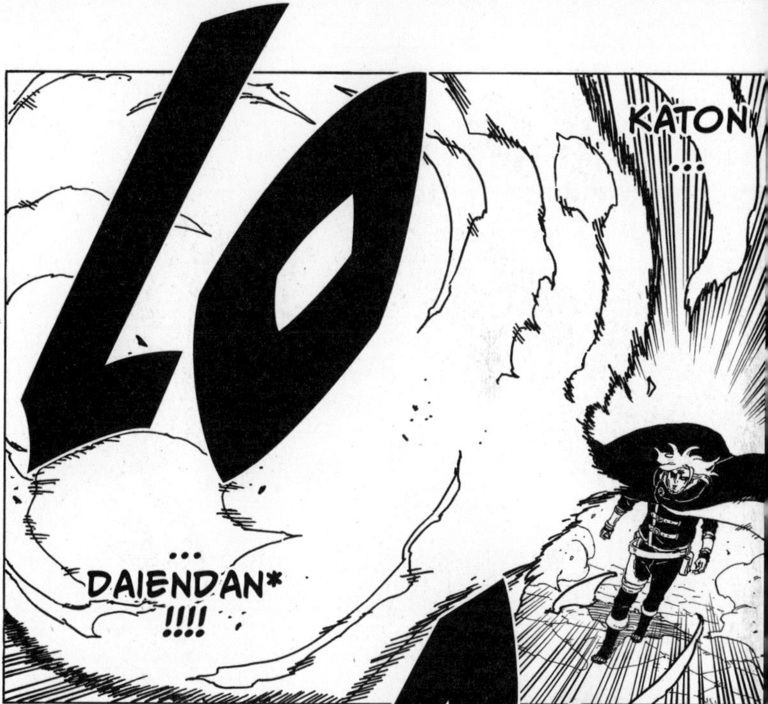

* DAI=GROSS, EN=FLAMMEN, DAN=GESCHOSS

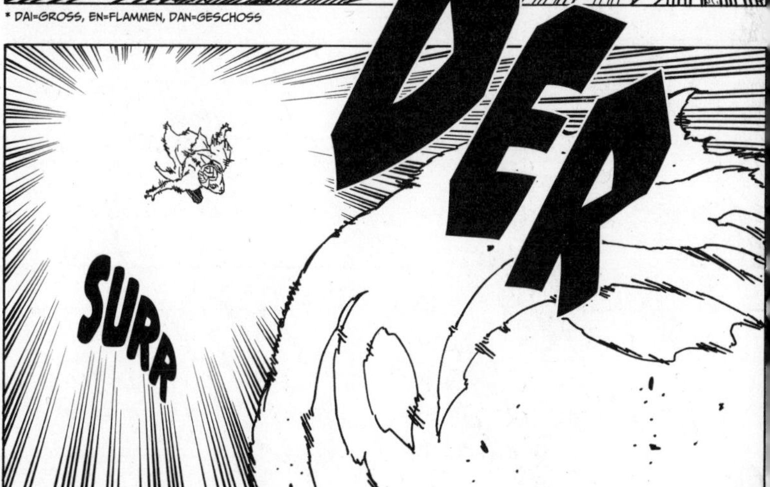

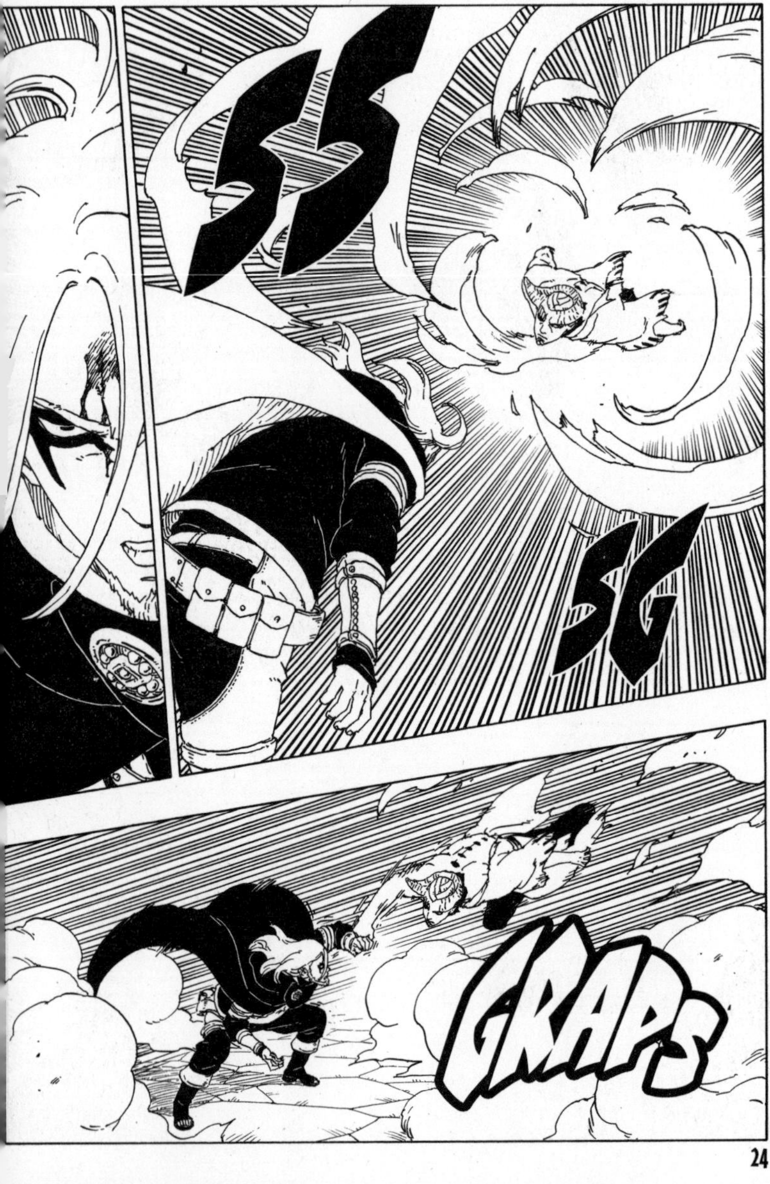
SS
SG
GRAPS

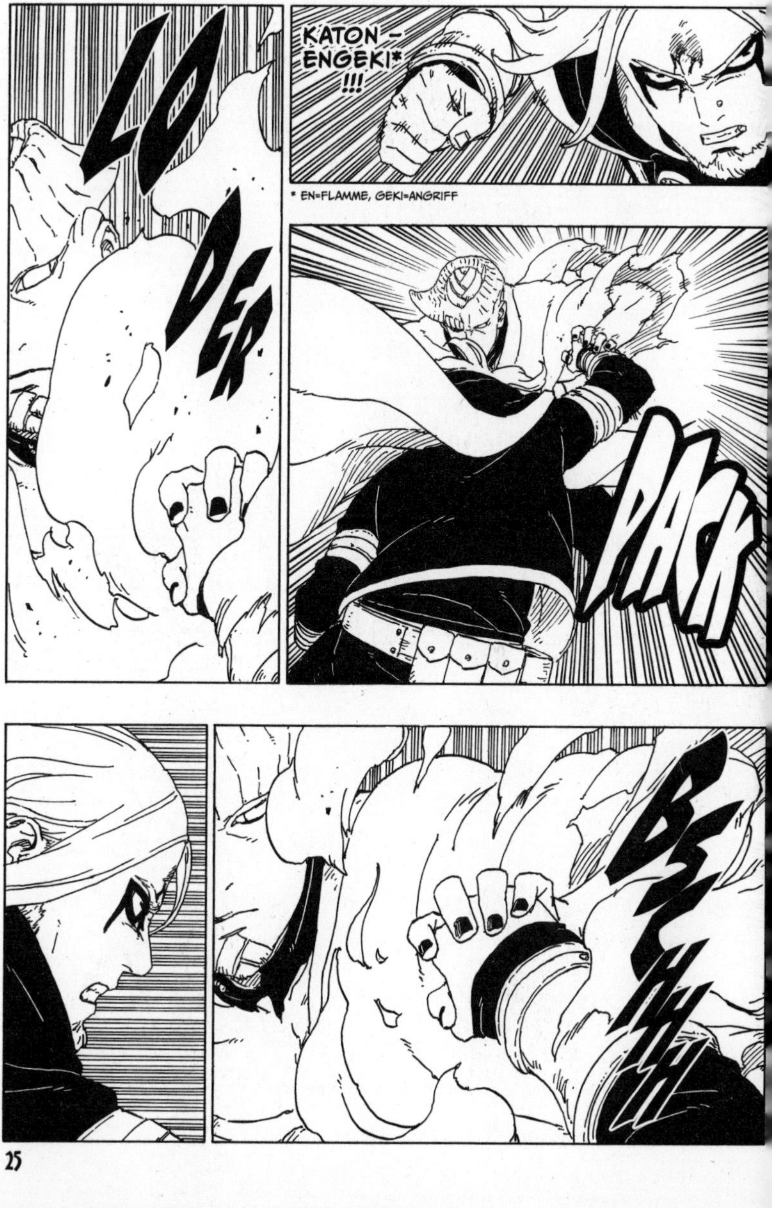

* EN=FLAMME, GEKI=ANGRIFF

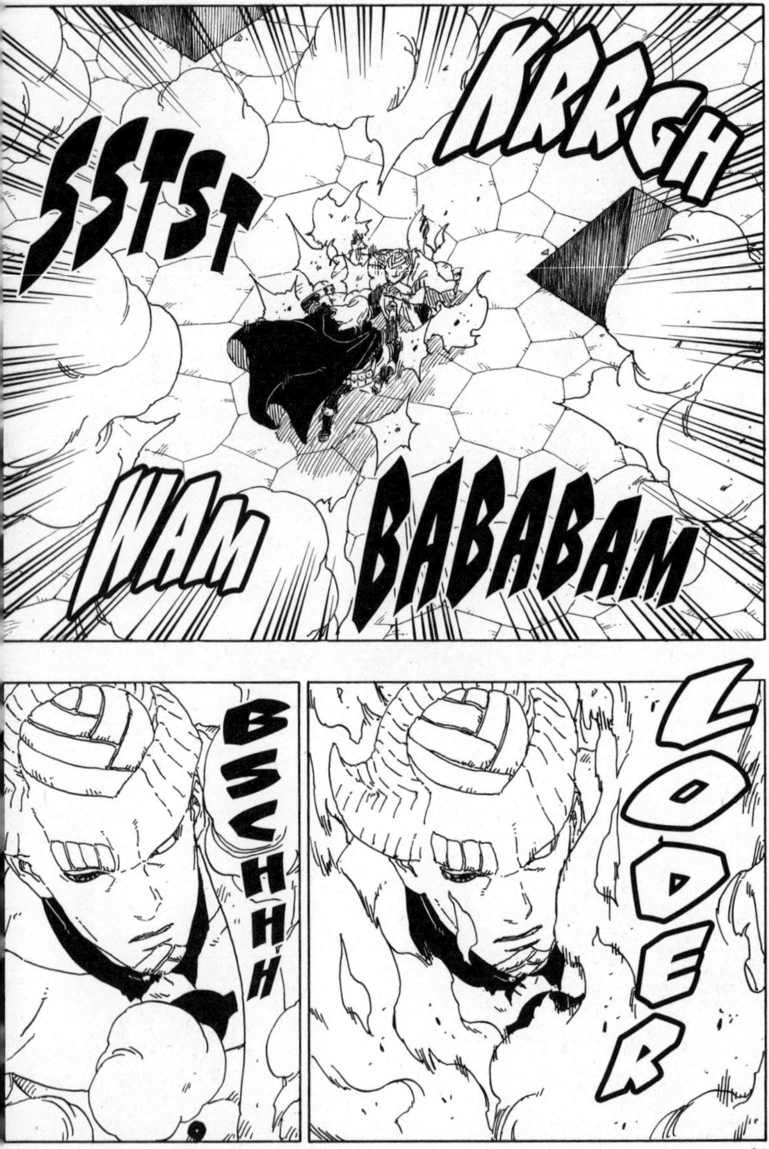
KRRCH
SSTST
BABABAM
WAM
LODER
BSCHHH

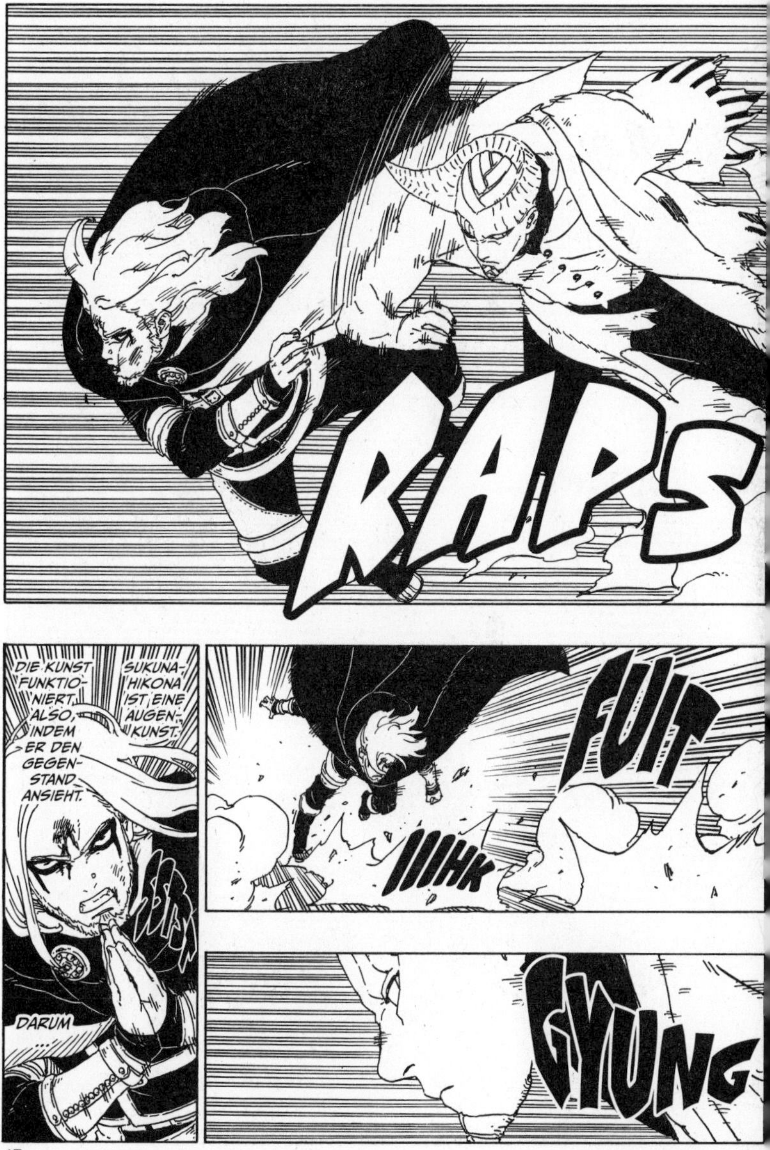
RAPS
FUIT
IIIHK
GYUNG
SUKUNA-HIKONA IST EINE AUGEN-KUNST.
DIE KUNST FUNKTIONIERT ALSO, INDEM ER DEN GEGEN-STAND ANSIEHT.
DARUM ...

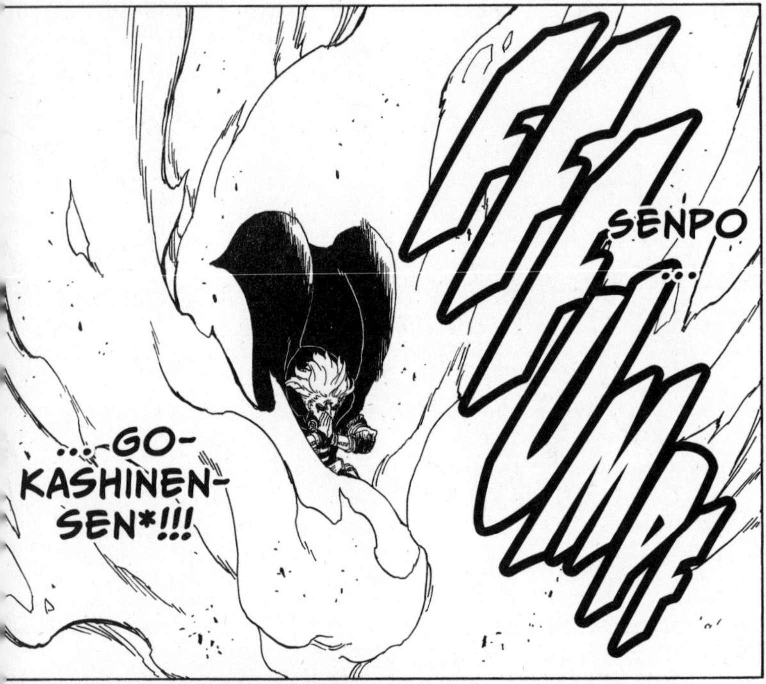

* GO=FÜNF, KA=FEUER, SHIN=GOTT, EN=FLAMME, SEN=FÄCHER

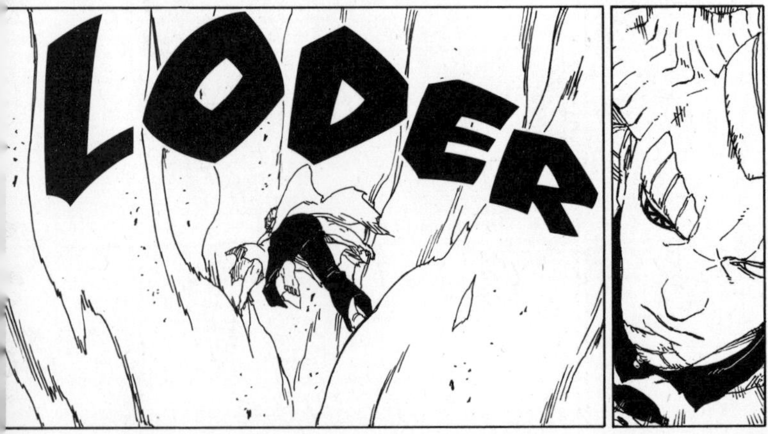

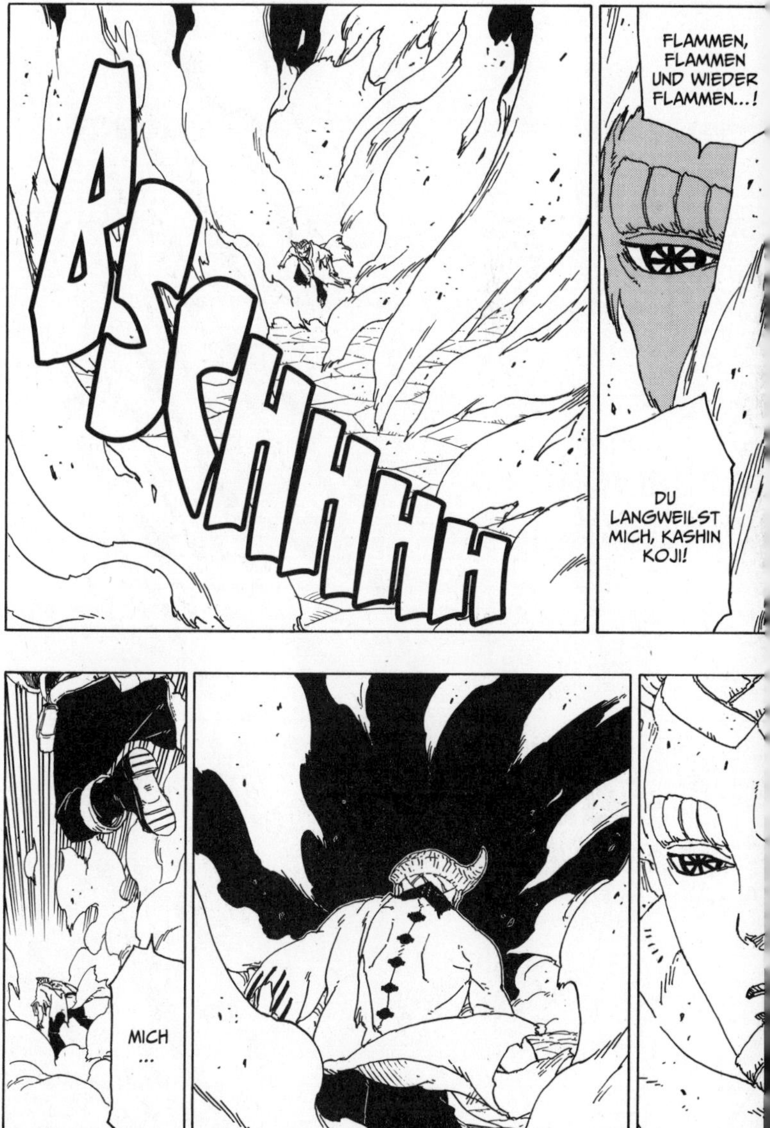
FLAMMEN, FLAMMEN UND WIEDER FLAMMEN...!
DU LANGWEILST MICH, KASHIN KOJI!
BAFCHHHHH
MICH ...

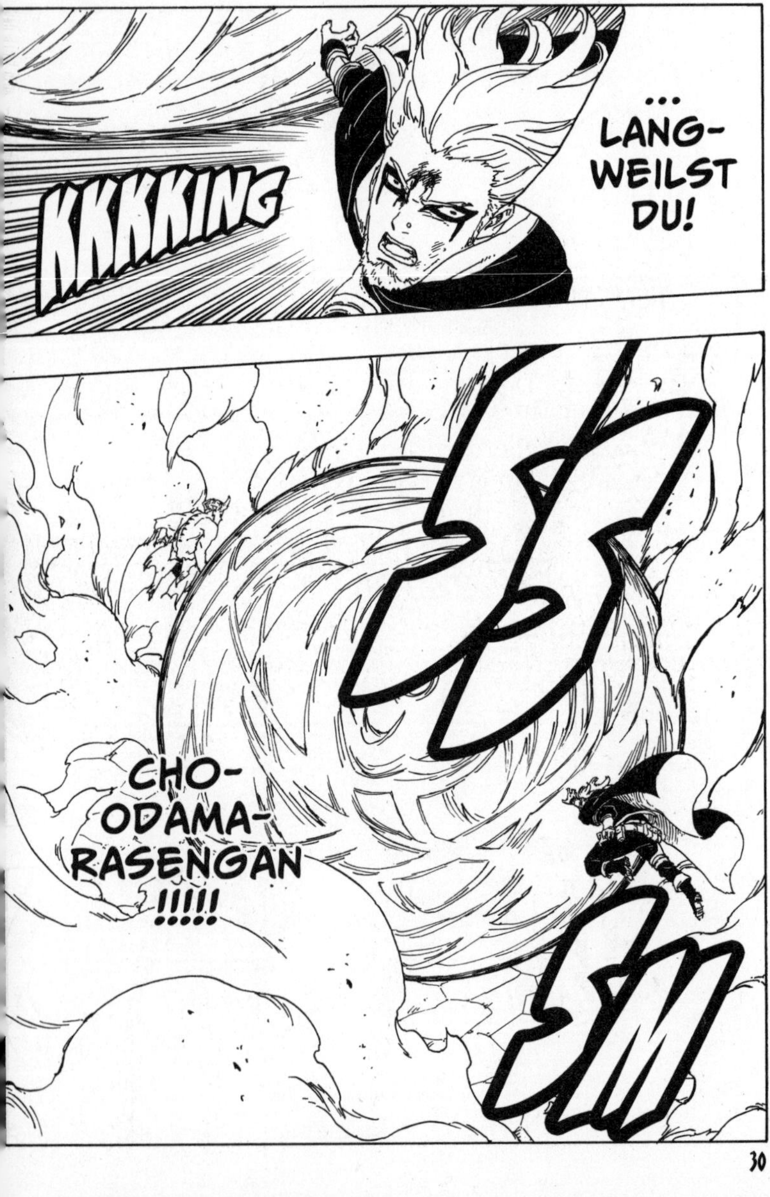
KKKKING
... LANG-WEILST DU!
CHO-ODAMA-RASENGAN !!!!!

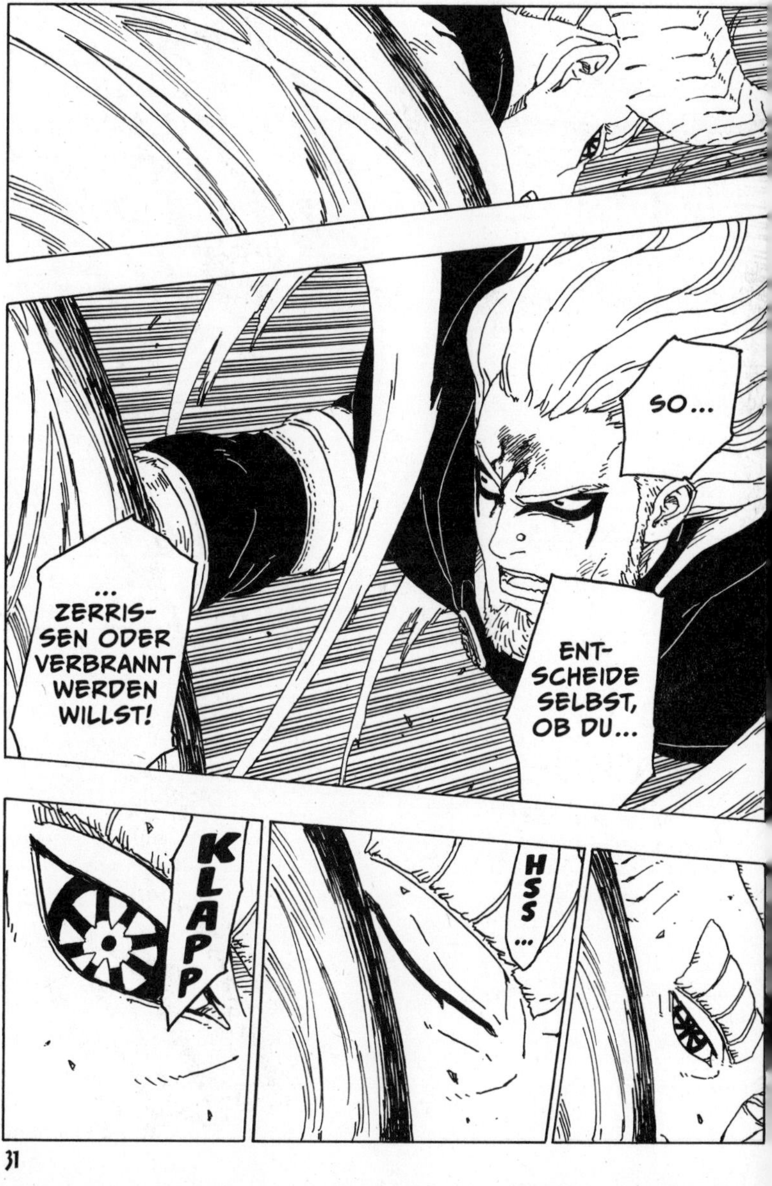
SO...
ENT-SCHEIDE SELBST, OB DU...
... ZERRIS-SEN ODER VERBRANNT WERDEN WILLST!
HSS ...
KLAPP

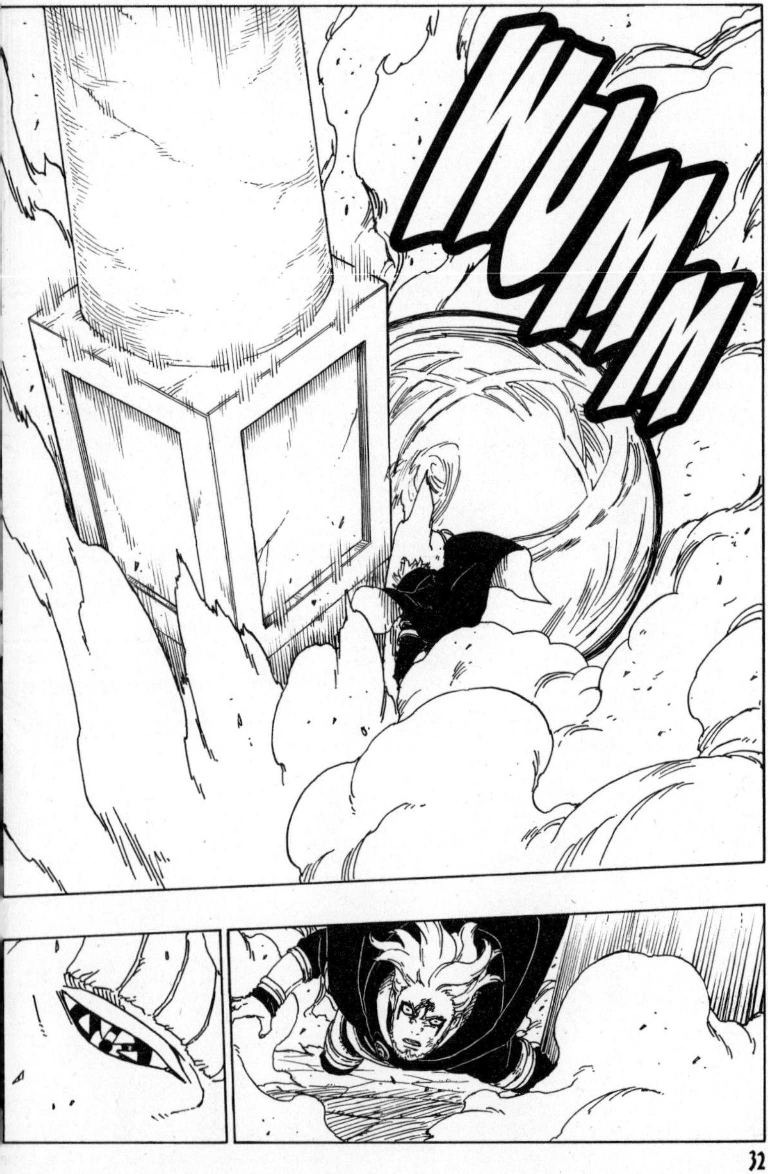
WUMM

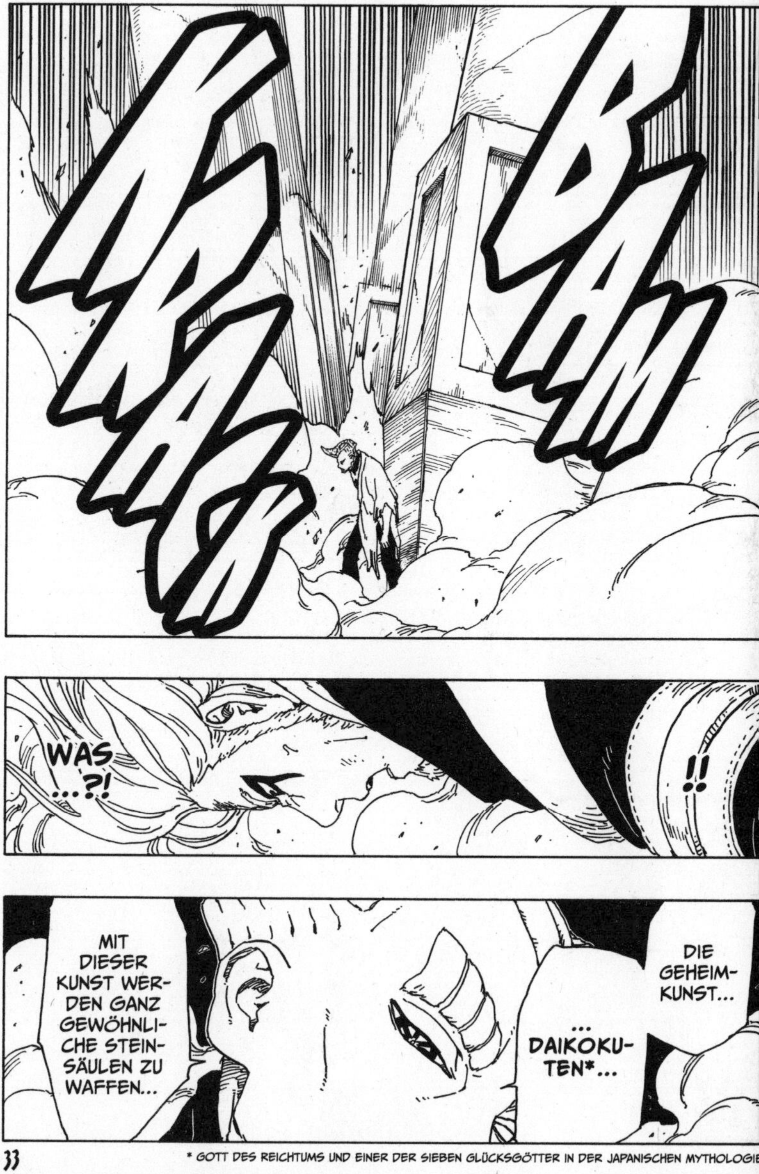

* GOTT DES REICHTUMS UND EINER DER SIEBEN GLÜCKSGÖTTER IN DER JAPANISCHEN MYTHOLOGIE

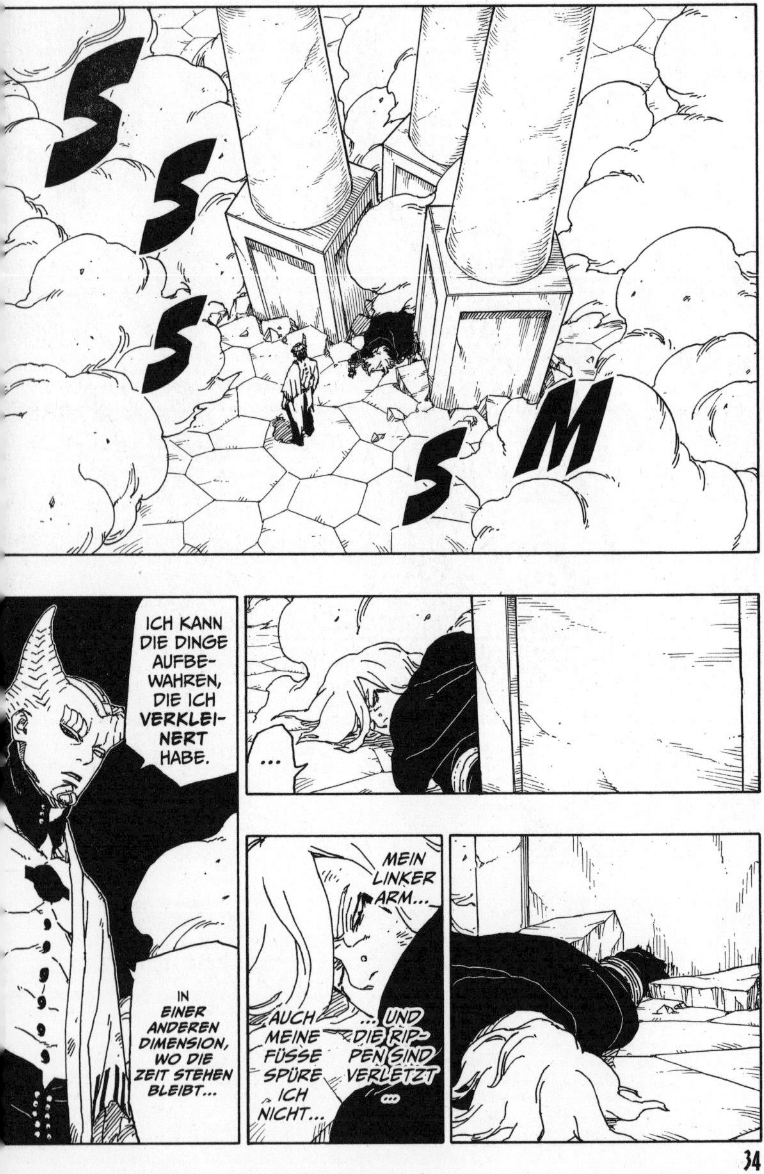
SSSSM
ICH KANN DIE DINGE AUFBEWAHREN, DIE ICH VERKLEINERT HABE.
...
IN EINER ANDEREN DIMENSION, WO DIE ZEIT STEHEN BLEIBT...
MEIN LINKER ARM...
...UND DIE RIPPEN SIND VERLETZT...
AUCH MEINE FÜSSE SPÜRE ICH NICHT...

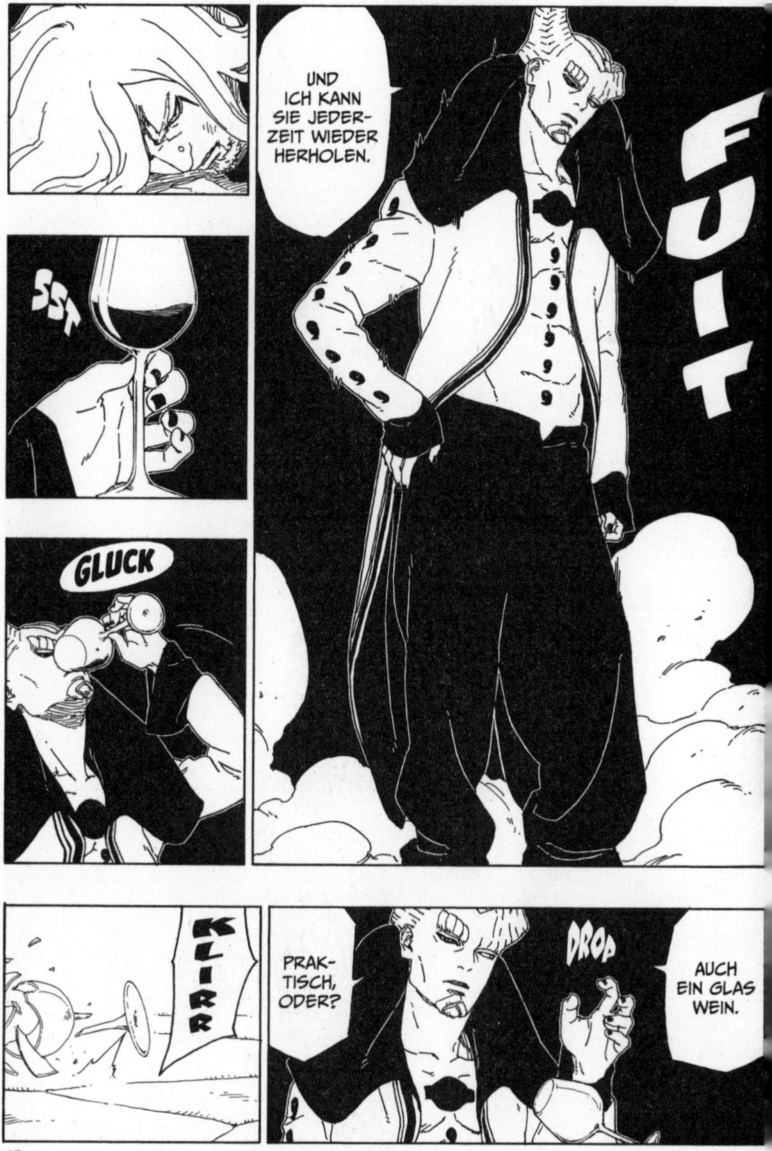
FUIT
UND ICH KANN SIE JEDERZEIT WIEDER HERHOLEN.
SST
GLUCK
AUCH EIN GLAS WEIN.
DROP
PRAKTISCH, ODER?
KLIRR

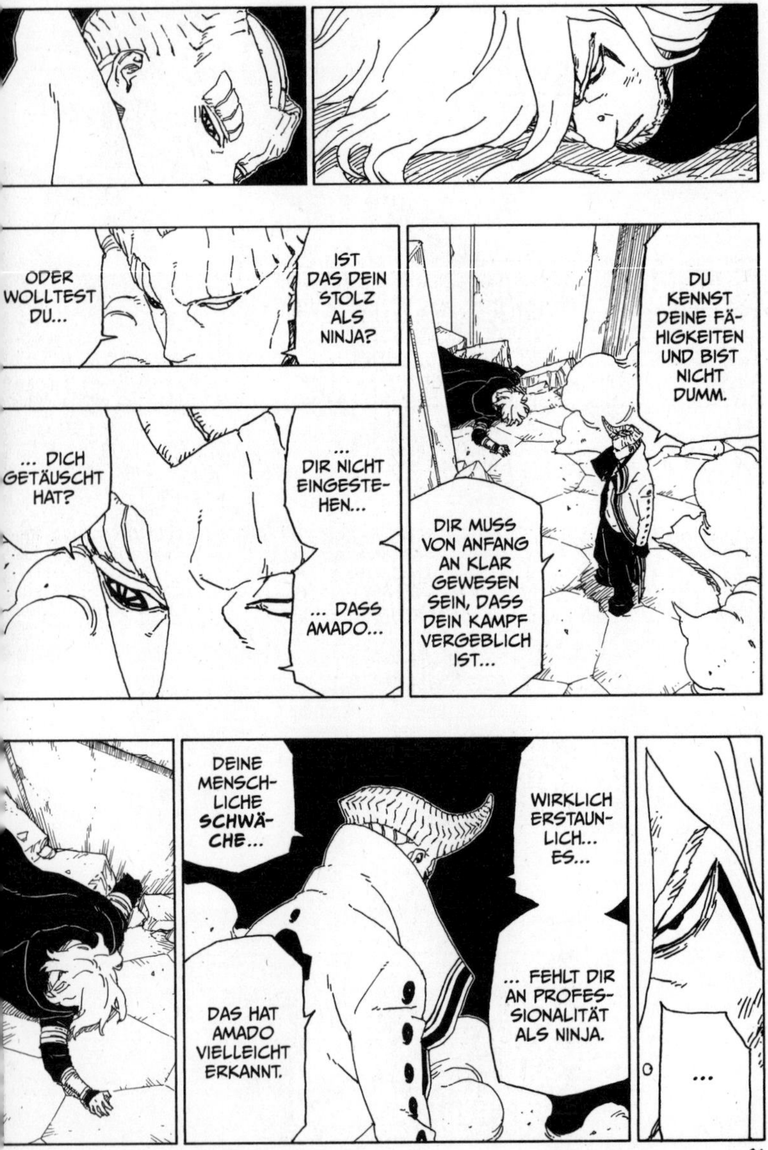

DU KENNST DEINE FÄHIGKEITEN UND BIST NICHT DUMM.
DIR MUSS VON ANFANG AN KLAR GEWESEN SEIN, DASS DEIN KAMPF VERGEBLICH IST...
IST DAS DEIN STOLZ ALS NINJA?
ODER WOLLTEST DU...
... DIR NICHT EINGESTEHEN...
... DASS AMADO...
... DICH GETÄUSCHT HAT?
...
WIRKLICH ERSTAUNLICH... ES...
... FEHLT DIR AN PROFESSIONALITÄT ALS NINJA.
DEINE MENSCHLICHE SCHWÄCHE...
DAS HAT AMADO VIELLEICHT ERKANNT.

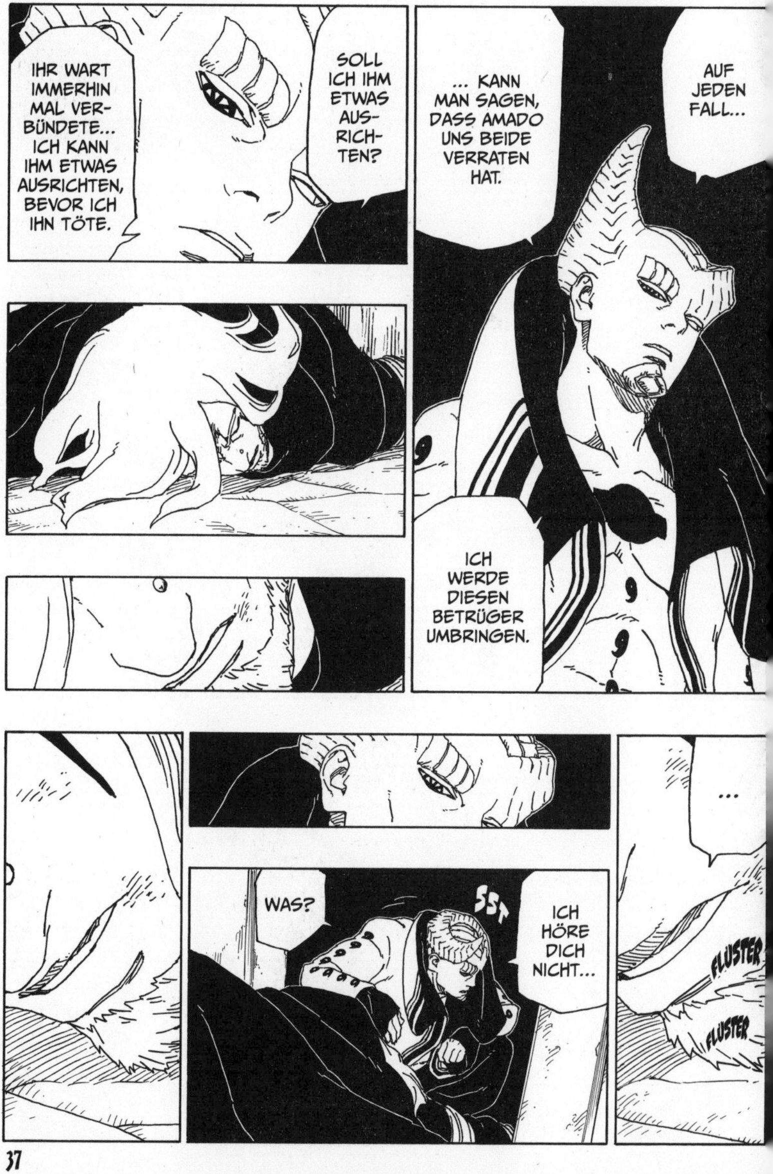
AUF JEDEN FALL...
... KANN MAN SAGEN, DASS AMADO UNS BEIDE VERRATEN HAT.
SOLL ICH IHM ETWAS AUS-RICH-TEN?
IHR WART IMMERHIN MAL VER-BÜNDETE... ICH KANN IHM ETWAS AUSRICHTEN, BEVOR ICH IHN TÖTE.
ICH WERDE DIESEN BETRÜGER UMBRINGEN.
...
FLUSTER
FLUSTER
ICH HÖRE DICH NICHT...
SST
WAS?

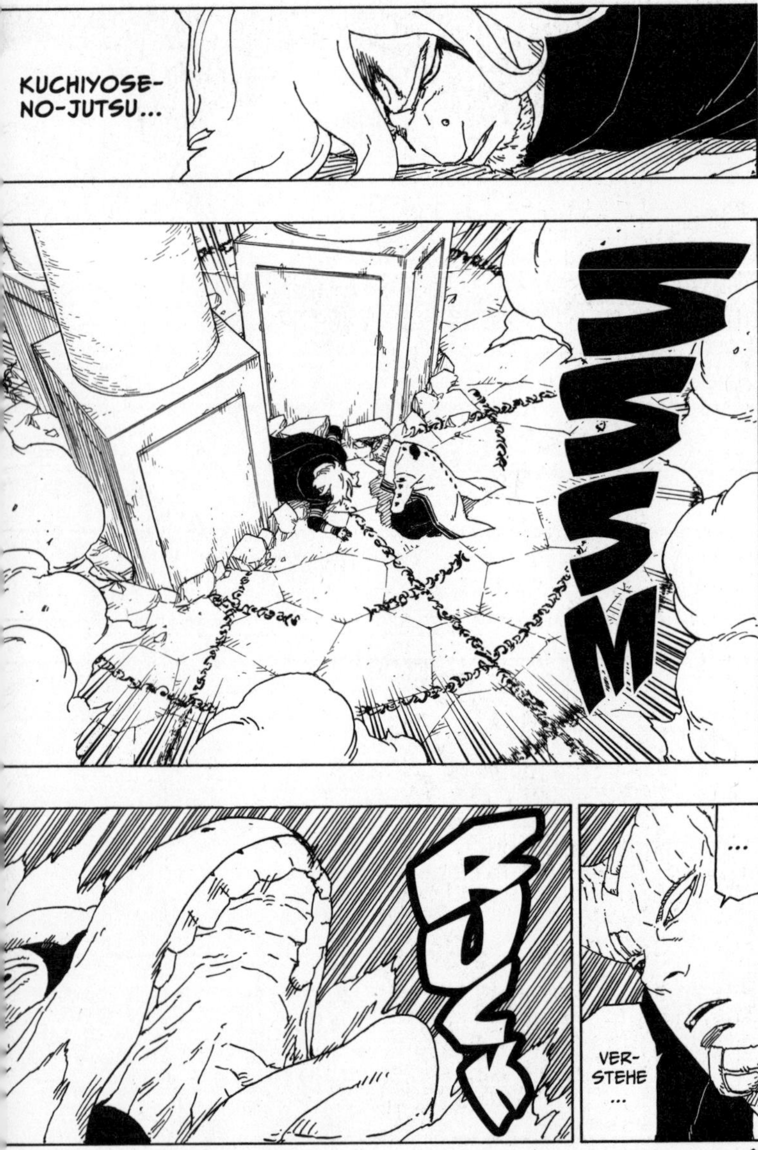
KUCHIYOSE-NO-JUTSU…
WUMM
…
BUMM
VER-STEHE …

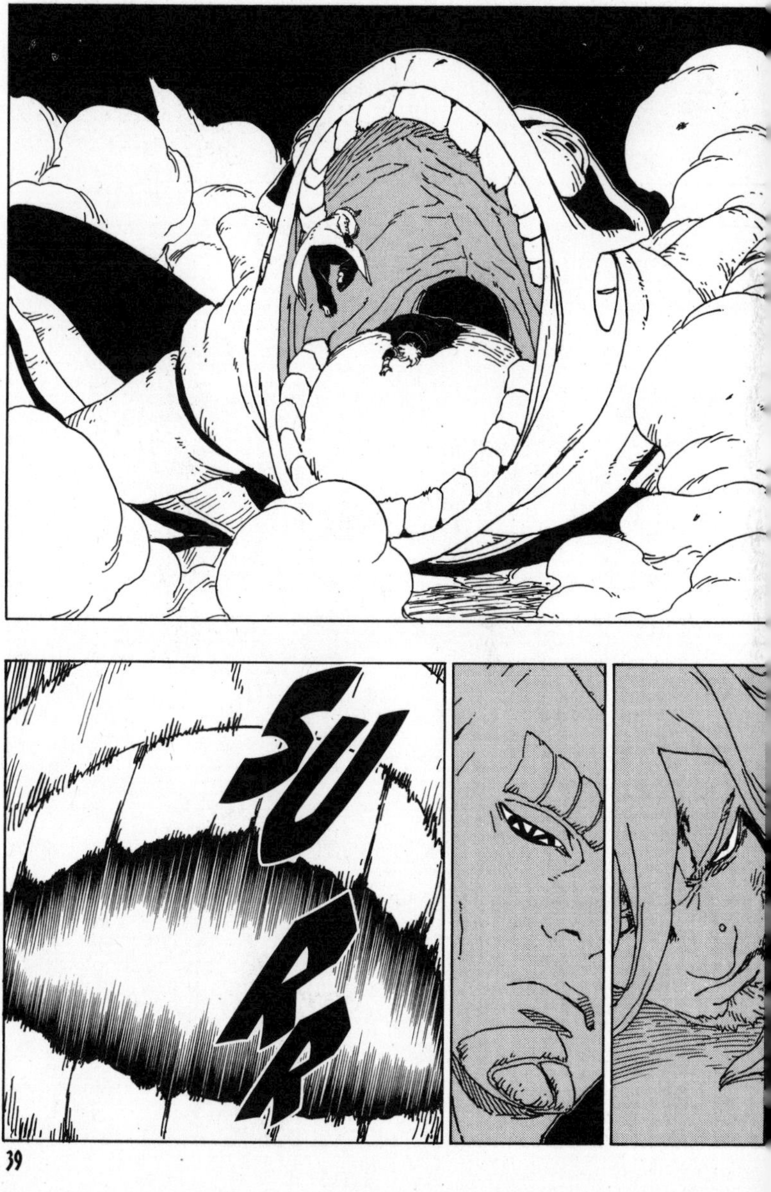
SLURR

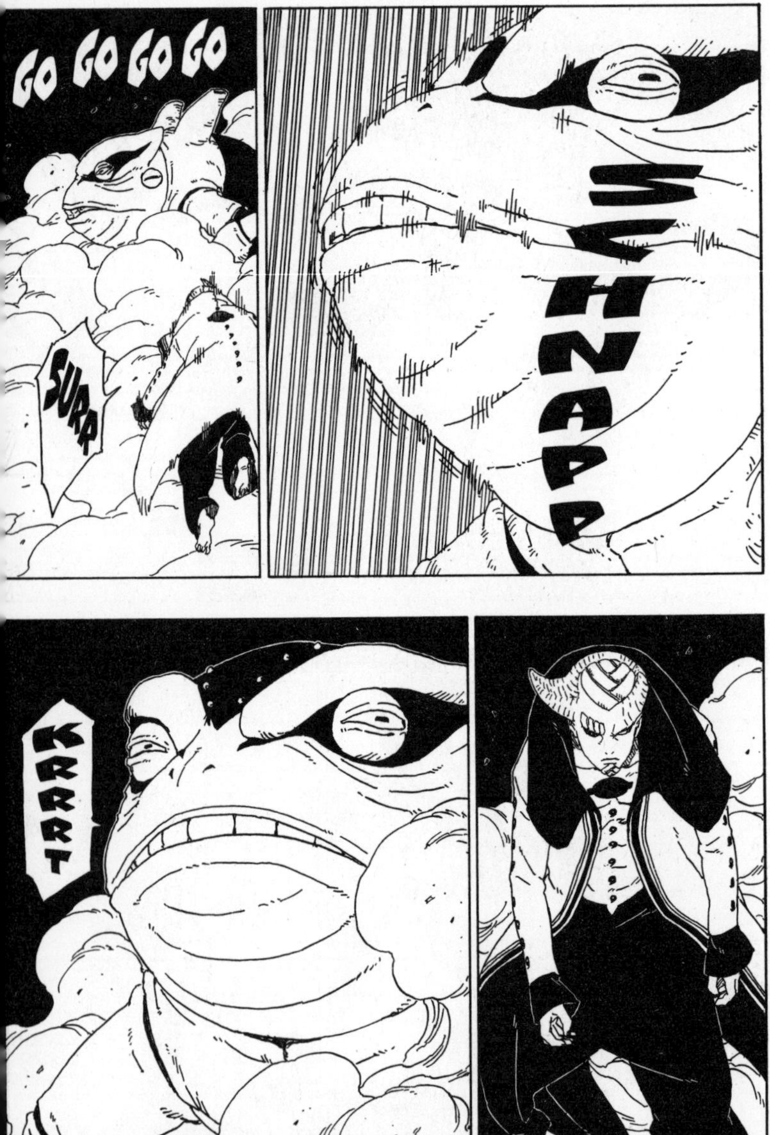
SCHNAPP
GO GO GO GO
SURR
KRRRT

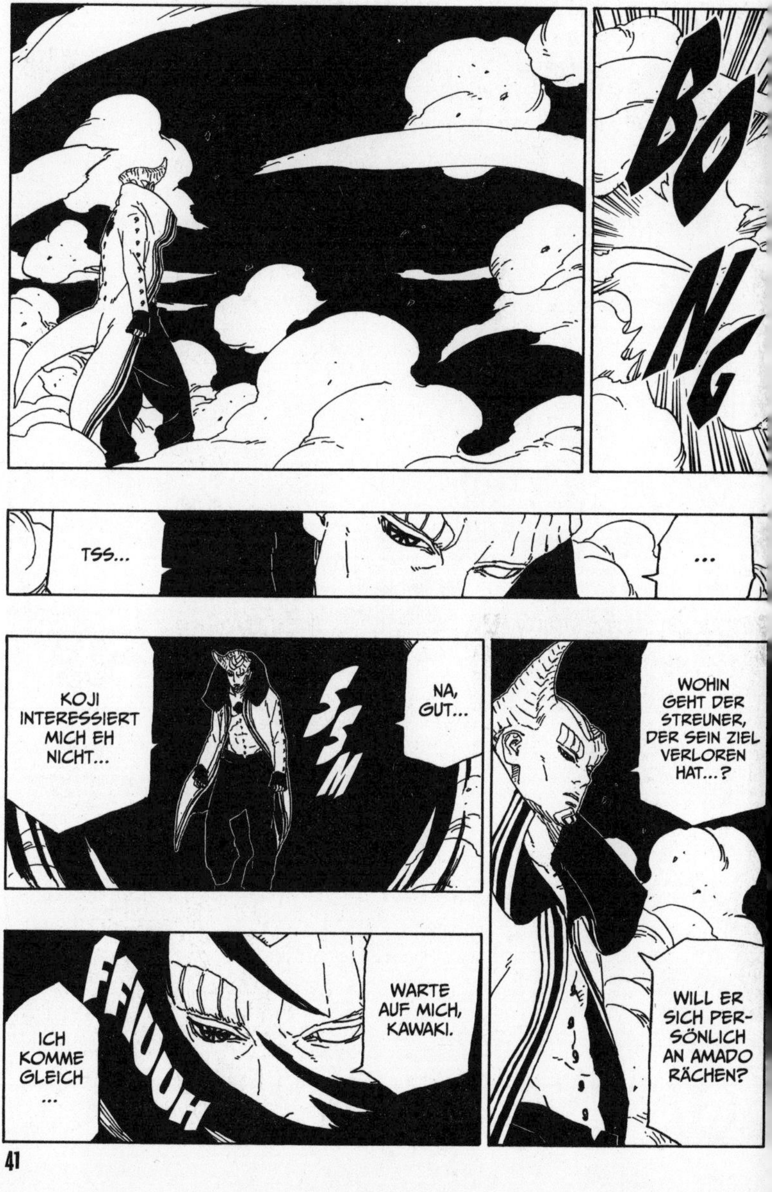
BONG
...
TSS...
WOHIN GEHT DER STREUNER, DER SEIN ZIEL VERLOREN HAT...?
WILL ER SICH PERSÖNLICH AN AMADO RÄCHEN?
NA, GUT...
SSM
KOJI INTERESSIERT MICH EH NICHT...
WARTE AUF MICH, KAWAKI.
FFIUUH
ICH KOMME GLEICH ...

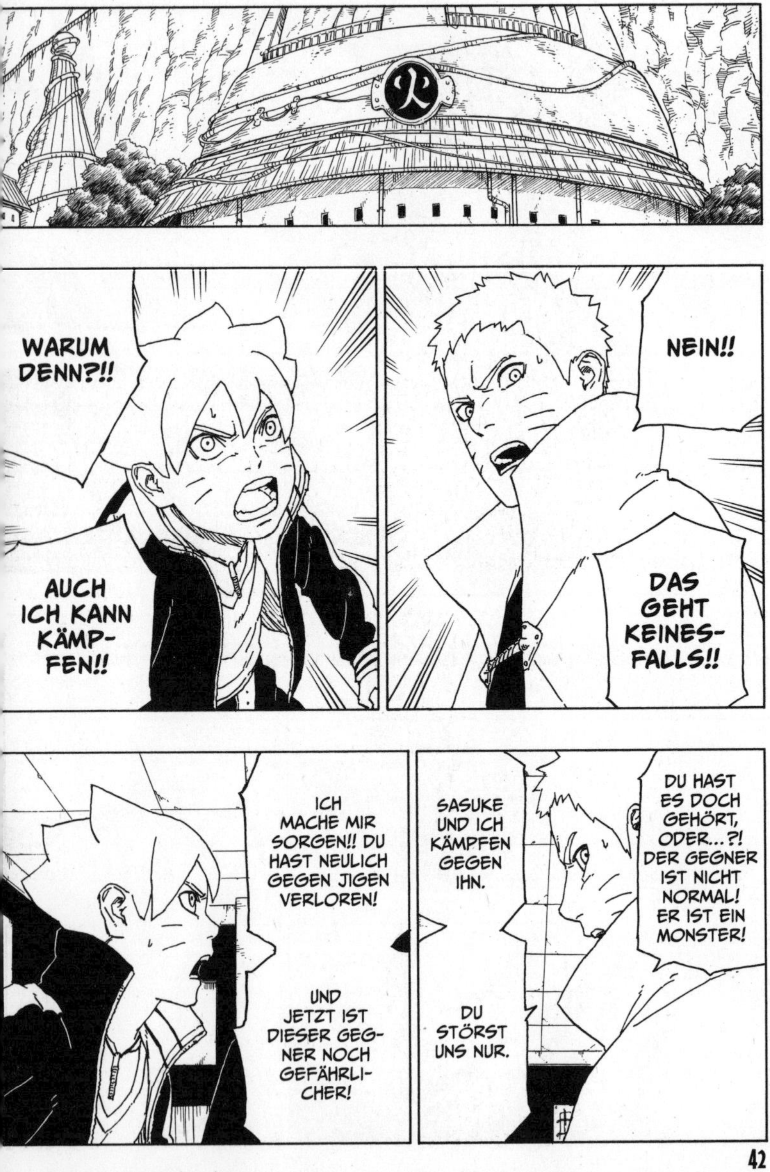
NEIN!!
DAS GEHT KEINESFALLS!!
WARUM DENN?!!
AUCH ICH KANN KÄMPFEN!!
DU HAST ES DOCH GEHÖRT, ODER...?! DER GEGNER IST NICHT NORMAL! ER IST EIN MONSTER!
SASUKE UND ICH KÄMPFEN GEGEN IHN.
DU STÖRST UNS NUR.
ICH MACHE MIR SORGEN!! DU HAST NEULICH GEGEN JIGEN VERLOREN!
UND JETZT IST DIESER GEGNER NOCH GEFÄHRLICHER!

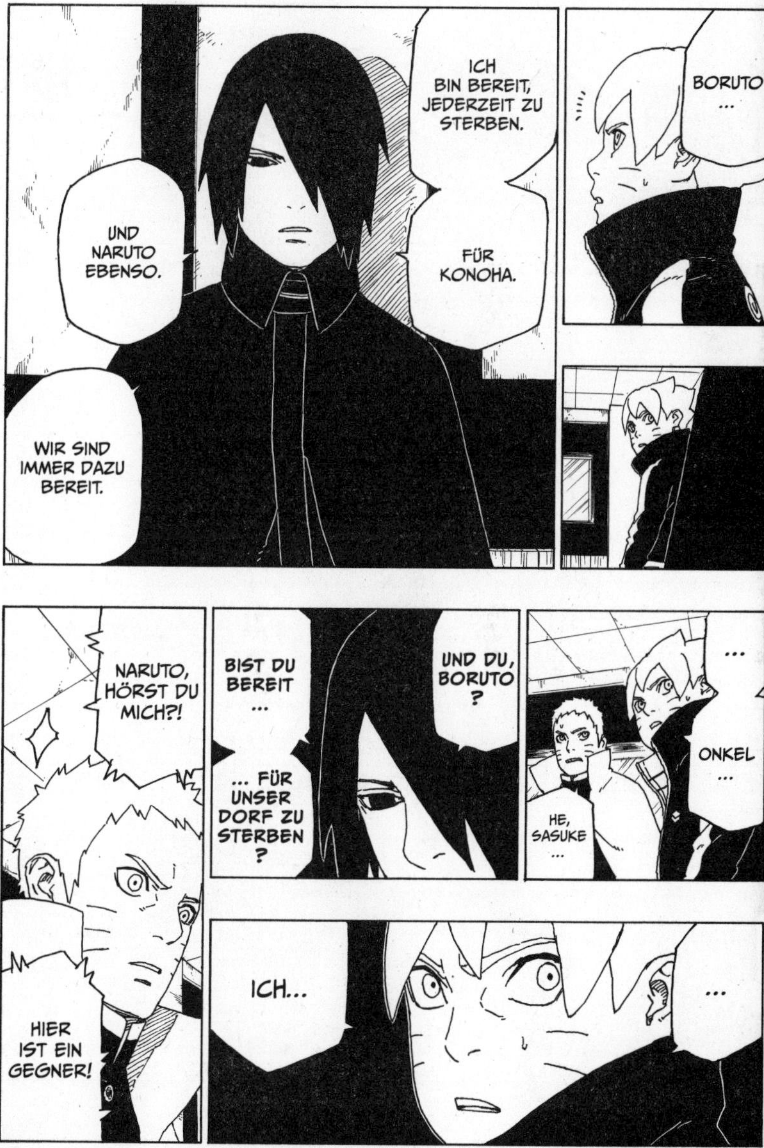
BORUTO ...
ICH BIN BEREIT, JEDERZEIT ZU STERBEN.
FÜR KONOHA.
UND NARUTO EBENSO.
WIR SIND IMMER DAZU BEREIT.
...
ONKEL ...
HE, SASUKE ...
UND DU, BORUTO ?
BIST DU BEREIT ...
... FÜR UNSER DORF ZU STERBEN ?
...
ICH...
NARUTO, HÖRST DU MICH?!
HIER IST EIN GEGNER!

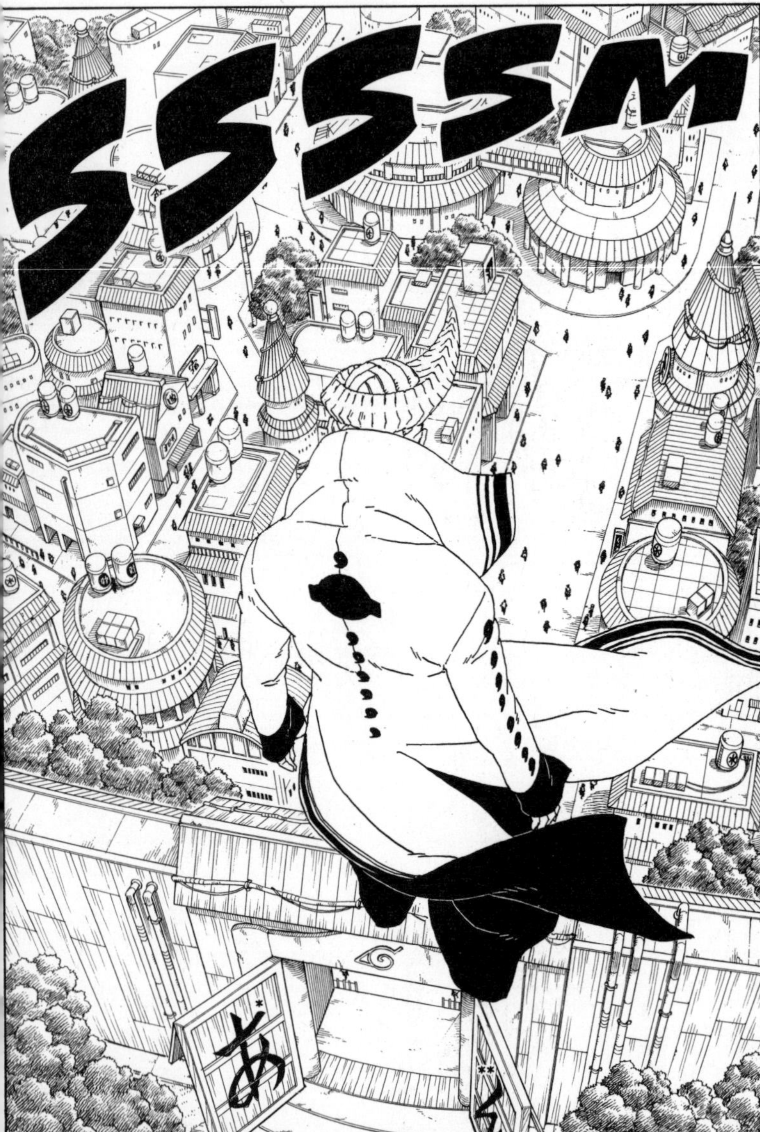

* A UND ** N (ERSTE UND LETZTE HIRAGANA-SILBE, ÄHNLICH WIE A UND O)

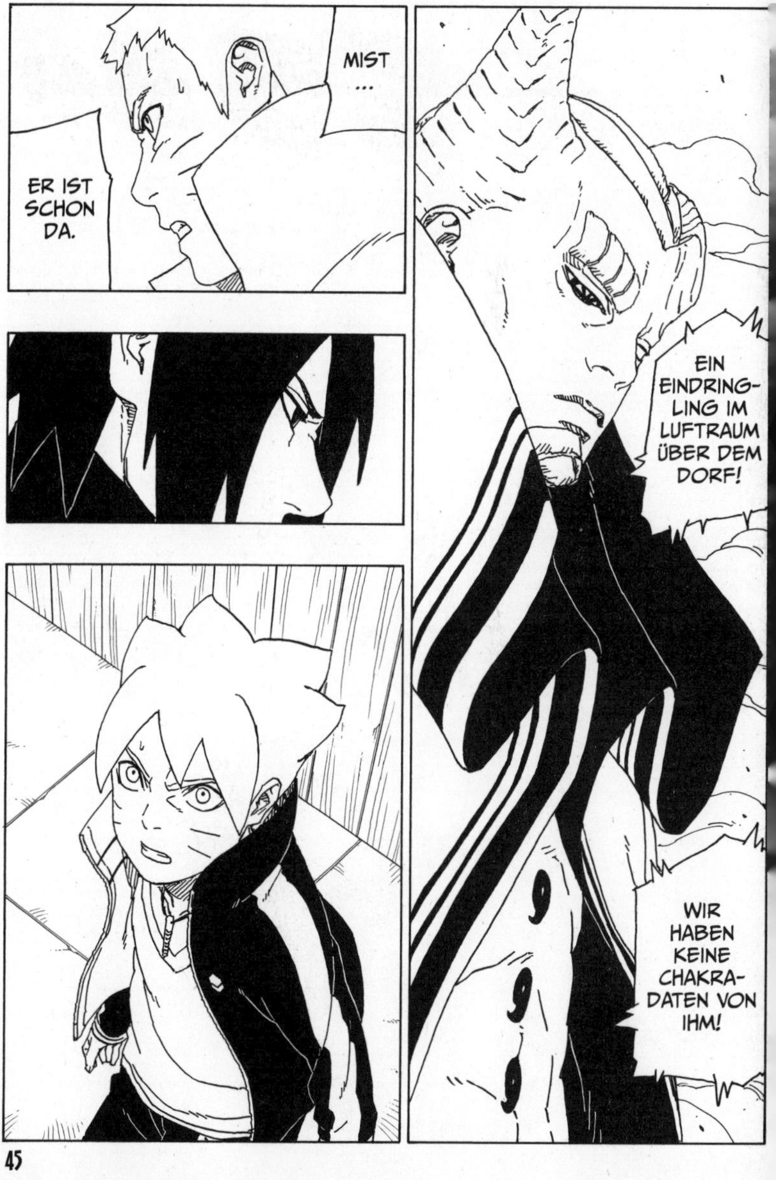
EIN EINDRING-LING IM LUFTRAUM ÜBER DEM DORF!
WIR HABEN KEINE CHAKRA-DATEN VON IHM!
MIST ...
ER IST SCHON DA.

BORU GANG

CHARAKTERDESIGN BY BORU-FANS – NACHGEZEICHNET VON MEISTER IKEMOTO!!

FÜR DIE »WEEKLY SHONEN JUMP«-KOLUMNE »BORU-GANG« ZEICHNET MEISTER IKEMOTO DIE ORIGINELLSTEN BORUTO-CHARAKTERE NACH, DIE VON FANS ENTWORFEN WURDEN!!

DER NAME DES CHARAKTERS:

JUNISHI MEGURI

ENTWORFEN VON:

IN'YO AUS OSAKA

BEWERTUNG DER JURY:

IHRE FÄHIGKEIT, ALLE TIERE AUS DEM ZWÖLFER-TIERKREIS AM EIGENEN KÖRPER TRAGEN ZU KÖNNEN, IST ULTRASTARK UND COOL!! DAS CHARAKTER-DESIGN MIT DEN EIGENSCHAFTEN DER TIERE IST RUND UND AUSGEZEICHNET!!

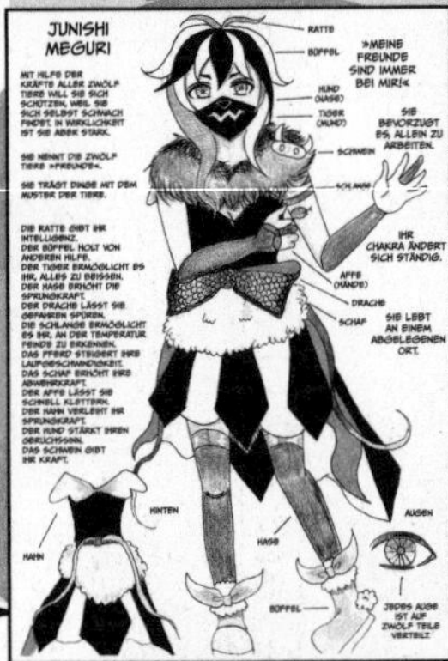

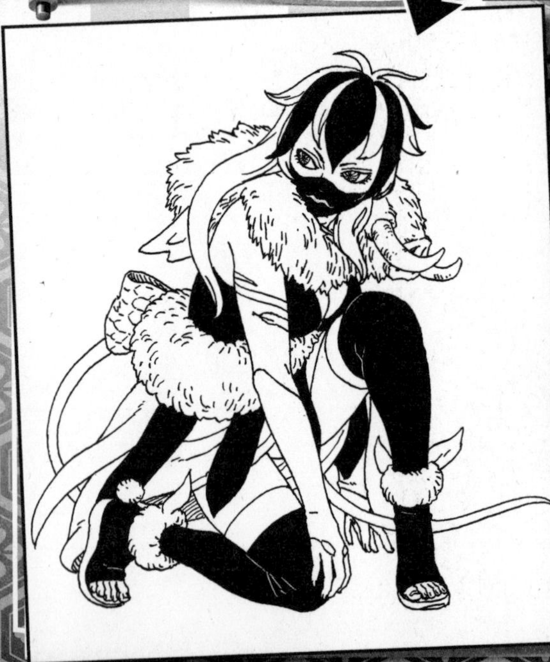

TADAA!! UND HIER IST MEISTER IKEMOTOS ZEICHNUNG!!

IHRE FÄHIGKEITEN SIND EINFACH STARK. SIE ALLEIN KÖNNTE DIVERSE GEGNER SCHLAGEN. SIE KÖNNTE BORUTO DIE SHOW STEHLEN.

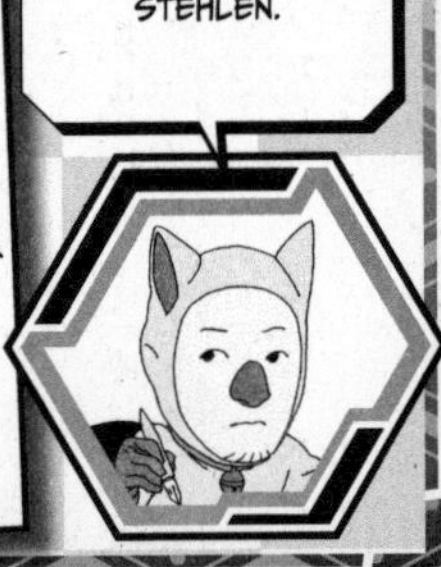

49: BEREIT SEIN

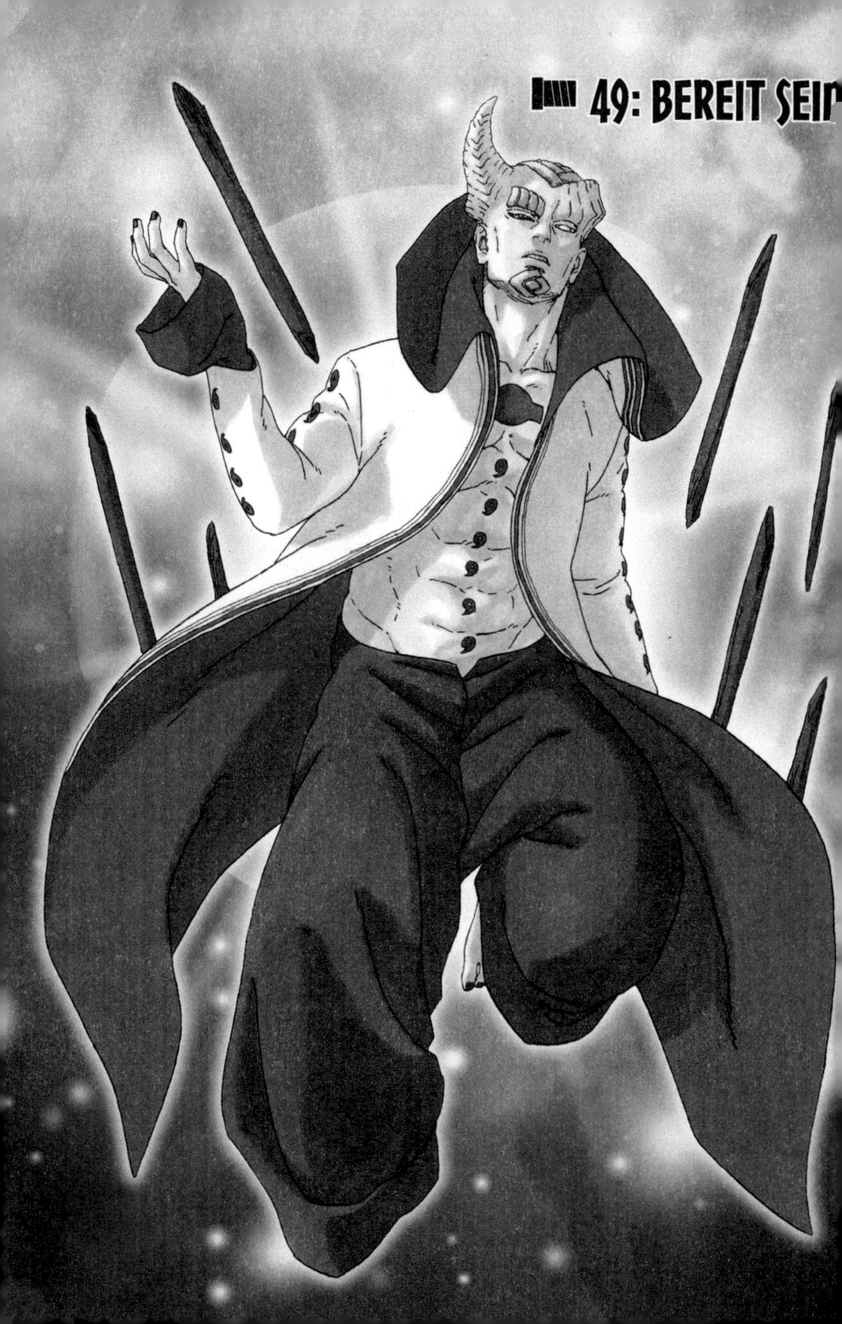

BORUTO
-NARUTO NEXT GENERATION-

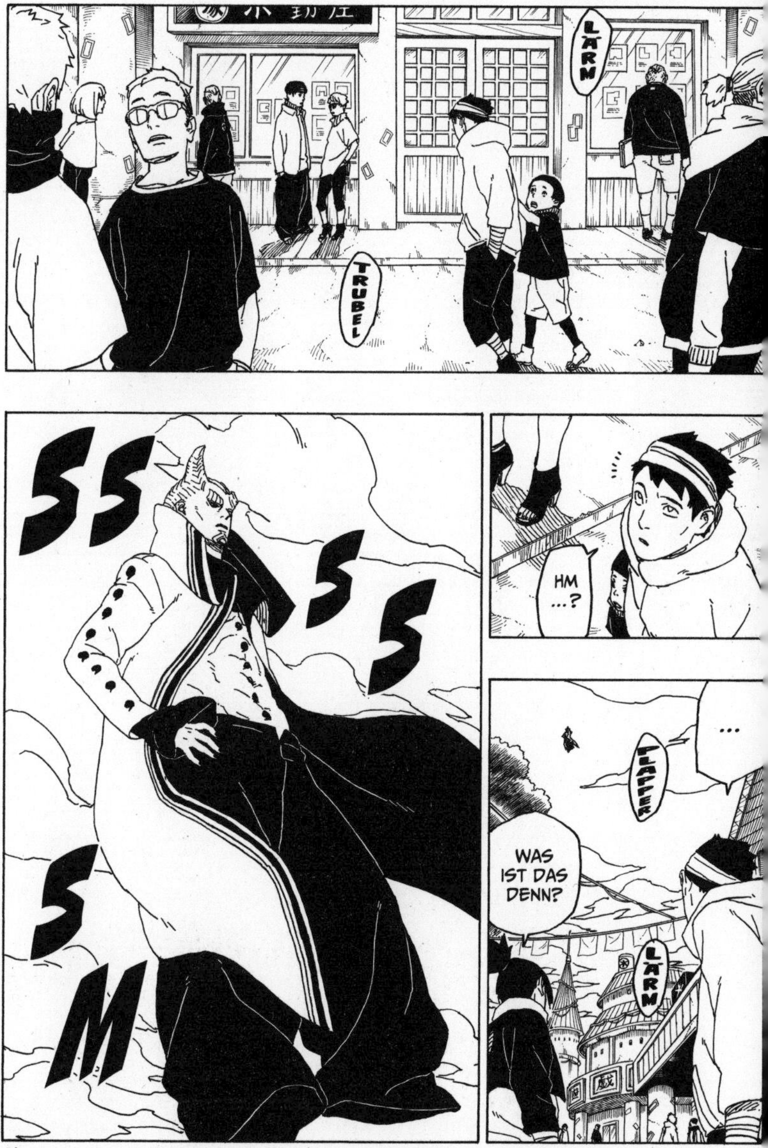

LÄRM
TRUBEL
HM ...?
...
FLAPPER
WAS IST DAS DENN?
LÄRM
SSSSSM

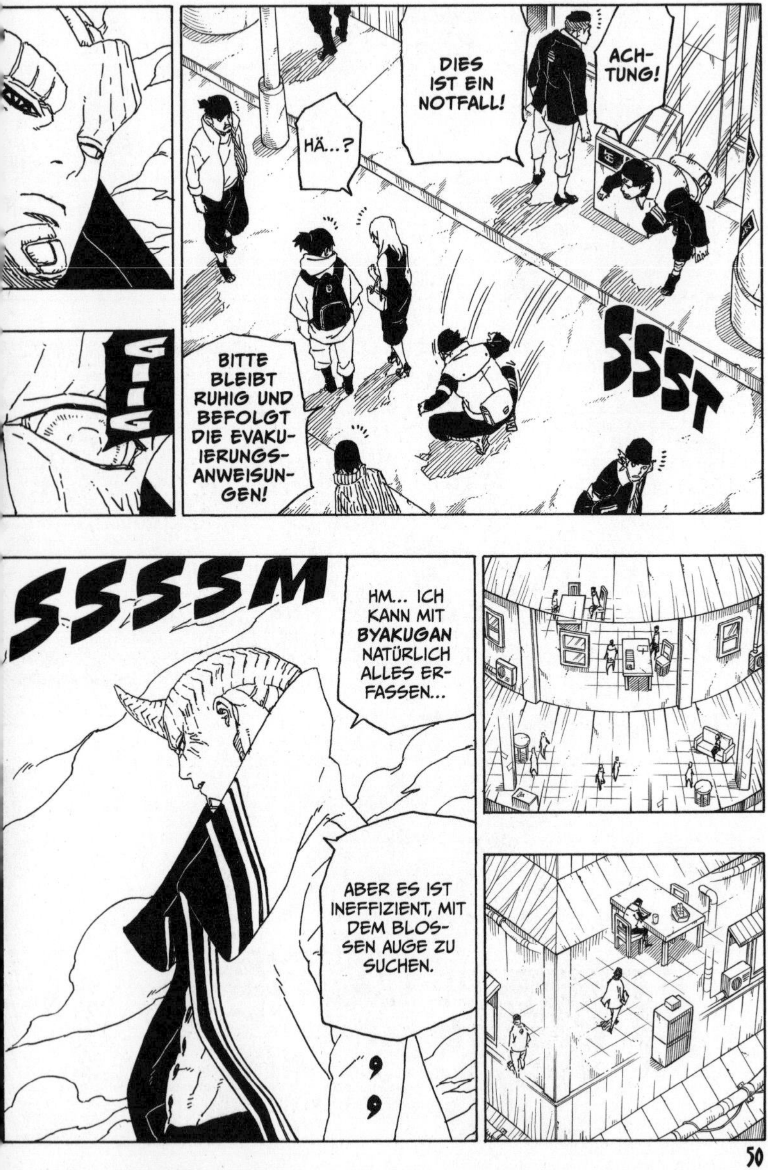
G I G
ACHTUNG!
DIES IST EIN NOTFALL!
HÄ...?
SSST
BITTE BLEIBT RUHIG UND BEFOLGT DIE EVAKUIERUNGSANWEISUNGEN!
SSSSM
HM... ICH KANN MIT BYAKUGAN NATÜRLICH ALLES ERFASSEN...
ABER ES IST INEFFIZIENT, MIT DEM BLOSSEN AUGE ZU SUCHEN.

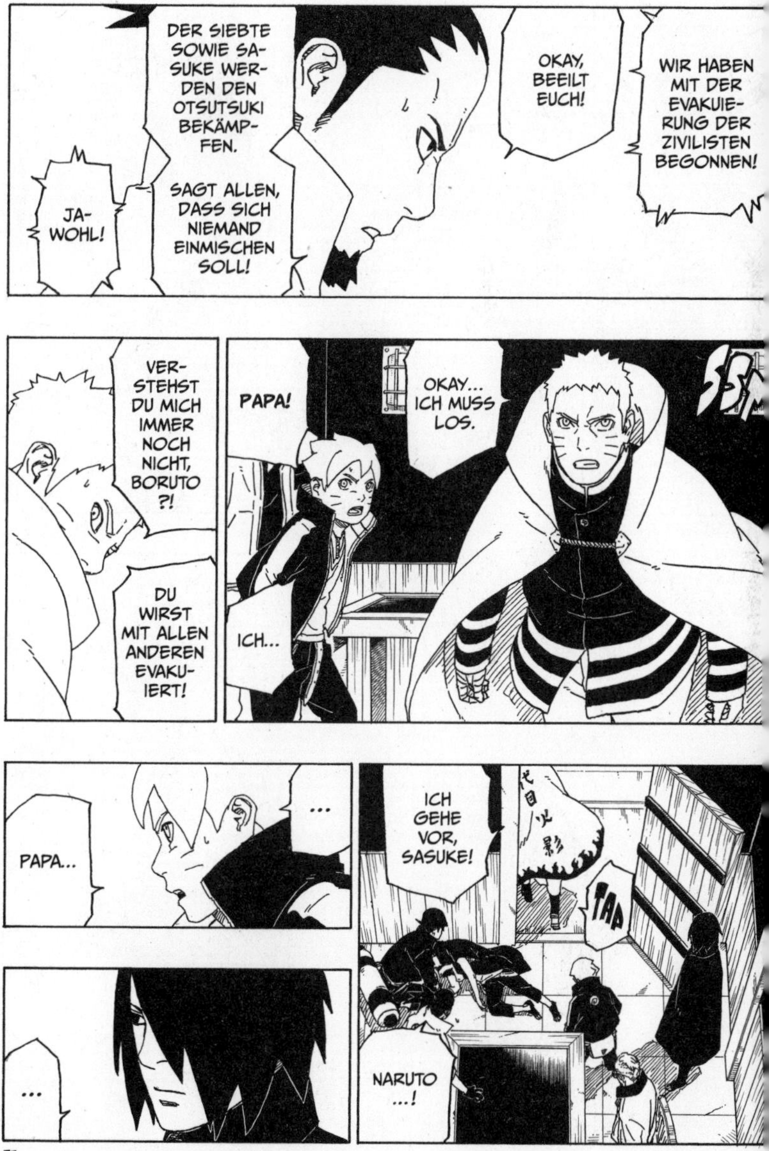
WIR HABEN MIT DER EVAKUIERUNG DER ZIVILISTEN BEGONNEN!
OKAY, BEEILT EUCH!
DER SIEBTE SOWIE SASUKE WERDEN DEN OTSUTSUKI BEKÄMPFEN.
SAGT ALLEN, DASS SICH NIEMAND EINMISCHEN SOLL!
JAWOHL!
OKAY... ICH MUSS LOS.
PAPA!
ICH...
VERSTEHST DU MICH IMMER NOCH NICHT, BORUTO?!
DU WIRST MIT ALLEN ANDEREN EVAKUIERT!
ICH GEHE VOR, SASUKE!
代目火影
TAP
NARUTO ...!
...
PAPA...
...

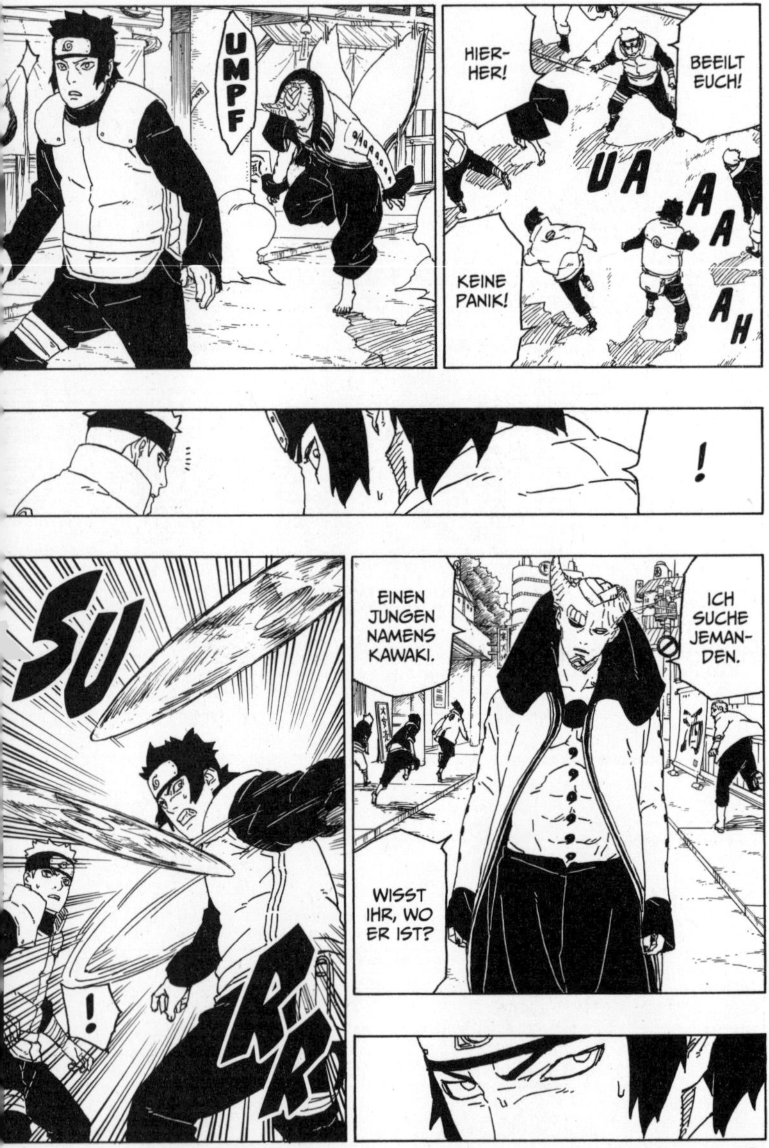
BEEILT EUCH!
HIER-HER!
UAAAAAH
KEINE PANIK!
UMPF
!
ICH SUCHE JEMANDEN.
EINEN JUNGEN NAMENS KAWAKI.
WISST IHR, WO ER IST?
SU
!
RR

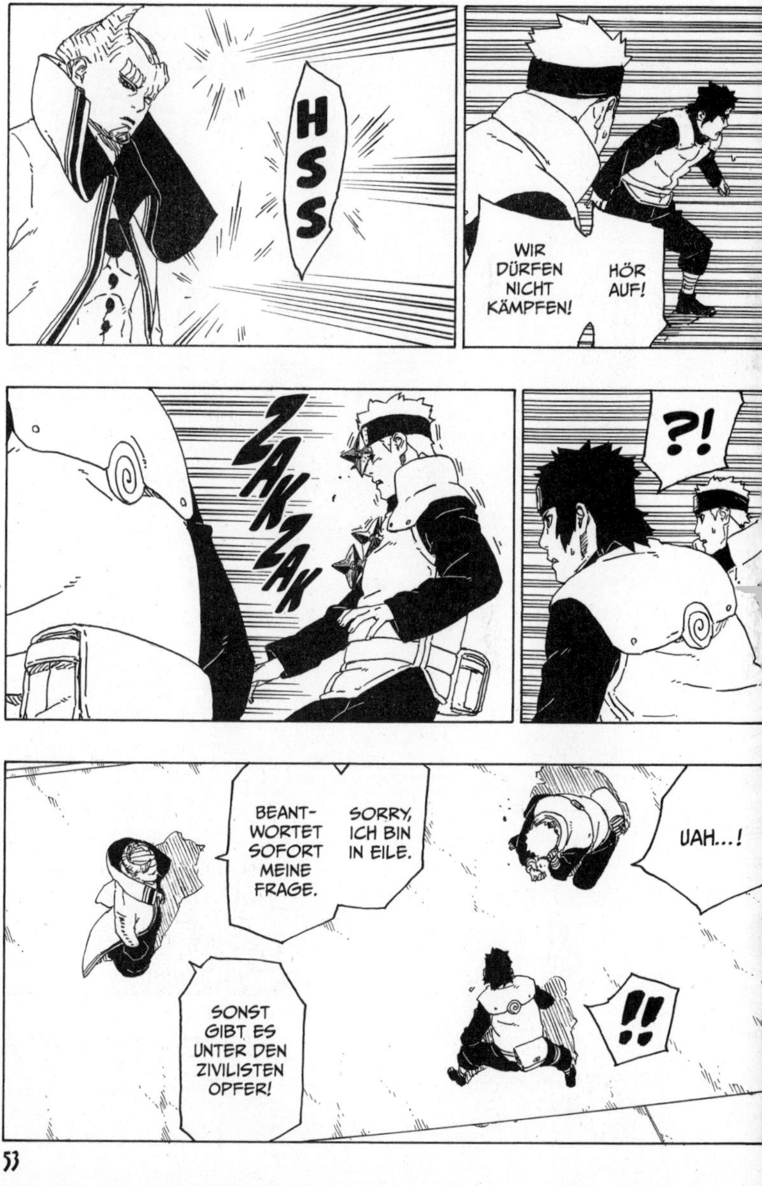
HÖR AUF!
WIR DÜRFEN NICHT KÄMPFEN!
HSSS
?!
ZAKZAK
UAH...!
!!
SORRY, ICH BIN IN EILE.
BEANTWORTET SOFORT MEINE FRAGE.
SONST GIBT ES UNTER DEN ZIVILISTEN OPFER!

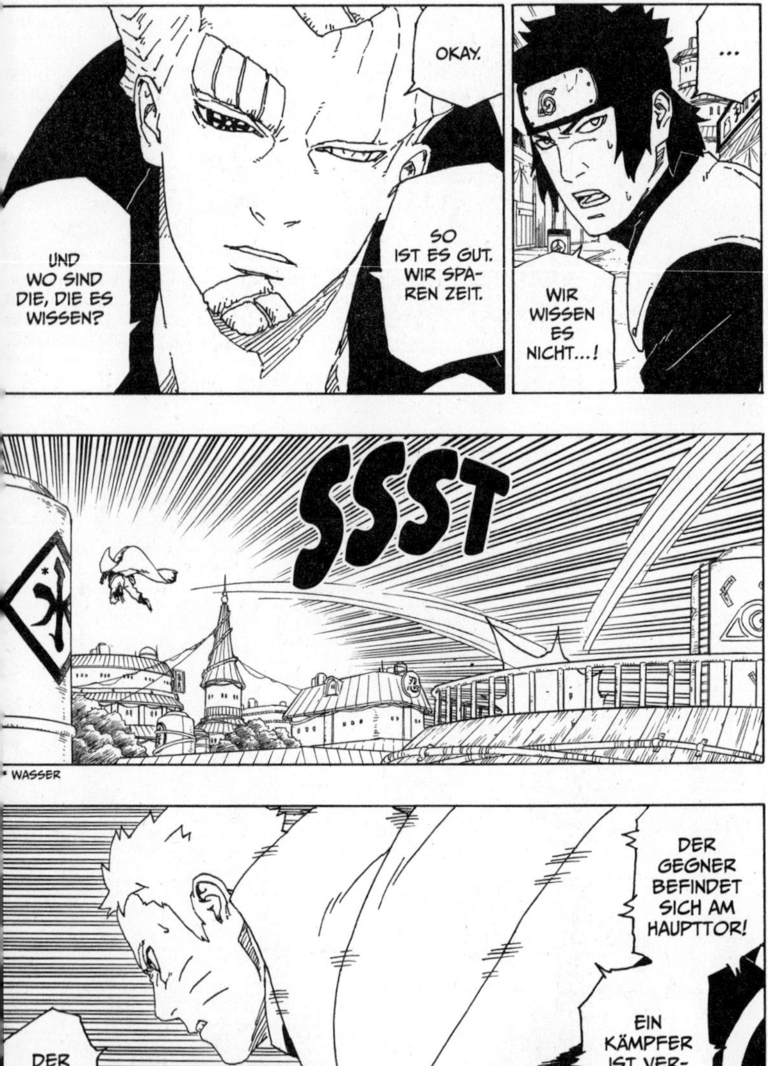
...
WIR WISSEN ES NICHT...!
OKAY.
SO IST ES GUT. WIR SPAREN ZEIT.
UND WO SIND DIE, DIE ES WISSEN?
SSST
DER GEGNER BEFINDET SICH AM HAUPTTOR!
EIN KÄMPFER IST VERLETZT!
DER MISTKERL...!

* WASSER

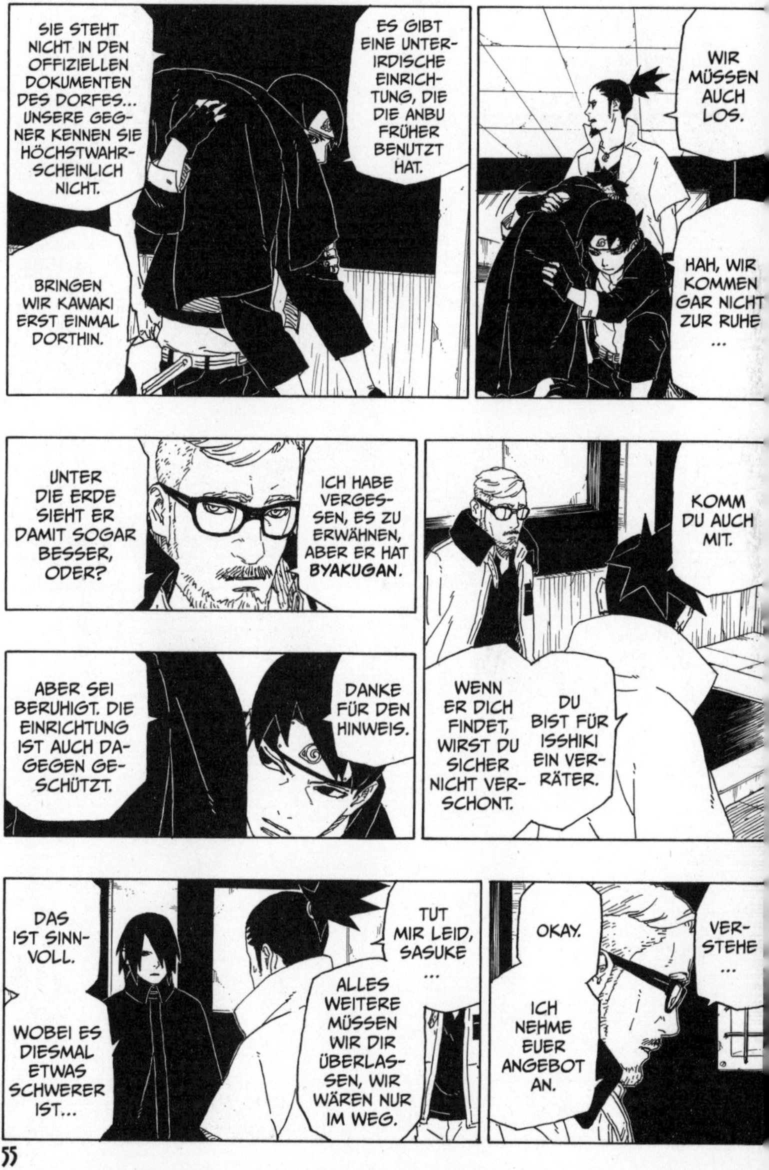
WIR MÜSSEN AUCH LOS.
HAH, WIR KOMMEN GAR NICHT ZUR RUHE ...
ES GIBT EINE UNTERIRDISCHE EINRICHTUNG, DIE DIE ANBU FRÜHER BENUTZT HAT.
SIE STEHT NICHT IN DEN OFFIZIELLEN DOKUMENTEN DES DORFES... UNSERE GEGNER KENNEN SIE HÖCHSTWAHRSCHEINLICH NICHT.
BRINGEN WIR KAWAKI ERST EINMAL DORTHIN.
KOMM DU AUCH MIT.
DU BIST FÜR ISSHIKI EIN VERRÄTER.
WENN ER DICH FINDET, WIRST DU SICHER NICHT VERSCHONT.
ICH HABE VERGESSEN, ES ZU ERWÄHNEN, ABER ER HAT BYAKUGAN.
UNTER DIE ERDE SIEHT ER DAMIT SOGAR BESSER, ODER?
DANKE FÜR DEN HINWEIS.
ABER SEI BERUHIGT. DIE EINRICHTUNG IST AUCH DAGEGEN GESCHÜTZT.
VERSTEHE ...
OKAY.
ICH NEHME EUER ANGEBOT AN.
TUT MIR LEID, SASUKE ...
ALLES WEITERE MÜSSEN WIR DIR ÜBERLASSEN, WIR WÄREN NUR IM WEG.
DAS IST SINNVOLL.
WOBEI ES DIESMAL ETWAS SCHWERER IST...

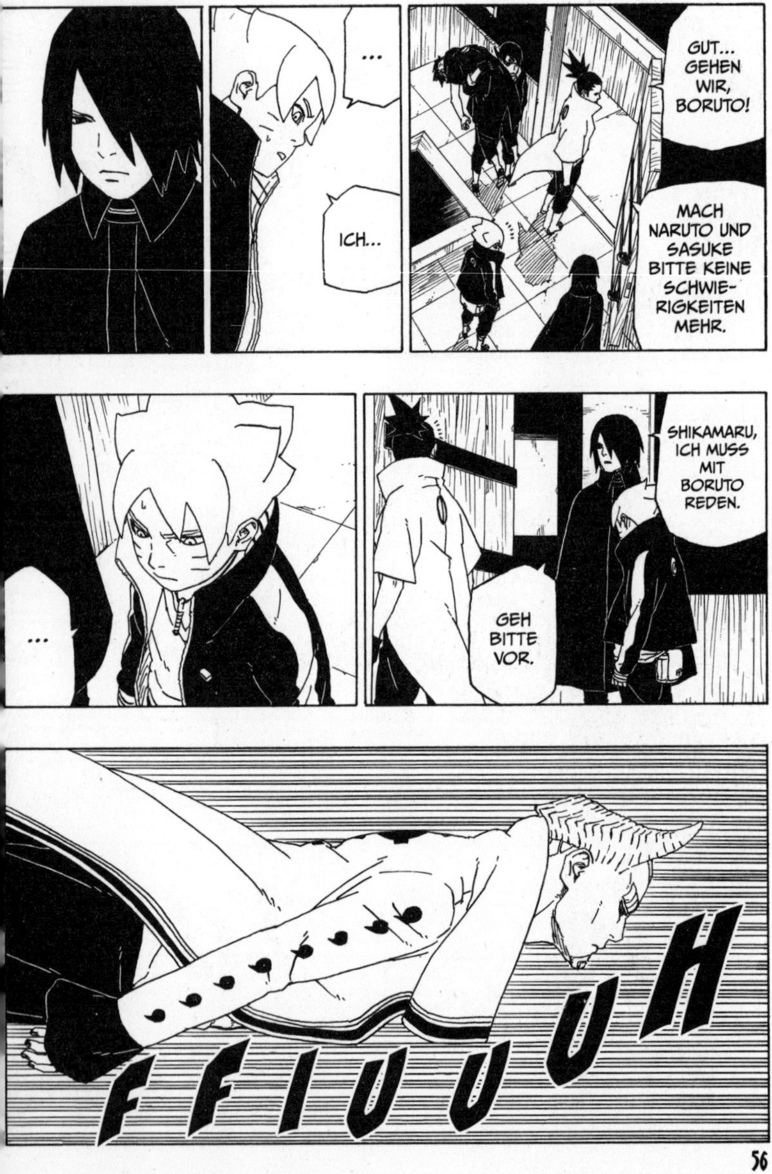
GUT... GEHEN WIR, BORUTO!
MACH NARUTO UND SASUKE BITTE KEINE SCHWIERIGKEITEN MEHR.
...
ICH...
SHIKAMARU, ICH MUSS MIT BORUTO REDEN.
GEH BITTE VOR.
...
FFIUUUUH

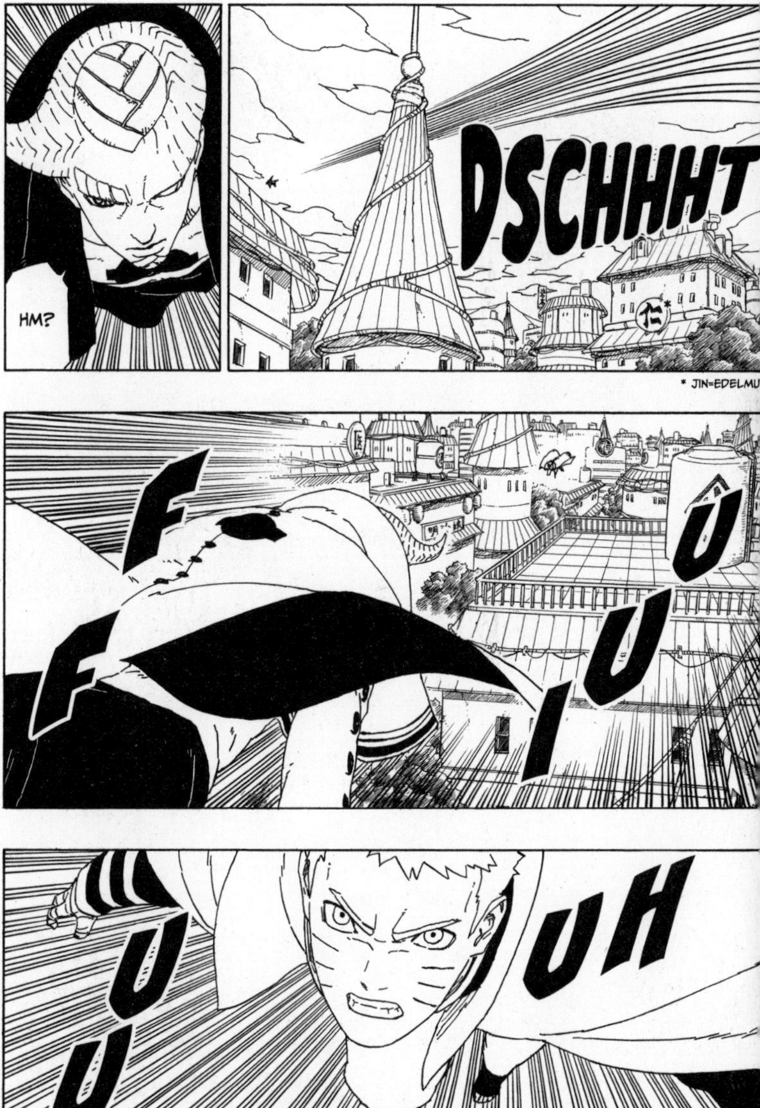

* JIN=EDELMU

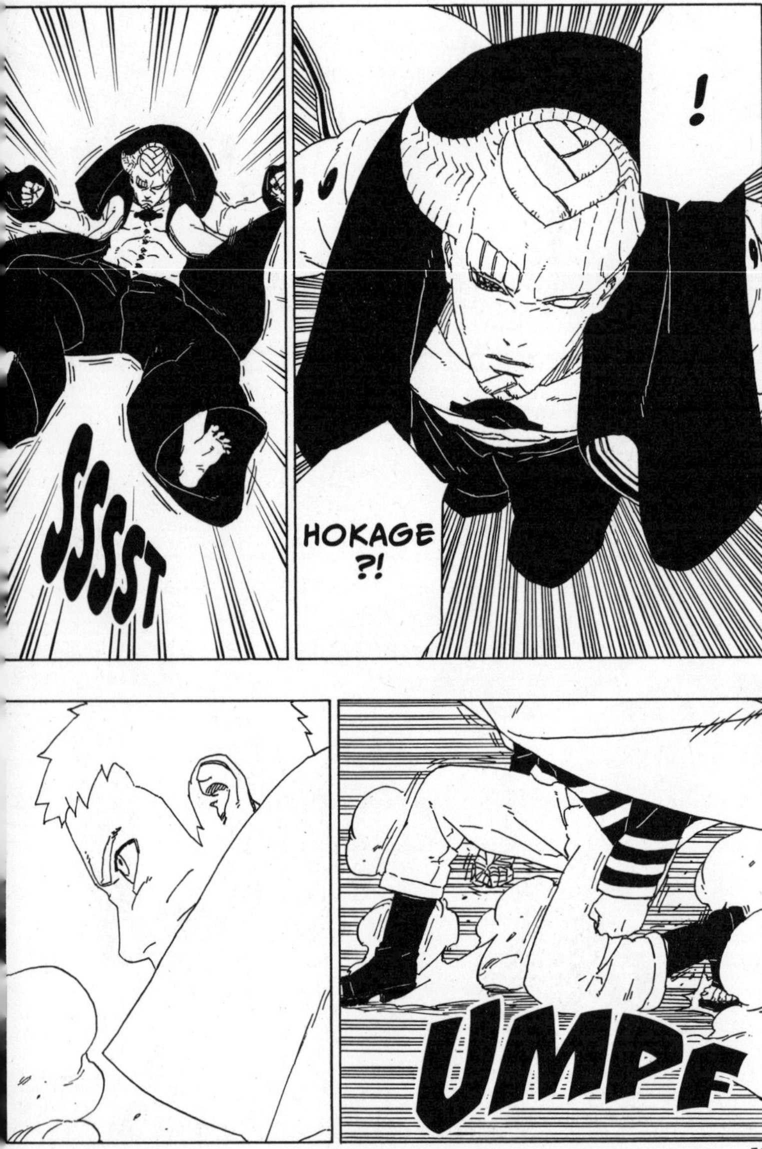
!
HOKAGE ?!
SSSST
UMPF

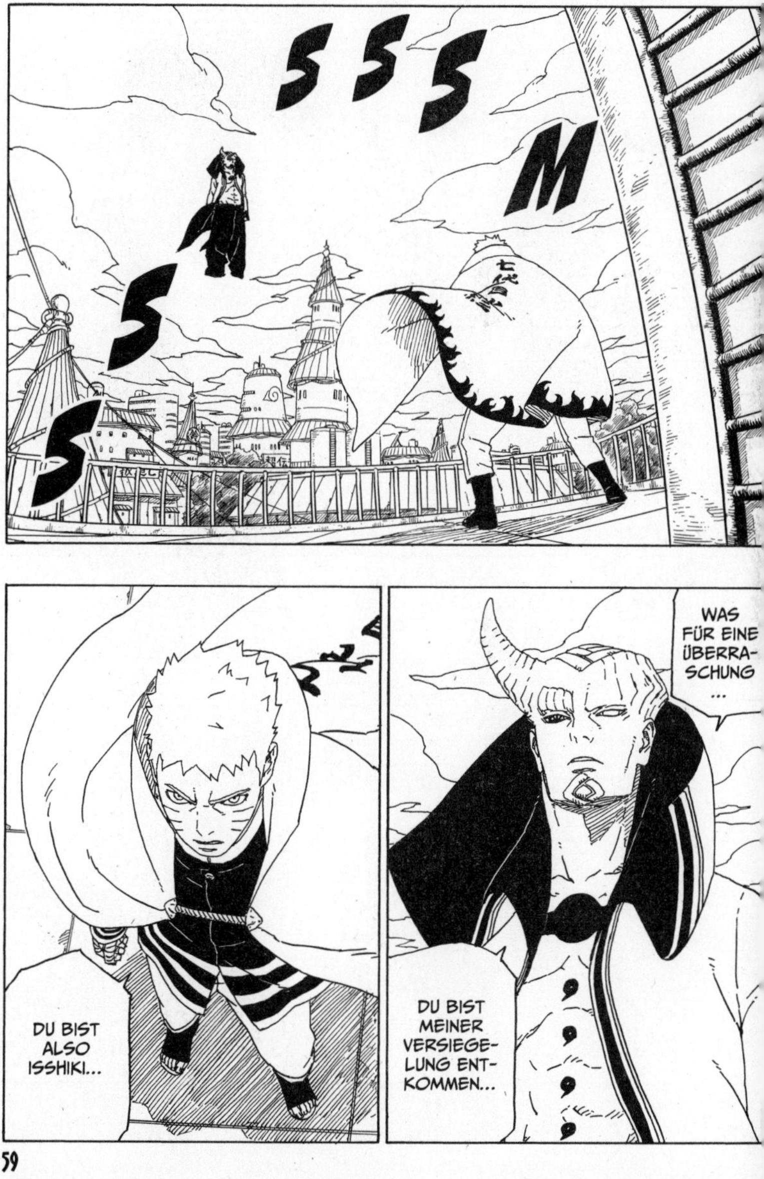
SSSSSM
WAS FÜR EINE ÜBERRASCHUNG ...
DU BIST MEINER VERSIEGELUNG ENTKOMMEN...
DU BIST ALSO ISSHIKI...

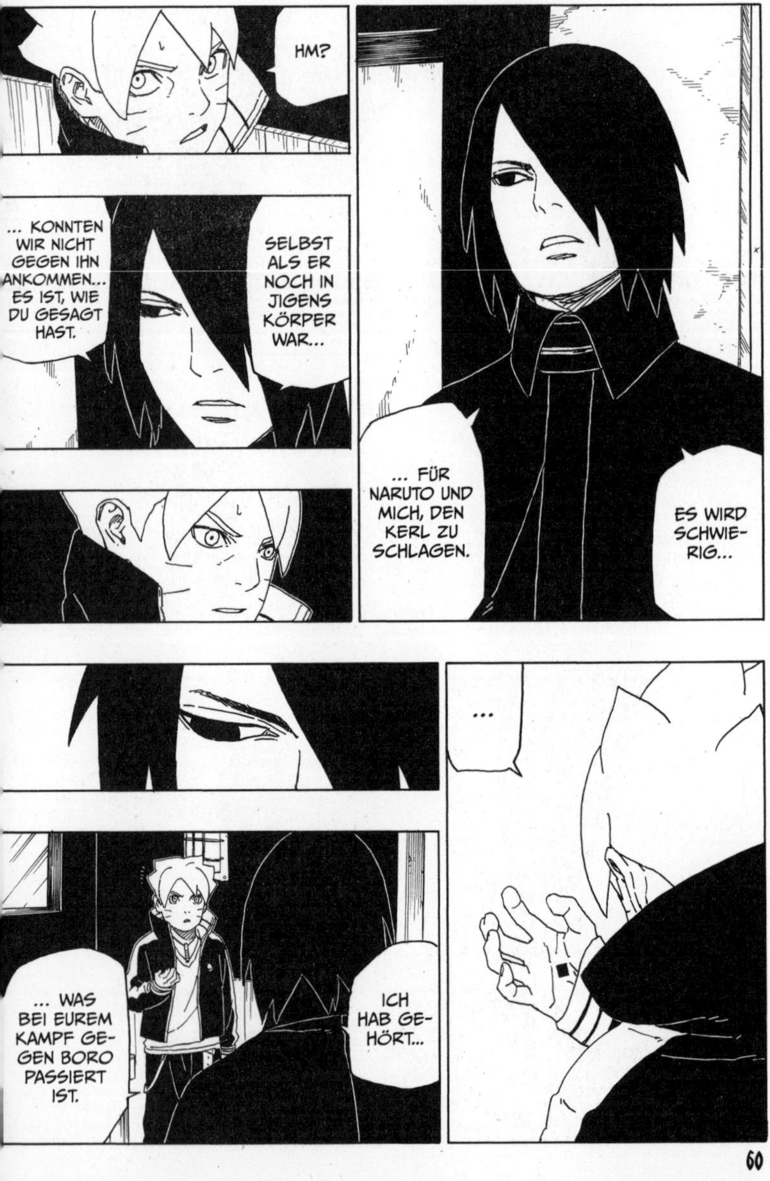
ES WIRD SCHWIE-RIG...
... FÜR NARUTO UND MICH, DEN KERL ZU SCHLAGEN.
HM?
SELBST ALS ER NOCH IN JIGENS KÖRPER WAR...
... KONNTEN WIR NICHT GEGEN IHN ANKOMMEN... ES IST, WIE DU GESAGT HAST.
...
ICH HAB GE-HÖRT...
... WAS BEI EUREM KAMPF GE-GEN BORO PASSIERT IST.

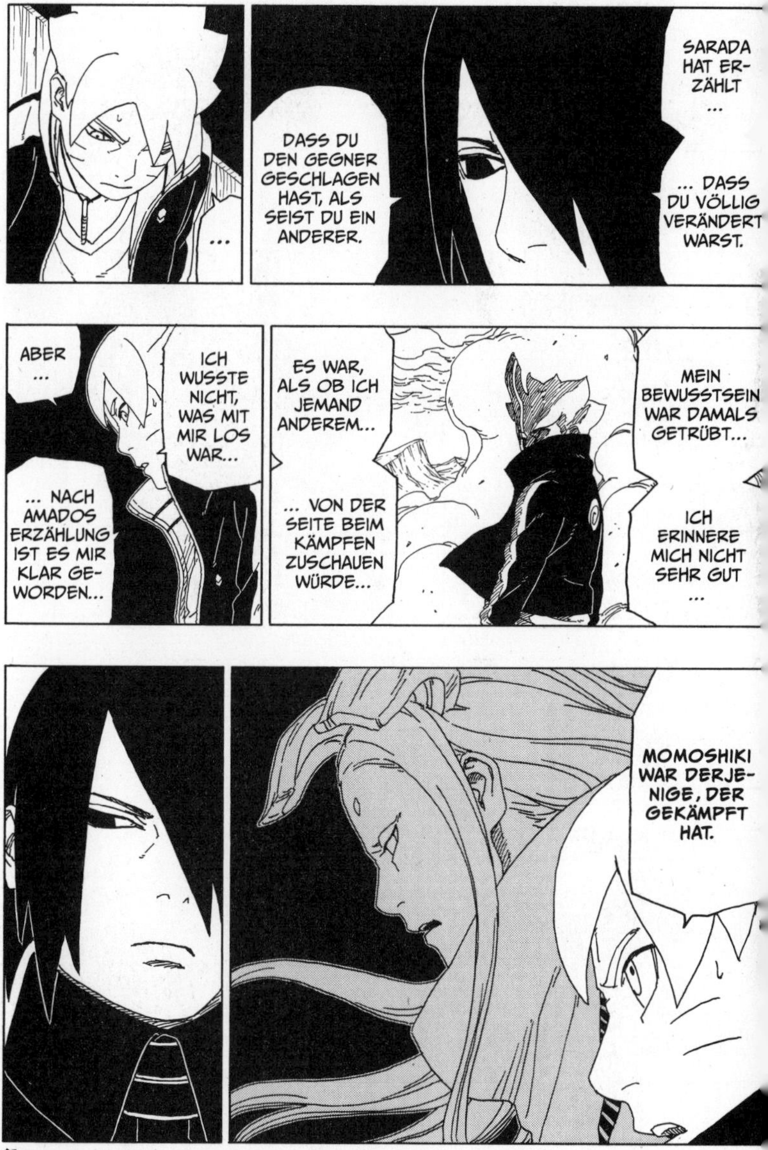
SARADA HAT ERZÄHLT ...
... DASS DU VÖLLIG VERÄNDERT WARST.
DASS DU DEN GEGNER GESCHLAGEN HAST, ALS SEIST DU EIN ANDERER.
...
MEIN BEWUSSTSEIN WAR DAMALS GETRÜBT...
ICH ERINNERE MICH NICHT SEHR GUT ...
ES WAR, ALS OB ICH JEMAND ANDEREM...
... VON DER SEITE BEIM KÄMPFEN ZUSCHAUEN WÜRDE...
ICH WUSSTE NICHT, WAS MIT MIR LOS WAR...
ABER ...
... NACH AMADOS ERZÄHLUNG IST ES MIR KLAR GEWORDEN...
MOMOSHIKI WAR DERJENIGE, DER GEKÄMPFT HAT.

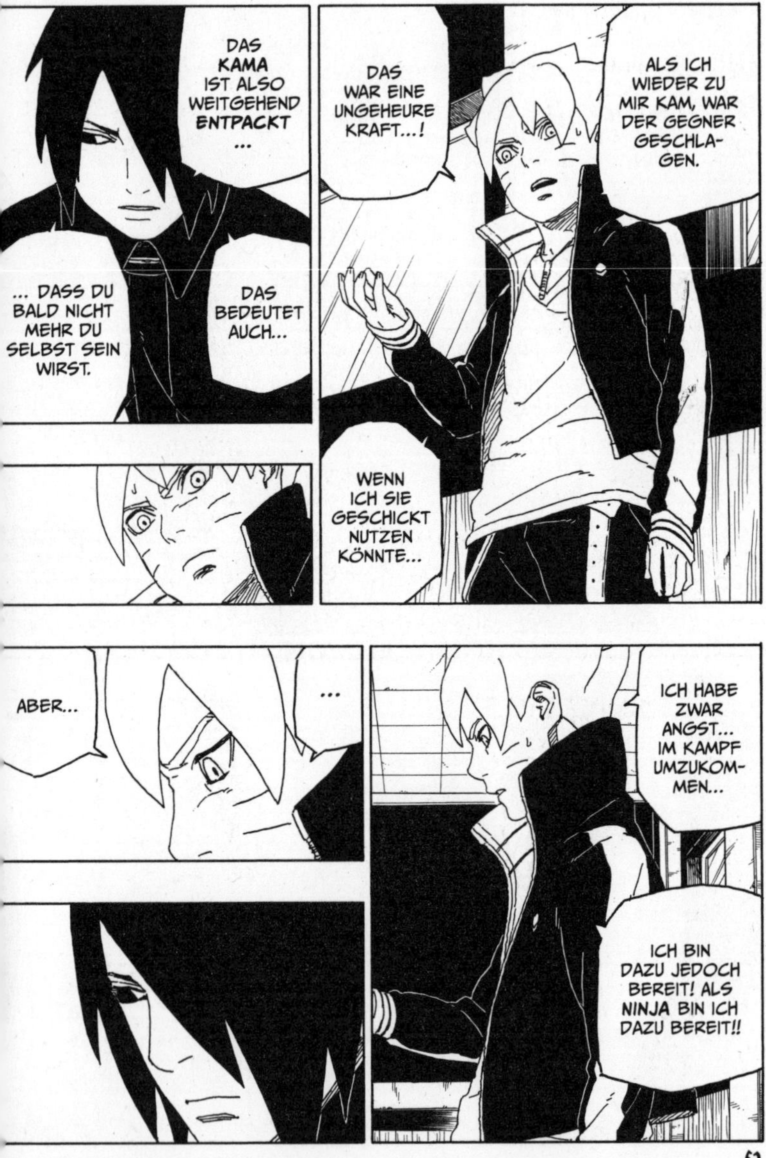
ALS ICH WIEDER ZU MIR KAM, WAR DER GEGNER GESCHLAGEN.
DAS WAR EINE UNGEHEURE KRAFT...!
WENN ICH SIE GESCHICKT NUTZEN KÖNNTE...
DAS KAMA IST ALSO WEITGEHEND ENTPACKT ...
DAS BEDEUTET AUCH...
... DASS DU BALD NICHT MEHR DU SELBST SEIN WIRST.
ICH HABE ZWAR ANGST... IM KAMPF UMZUKOMMEN...
ICH BIN DAZU JEDOCH BEREIT! ALS NINJA BIN ICH DAZU BEREIT!!
...
ABER...

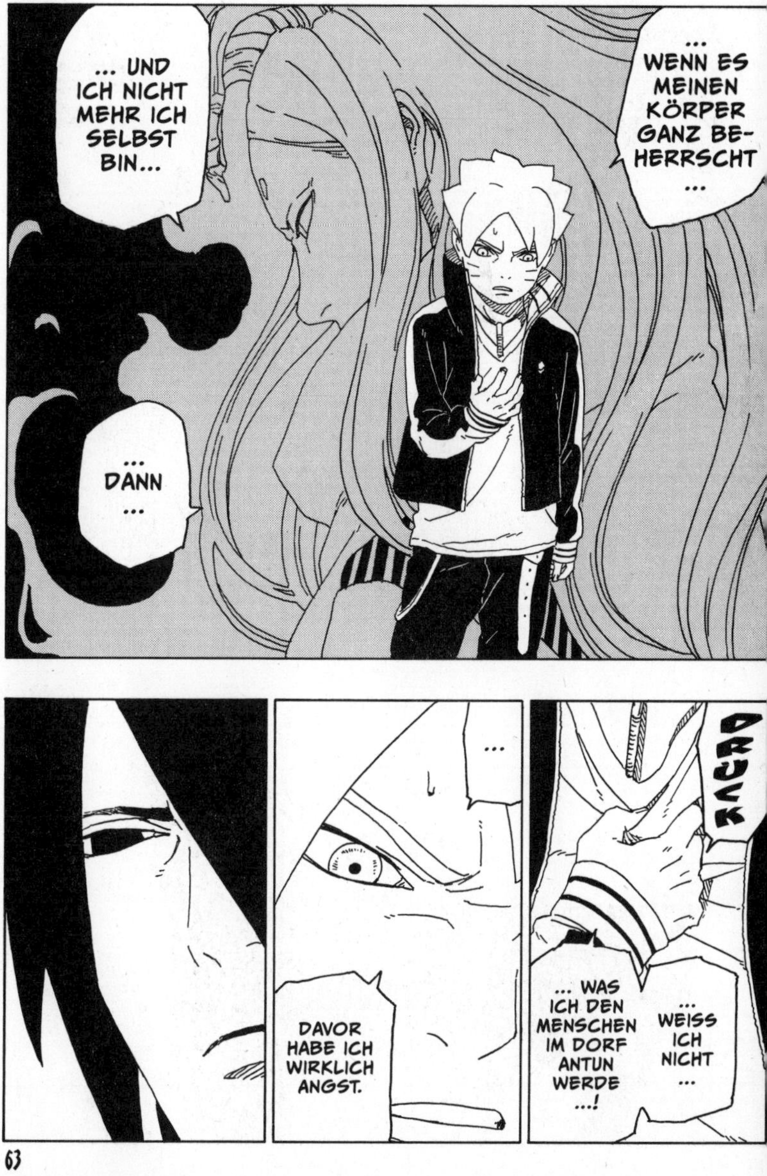
... WENN ES MEINEN KÖRPER GANZ BE-HERRSCHT ...
... UND ICH NICHT MEHR ICH SELBST BIN...
... DANN ...
DRUCK
... WEISS ICH NICHT ...
... WAS ICH DEN MENSCHEN IM DORF ANTUN WERDE ...!
...
DAVOR HABE ICH WIRKLICH ANGST.

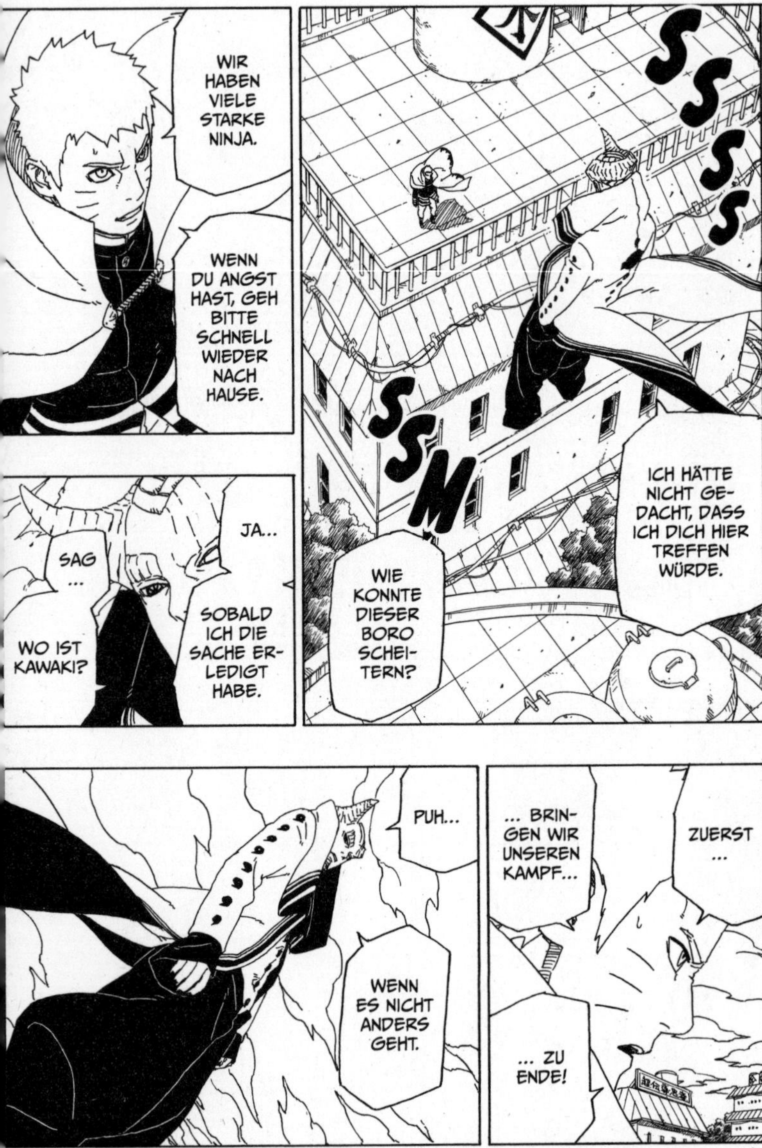
SSSS
SSM
ICH HÄTTE NICHT GE-DACHT, DASS ICH DICH HIER TREFFEN WÜRDE.
WIE KONNTE DIESER BORO SCHEI-TERN?
WIR HABEN VIELE STARKE NINJA.
WENN DU ANGST HAST, GEH BITTE SCHNELL WIEDER NACH HAUSE.
JA...
SAG ...
SOBALD ICH DIE SACHE ER-LEDIGT HABE.
WO IST KAWAKI?
ZUERST ...
... BRIN-GEN WIR UNSEREN KAMPF...
... ZU ENDE!
PUH...
WENN ES NICHT ANDERS GEHT.

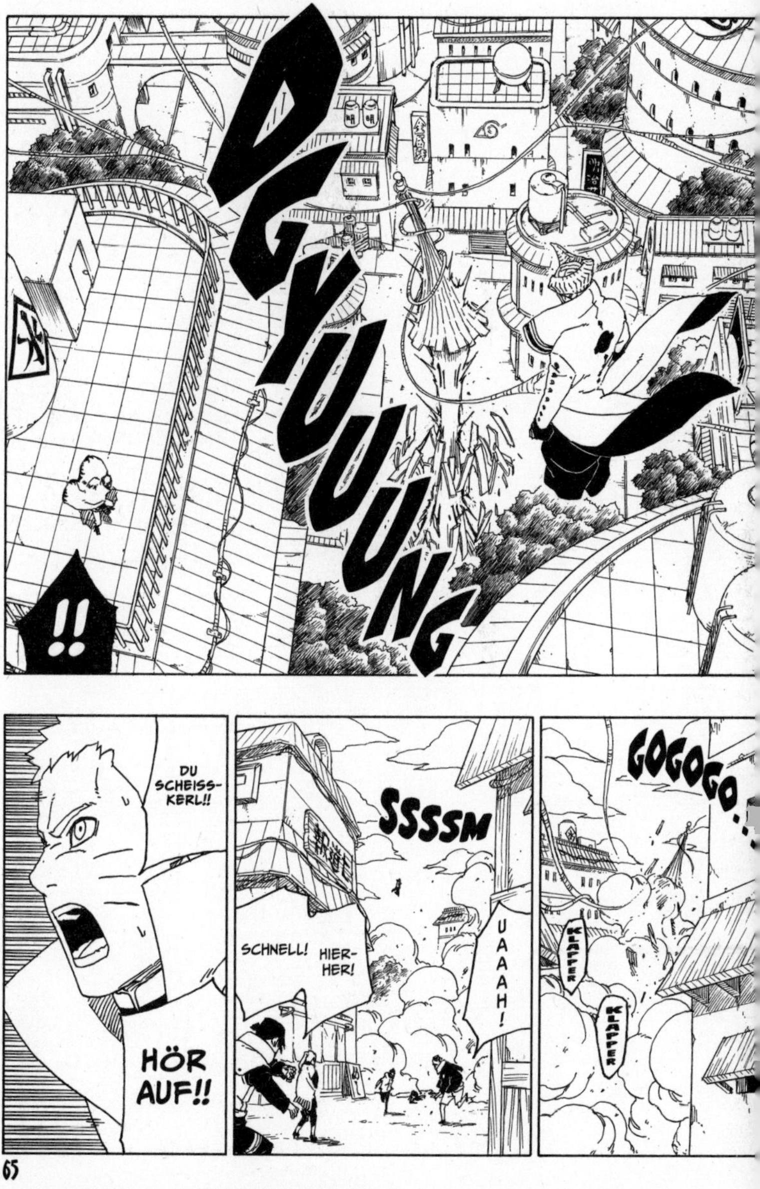
DOGYUUUNG
!!
GOGOGO...
KLAPPER
KLAPPER
SSSSM
UAAAAH!
HIER-HER!
SCHNELL!
DU SCHEISS-KERL!!
HÖR AUF!!

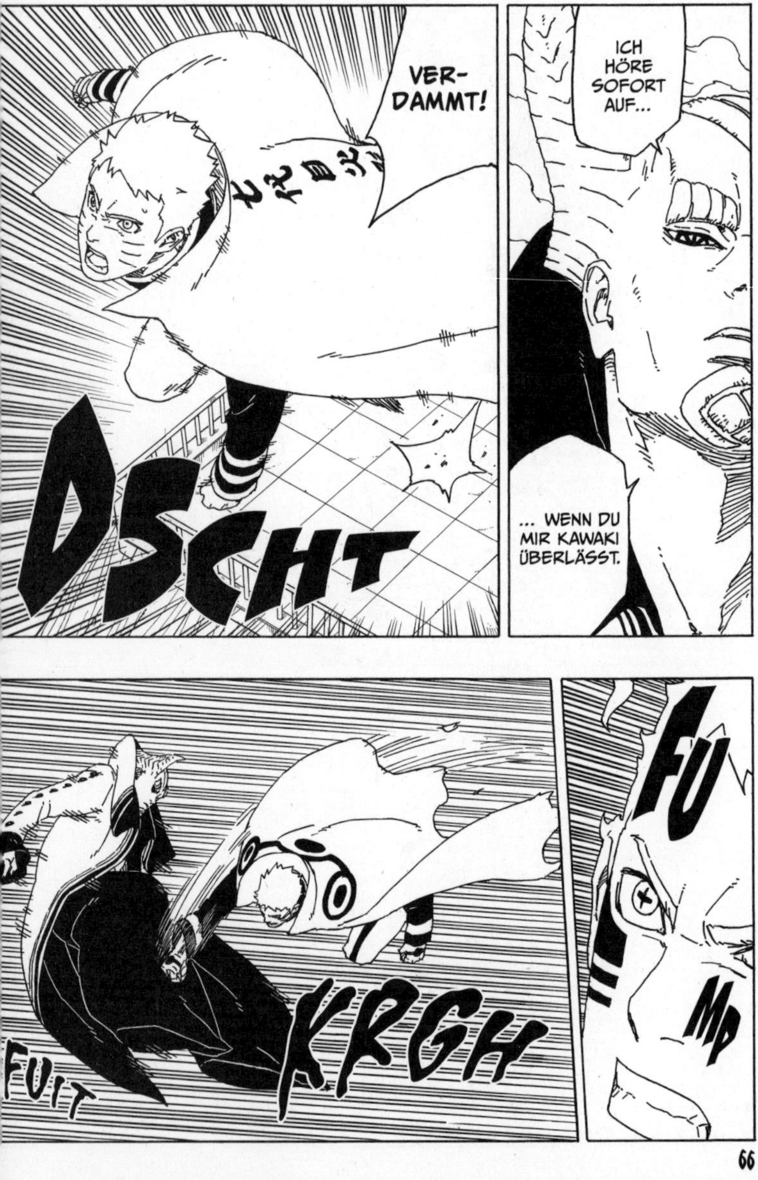
ICH HÖRE SOFORT AUF...
... WENN DU MIR KAWAKI ÜBERLÄSST.
VER-DAMMT!
DSCHT
FUMP
KRGH
FUIT

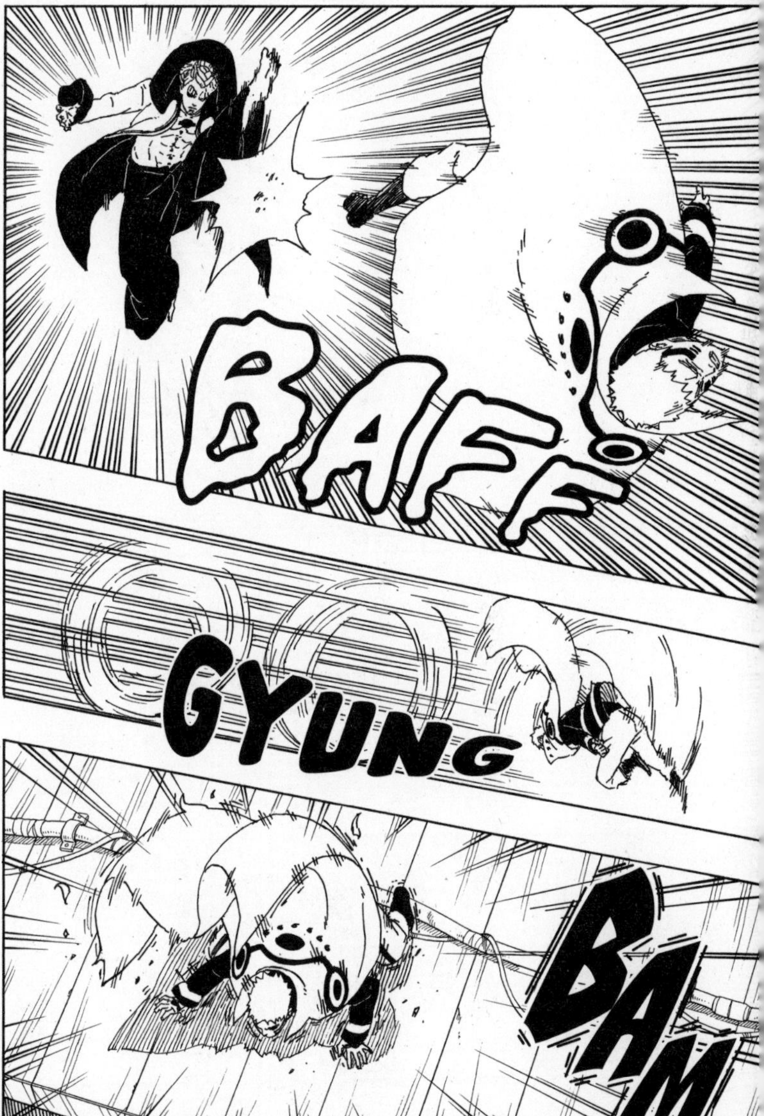
BAFF
GYUNG
BAM

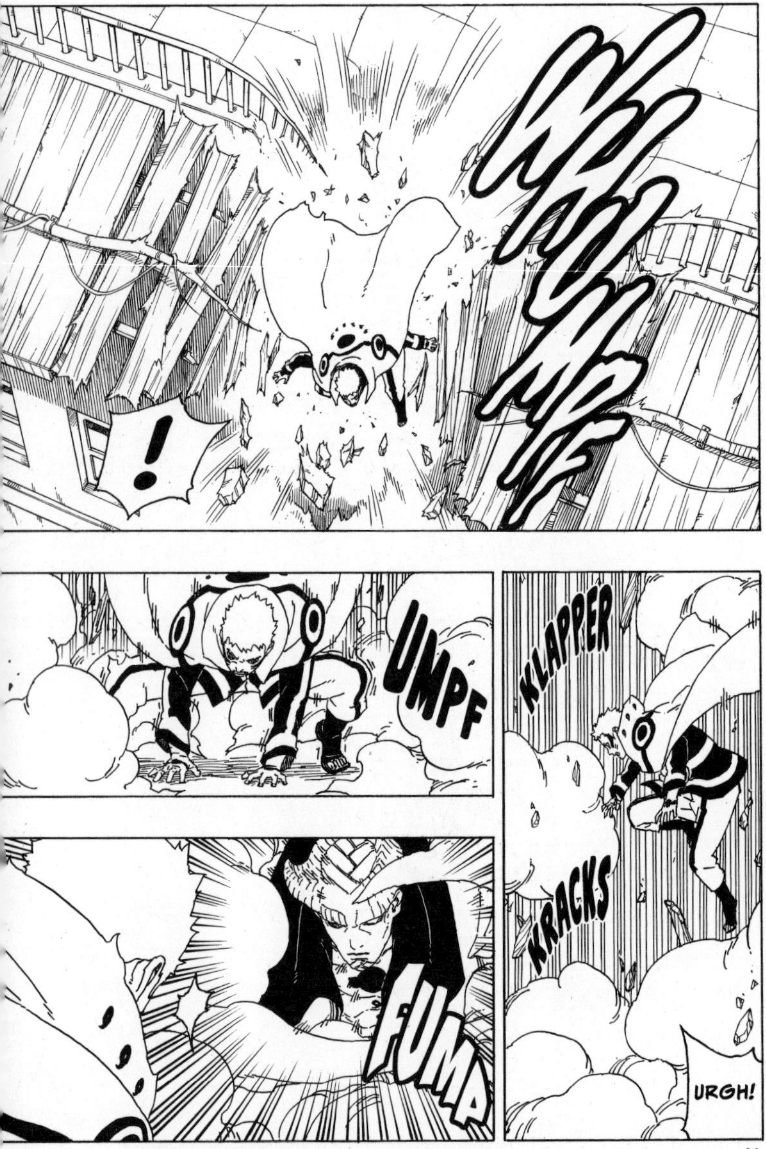
!
KLAPPER
KRACKS
URGH!
UMPF
FUMP

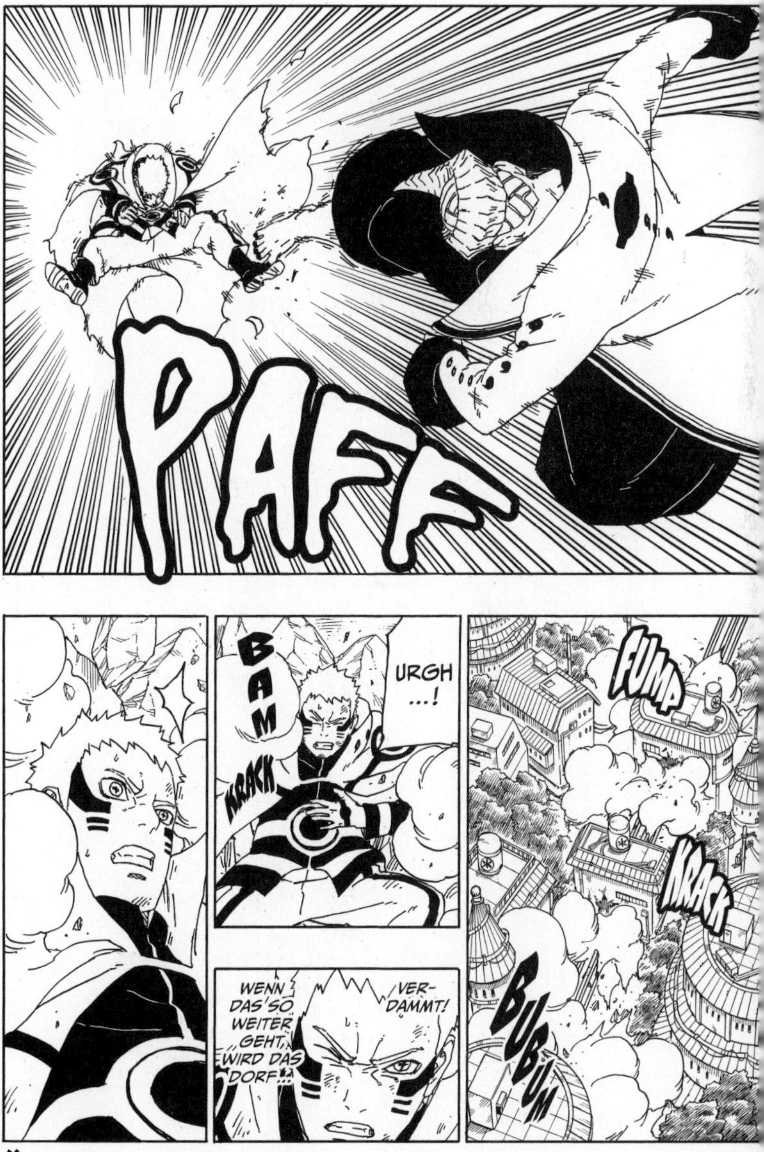
PAFF
FUMP
KRACK
BUBUM
URGH ...!
BAM
KRACK
VER-DAMMT!
WENN DAS SO WEITER GEHT, WIRD DAS DORF...

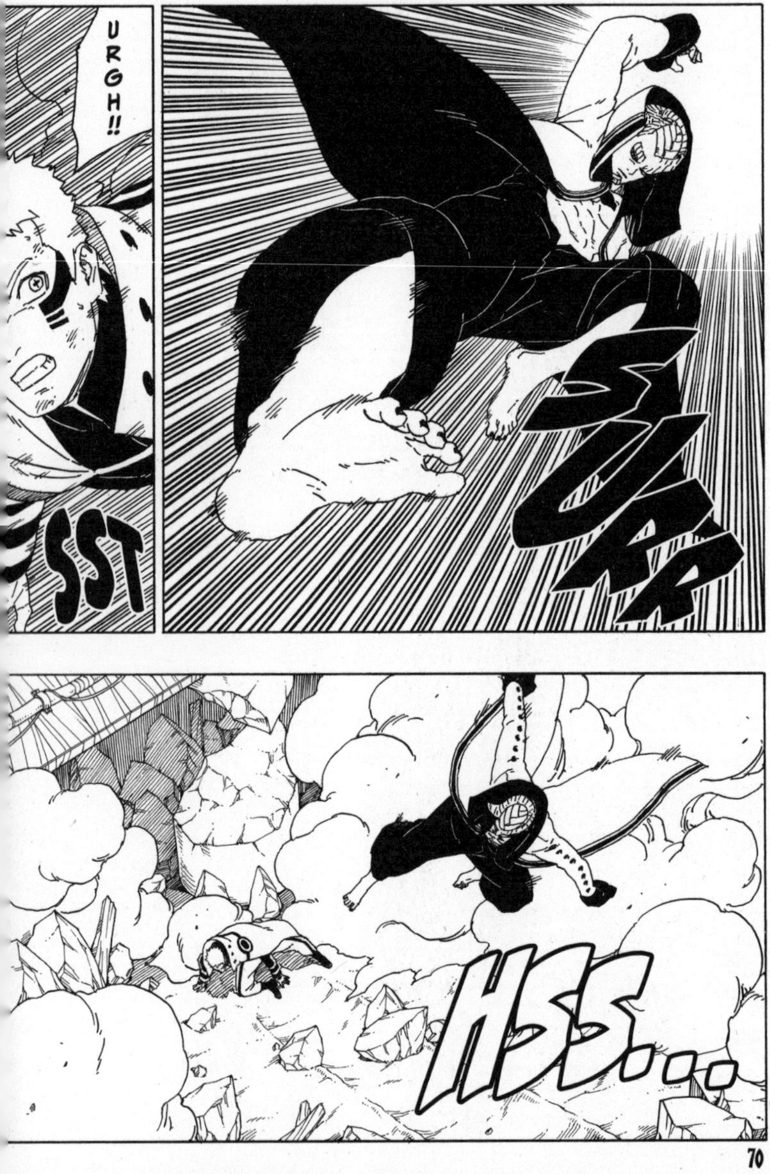

URGH!!
SSST
SWUSH
HSS...

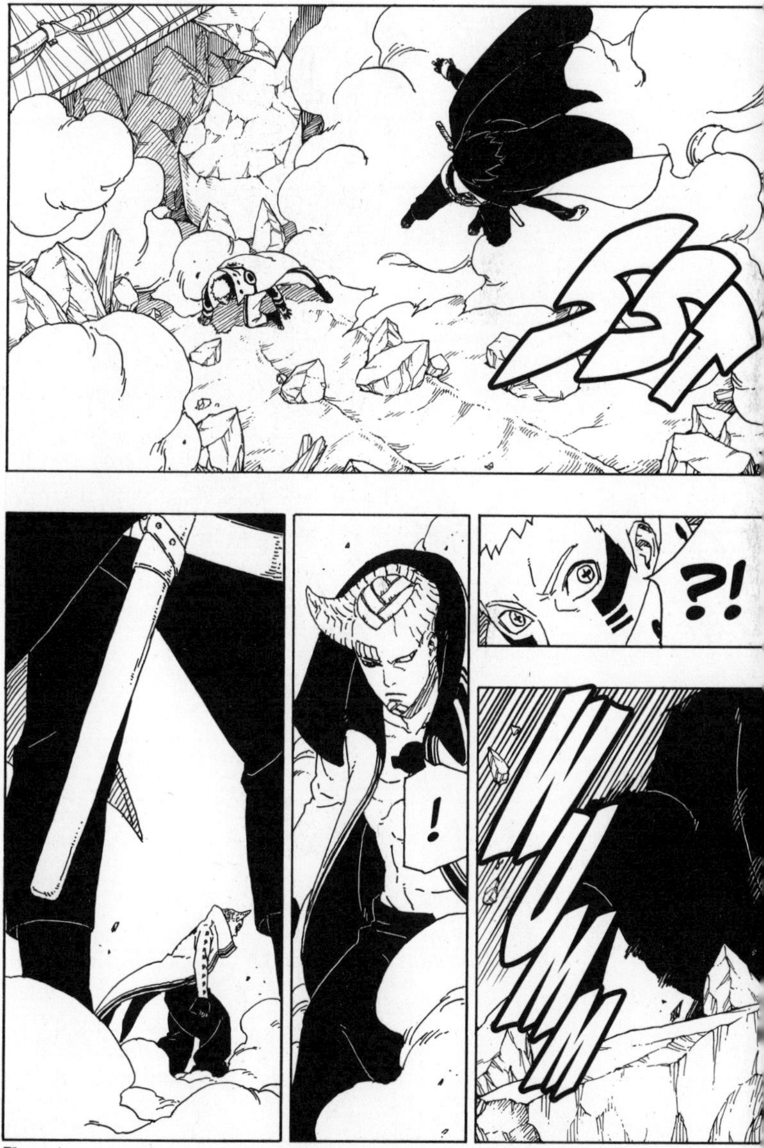

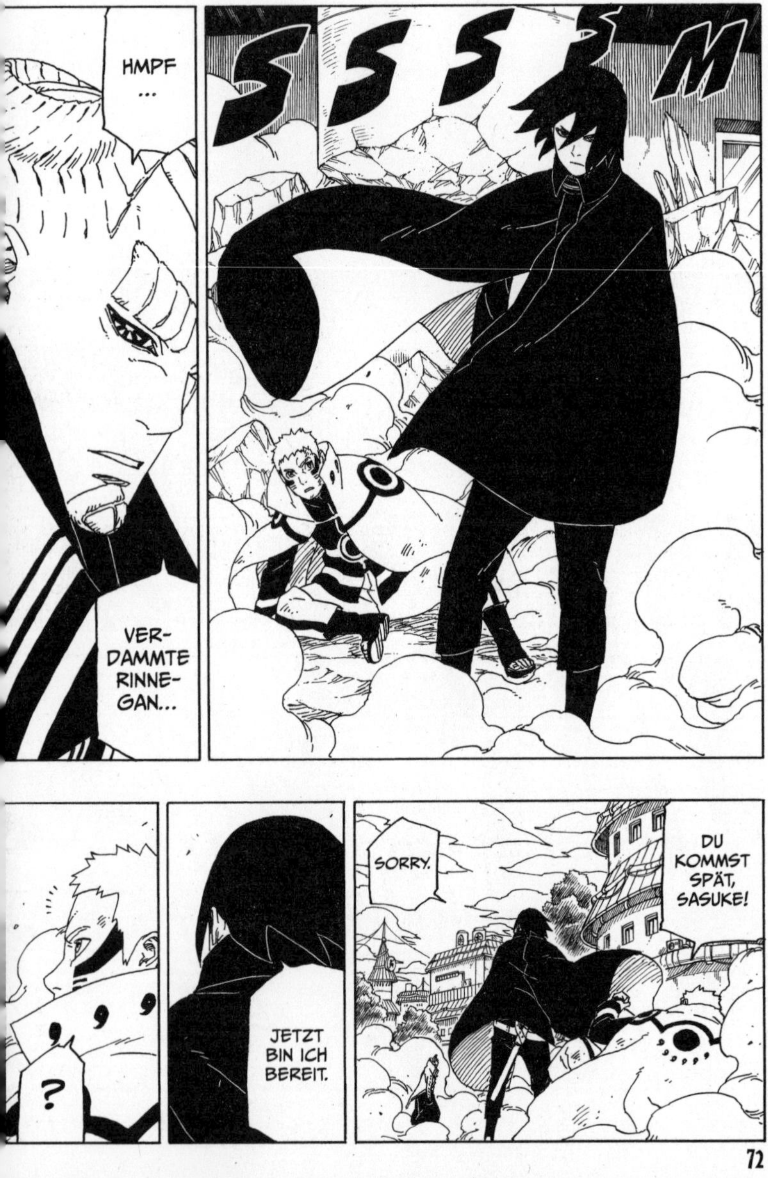
SSSSM
HMPF ...
VERDAMMTE RINNEGAN...
DU KOMMST SPÄT, SASUKE!
SORRY.
JETZT BIN ICH BEREIT.
?

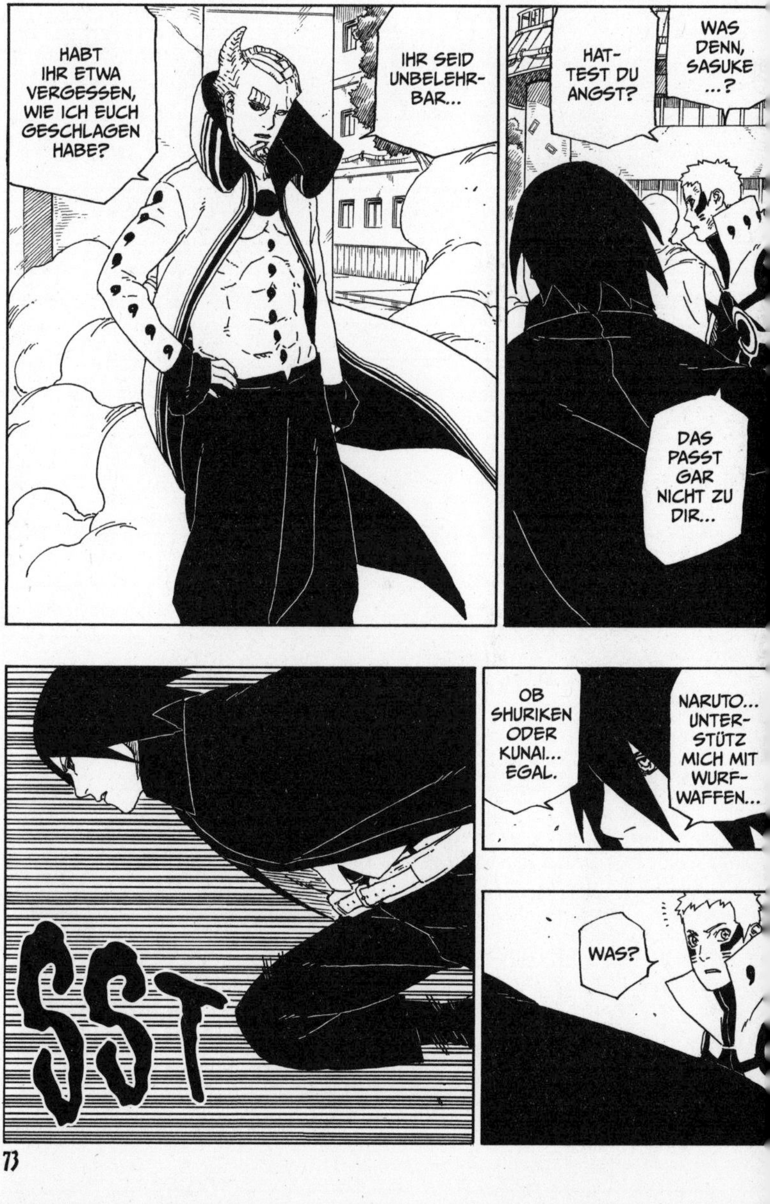
WAS DENN, SASUKE ...?
HAT-TEST DU ANGST?
DAS PASST GAR NICHT ZU DIR...
IHR SEID UNBELEHR-BAR...
HABT IHR ETWA VERGESSEN, WIE ICH EUCH GESCHLAGEN HABE?
NARUTO... UNTER-STÜTZ MICH MIT WURF-WAFFEN...
OB SHURIKEN ODER KUNAI... EGAL.
WAS?
SSST

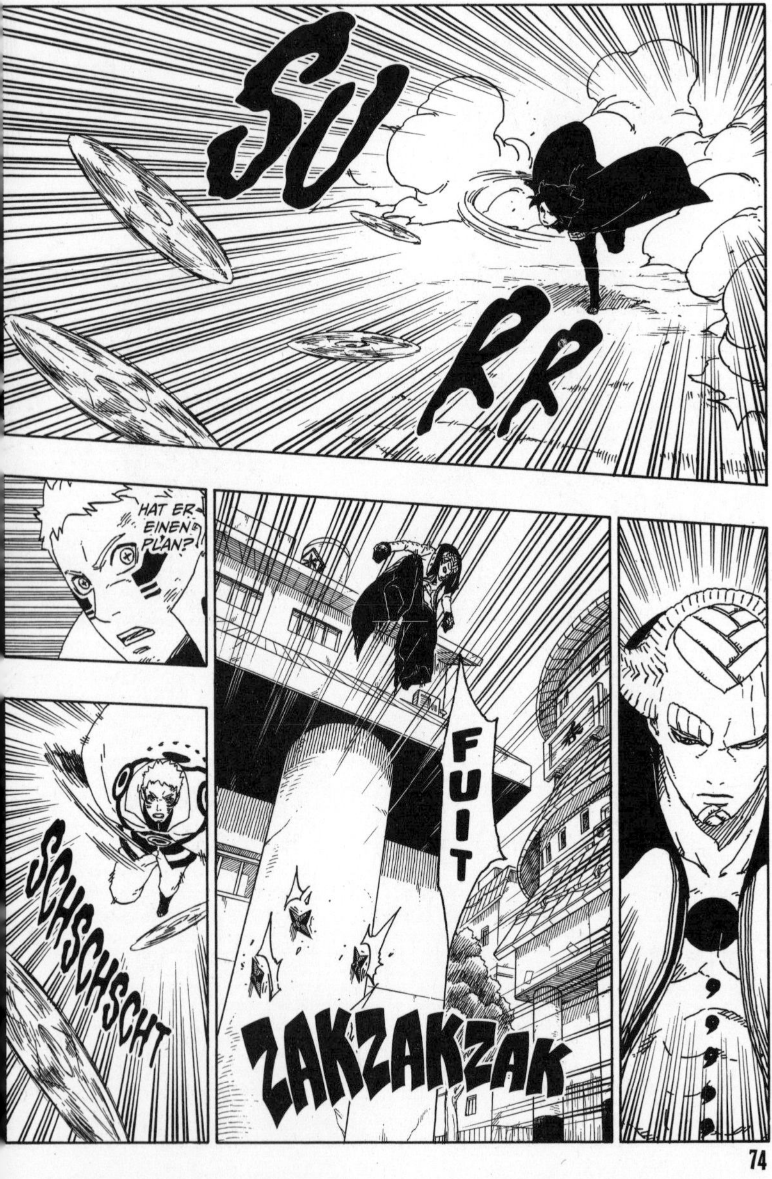
SURR
FUIT
ZAKZAKZAK
HAT ER EINEN PLAN?
SCHSCHSCHT

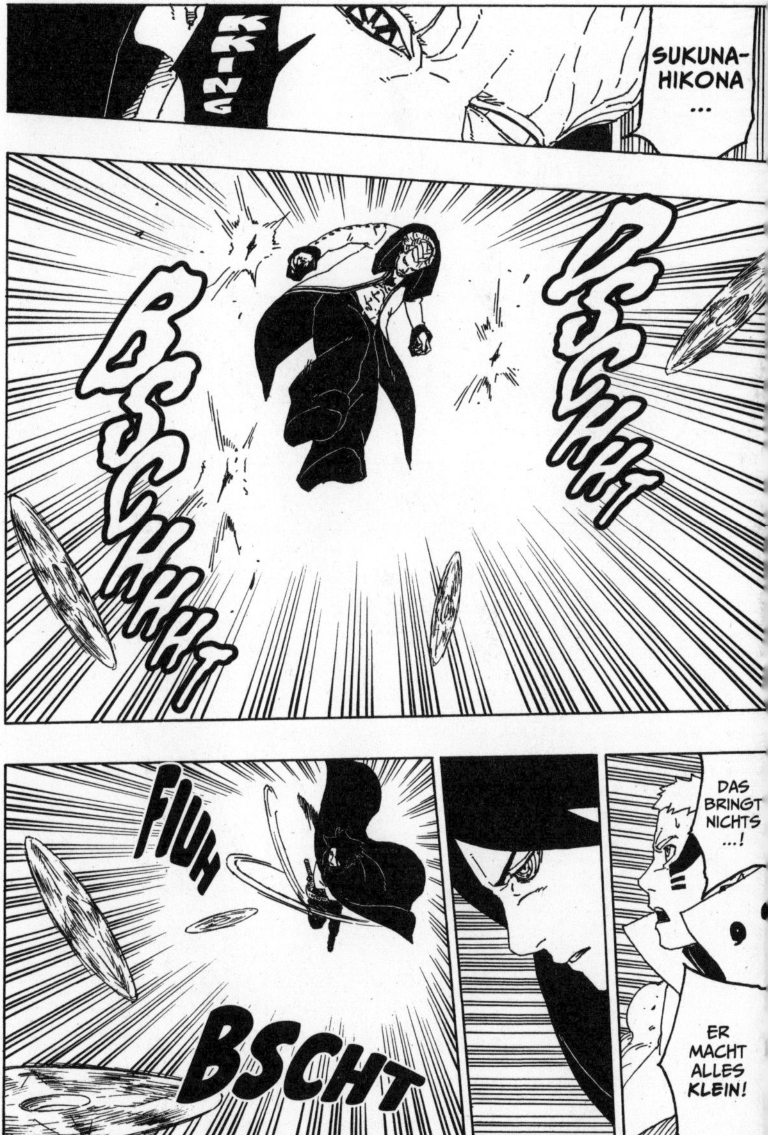
SUKUNA-HIKONA ...
KKING
DSCHHHT
BSCHHHHHT
DAS BRINGT NICHTS ...!
ER MACHT ALLES KLEIN!
FIUH
BSCHT

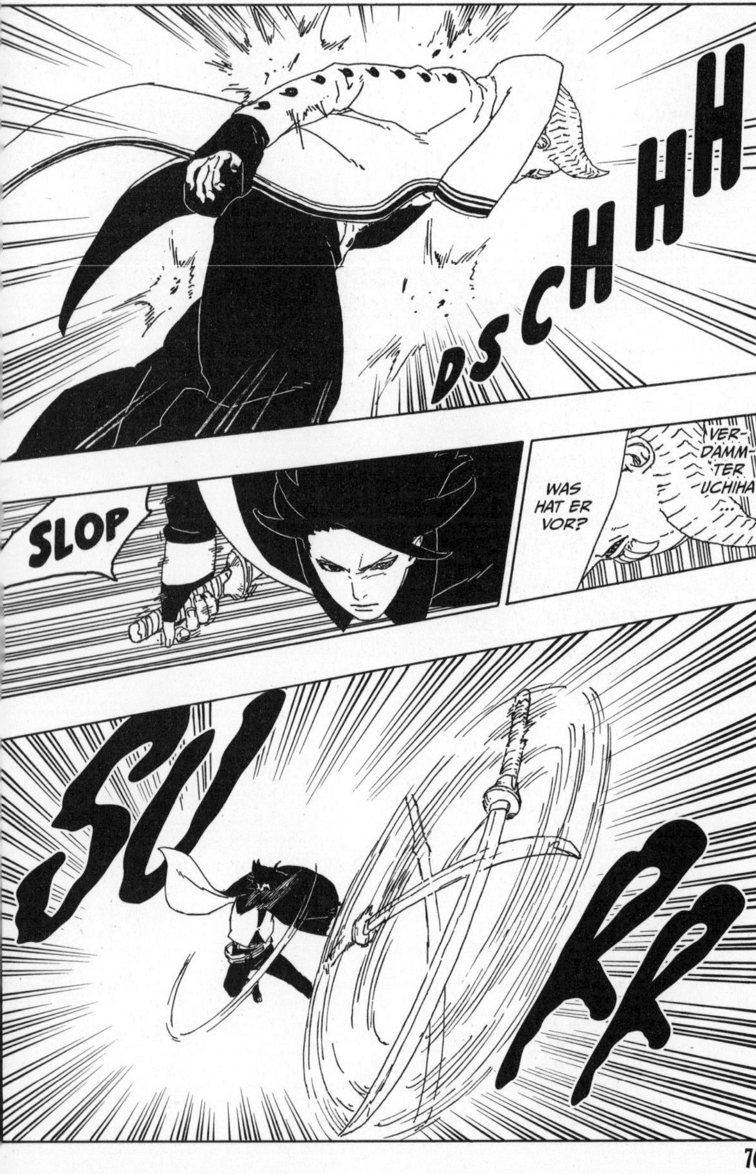
DSCHHHH
VERDAMMTER UCHIHA ...
WAS HAT ER VOR?
SLOP
SU
KA

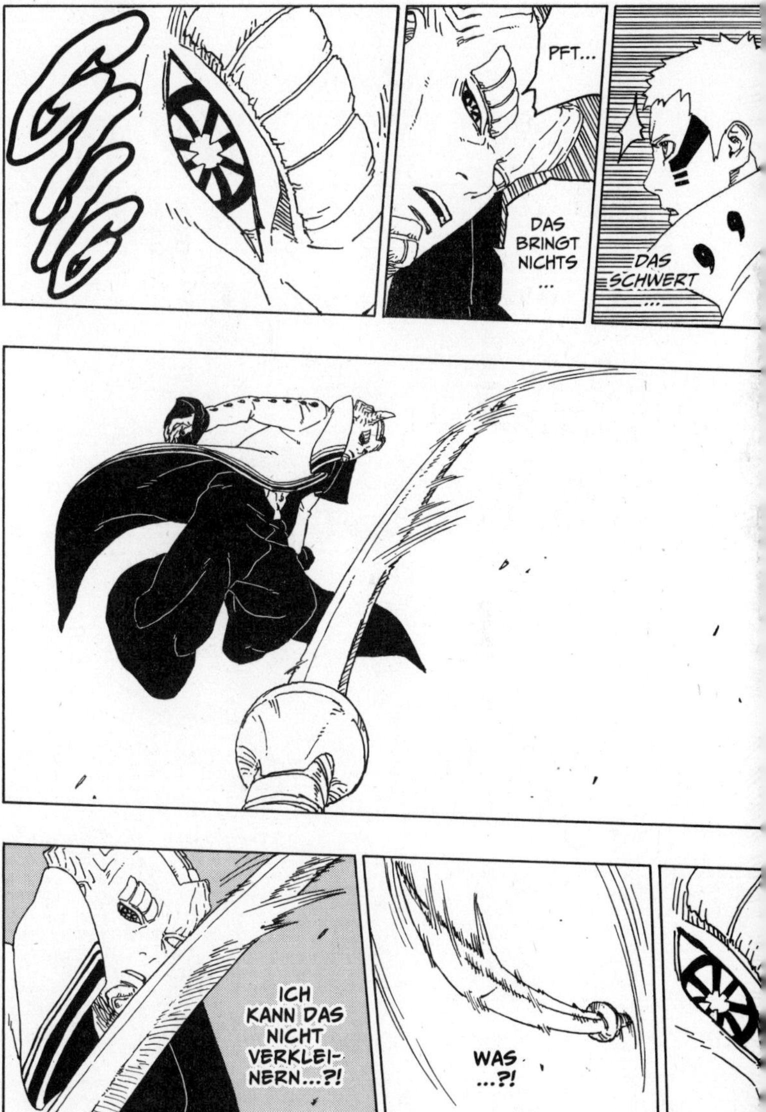
DAS SCHWERT ...
PFT...
DAS BRINGT NICHTS ...
WAS ...?!
ICH KANN DAS NICHT VERKLEI-NERN...?!

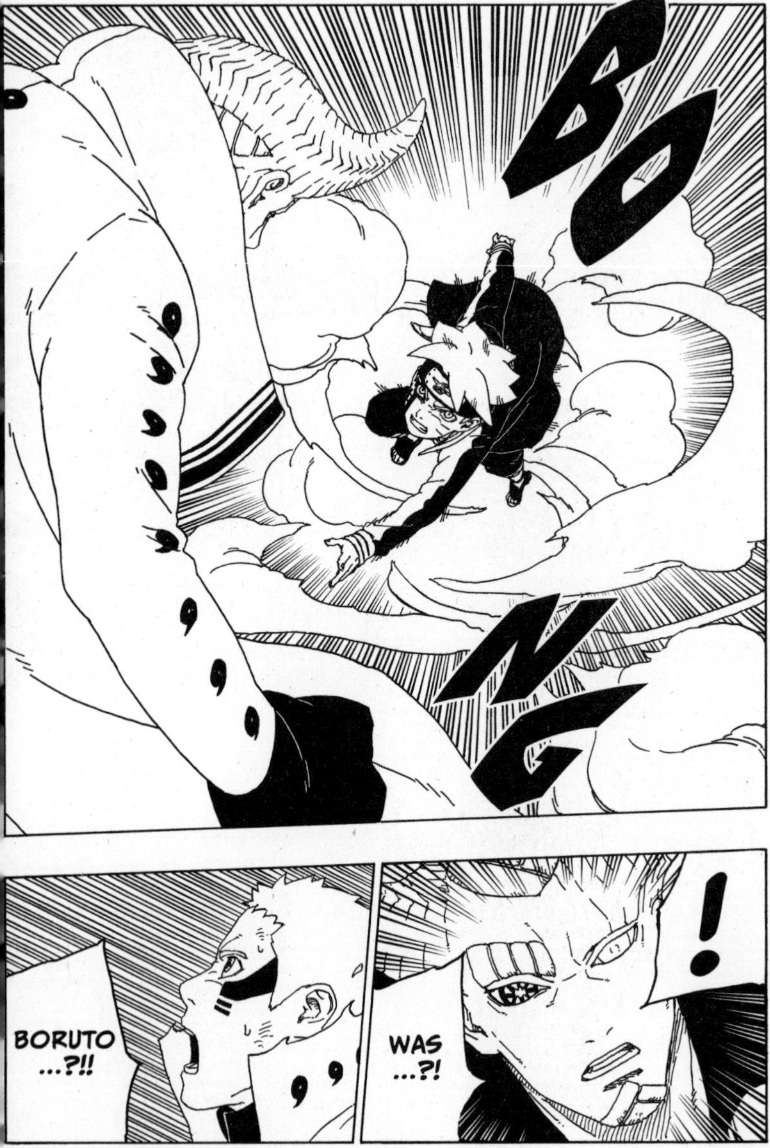
BONG
!
WAS
...?!
BORUTO
...?!!

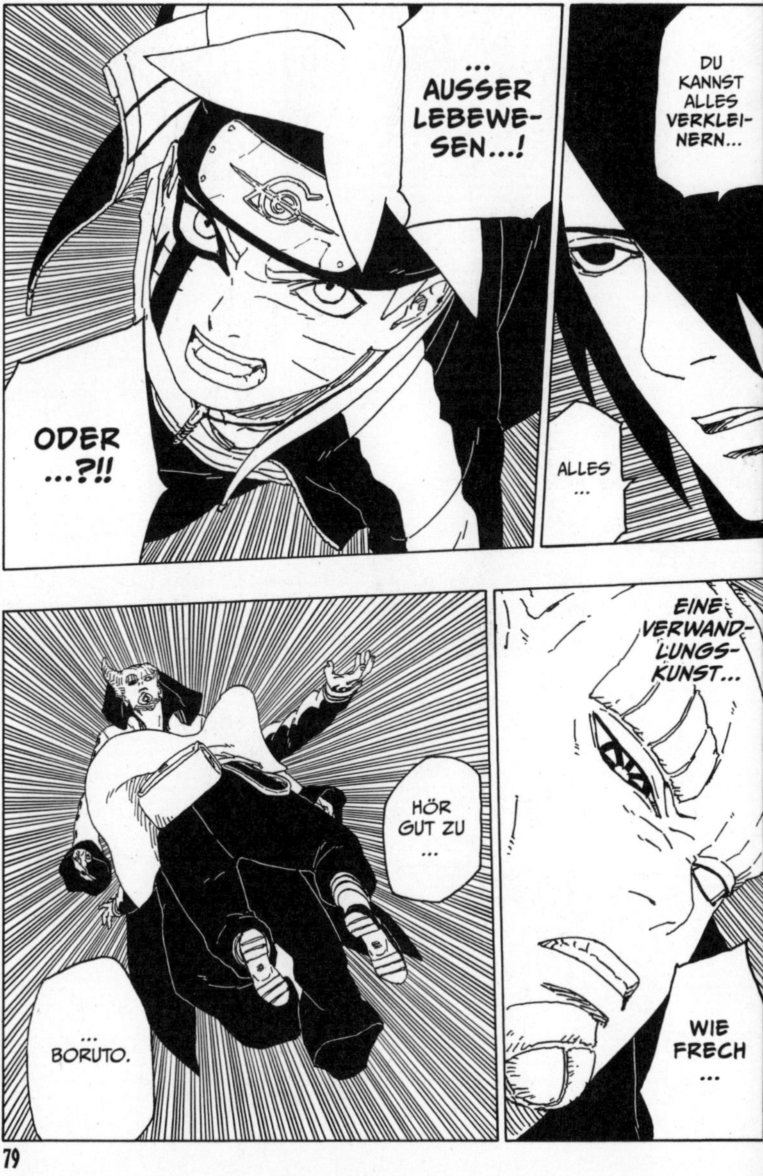
DU KANNST ALLES VERKLEI-NERN...
ALLES ...
... AUSSER LEBEWE-SEN...!
ODER ...?!!
EINE VERWAND-LUNGS-KUNST...
WIE FRECH ...
HÖR GUT ZU ...
... BORUTO.

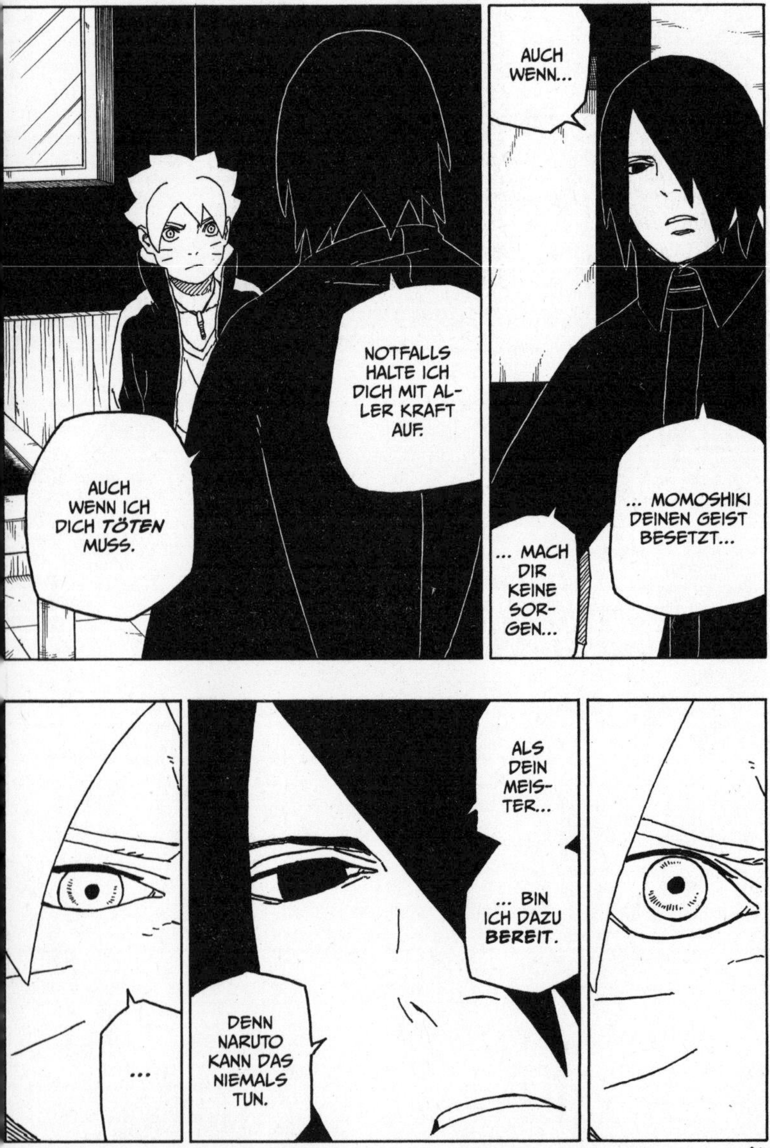
AUCH WENN...
... MOMOSHIKI DEINEN GEIST BESETZT...
... MACH DIR KEINE SOR-GEN...
NOTFALLS HALTE ICH DICH MIT AL-LER KRAFT AUF.
AUCH WENN ICH DICH *TÖTEN* MUSS.
ALS DEIN MEIS-TER...
... BIN ICH DAZU BEREIT.
DENN NARUTO KANN DAS NIEMALS TUN.
...

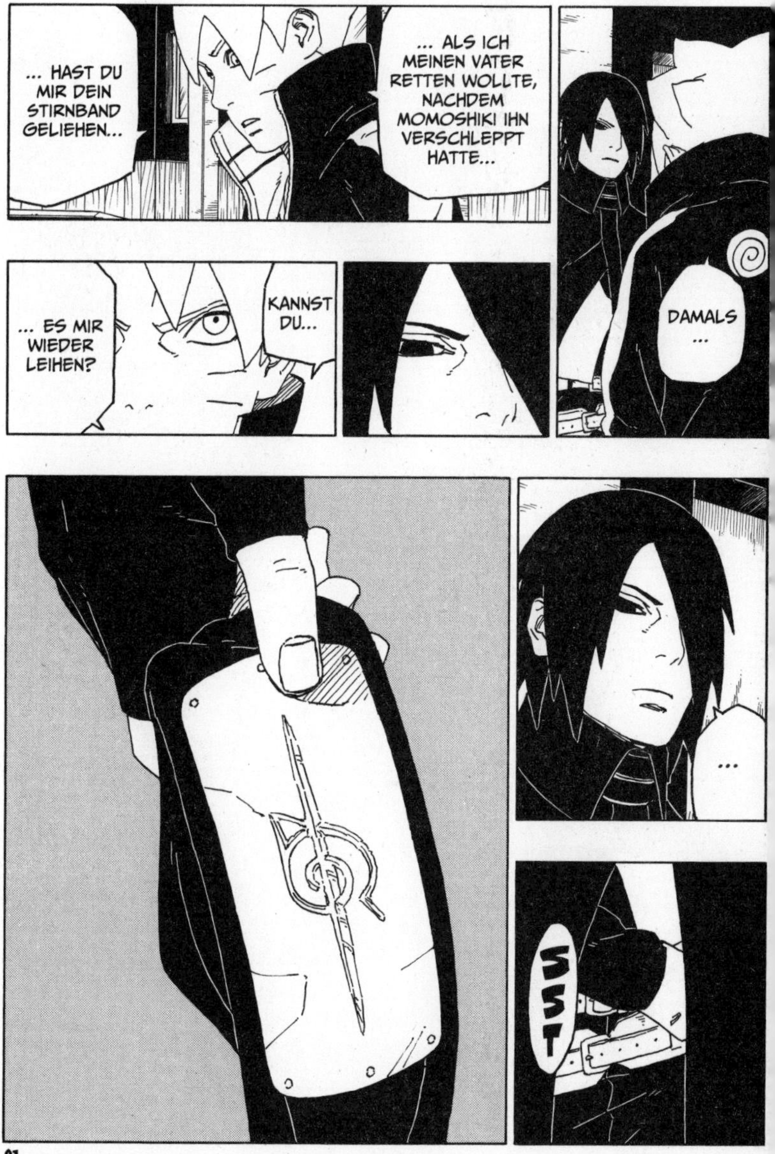

... ALS ICH MEINEN VATER RETTEN WOLLTE, NACHDEM MOMOSHIKI IHN VERSCHLEPPT HATTE...
... HAST DU MIR DEIN STIRNBAND GELIEHEN...
DAMALS ...
KANNST DU...
... ES MIR WIEDER LEIHEN?
...
SST

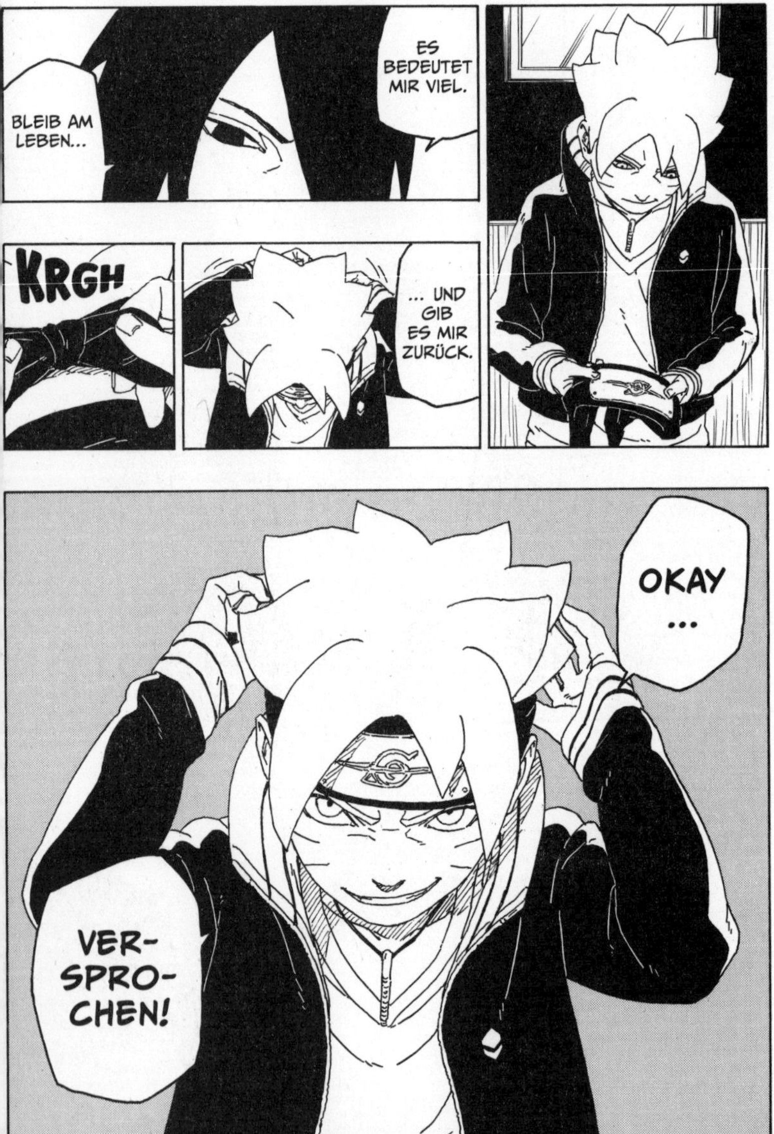
ES BEDEUTET MIR VIEL.
BLEIB AM LEBEN...
... UND GIB ES MIR ZURÜCK.
KRGH
OKAY ...
VER-SPRO-CHEN!

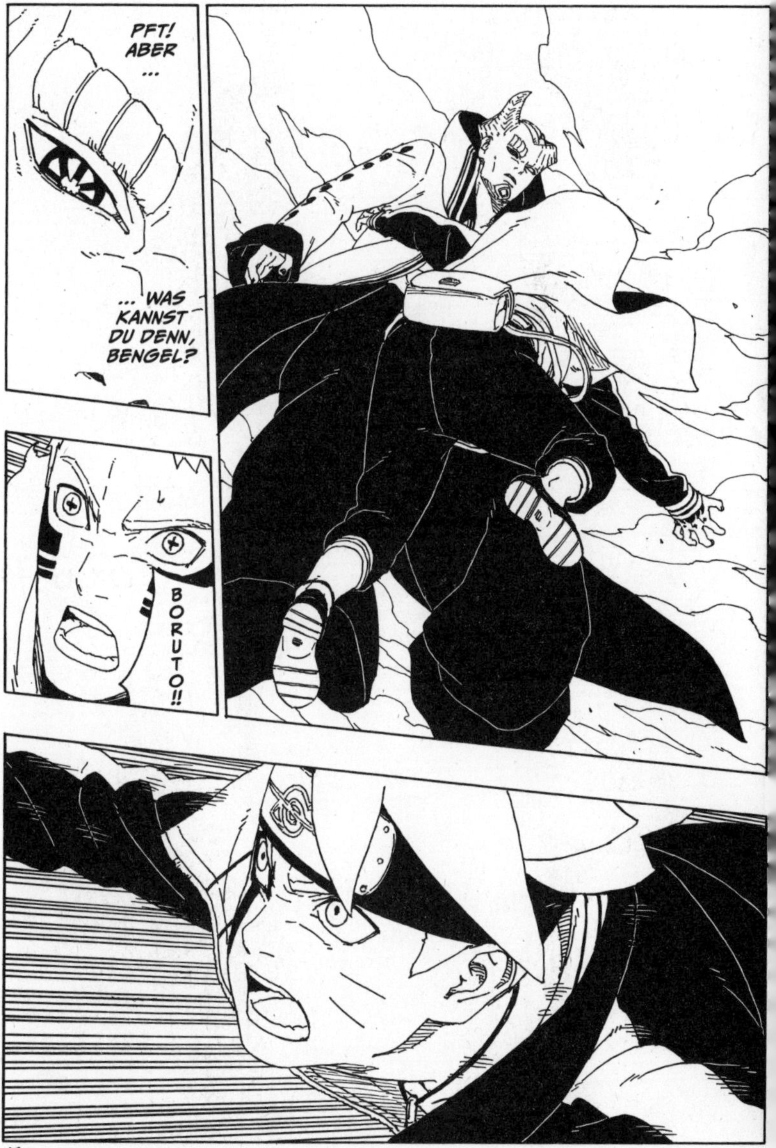
PFT! ABER ...
... WAS KANNST DU DENN, BENGEL?
BORUTO!!

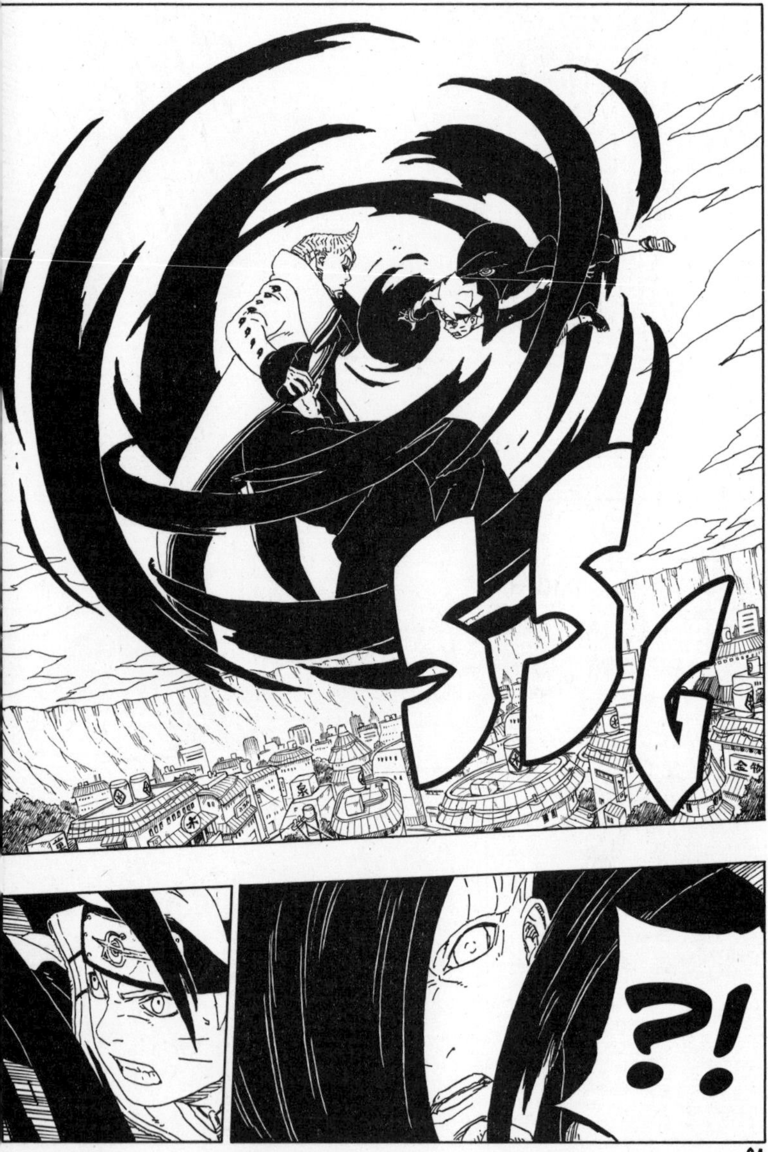
SSG
?!

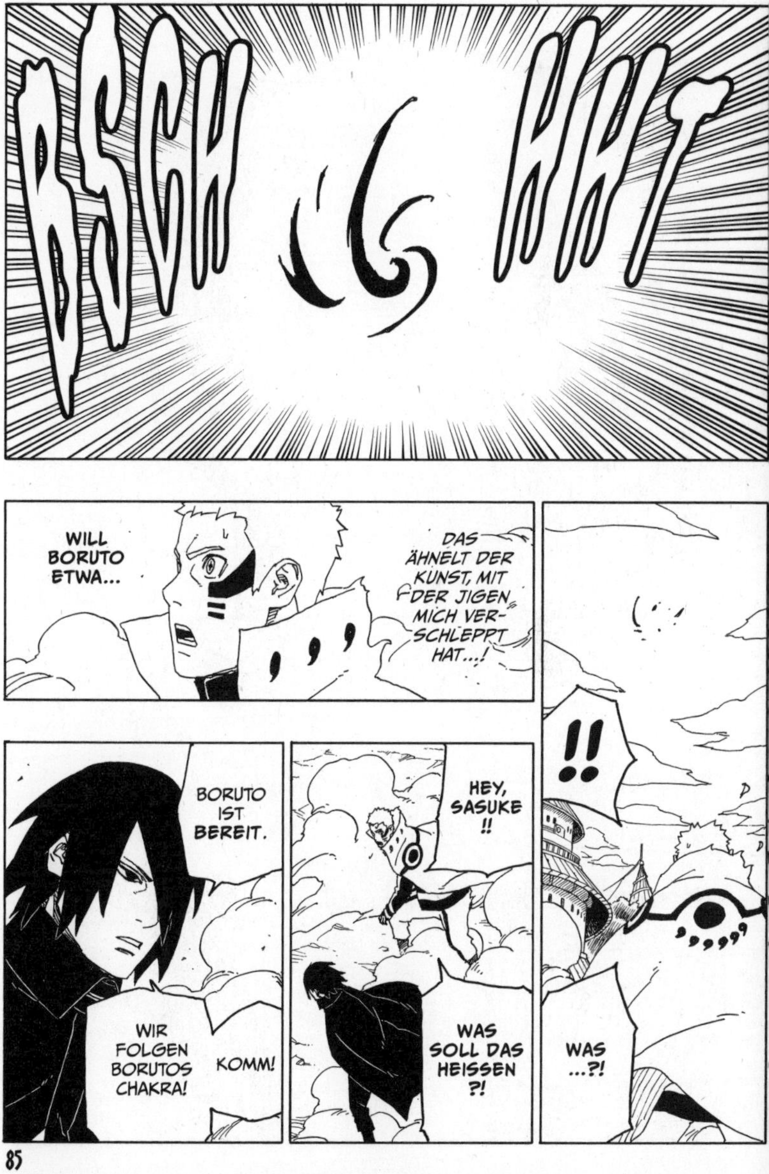

BSCH
HHT
!!
WAS ...?!
DAS ÄHNELT DER KUNST, MIT DER JIGEN MICH VER-SCHLEPPT HAT...!
WILL BORUTO ETWA...
HEY, SASUKE !!
WAS SOLL DAS HEISSEN ?!
BORUTO IST BEREIT.
WIR FOLGEN BORUTOS CHAKRA!
KOMM!

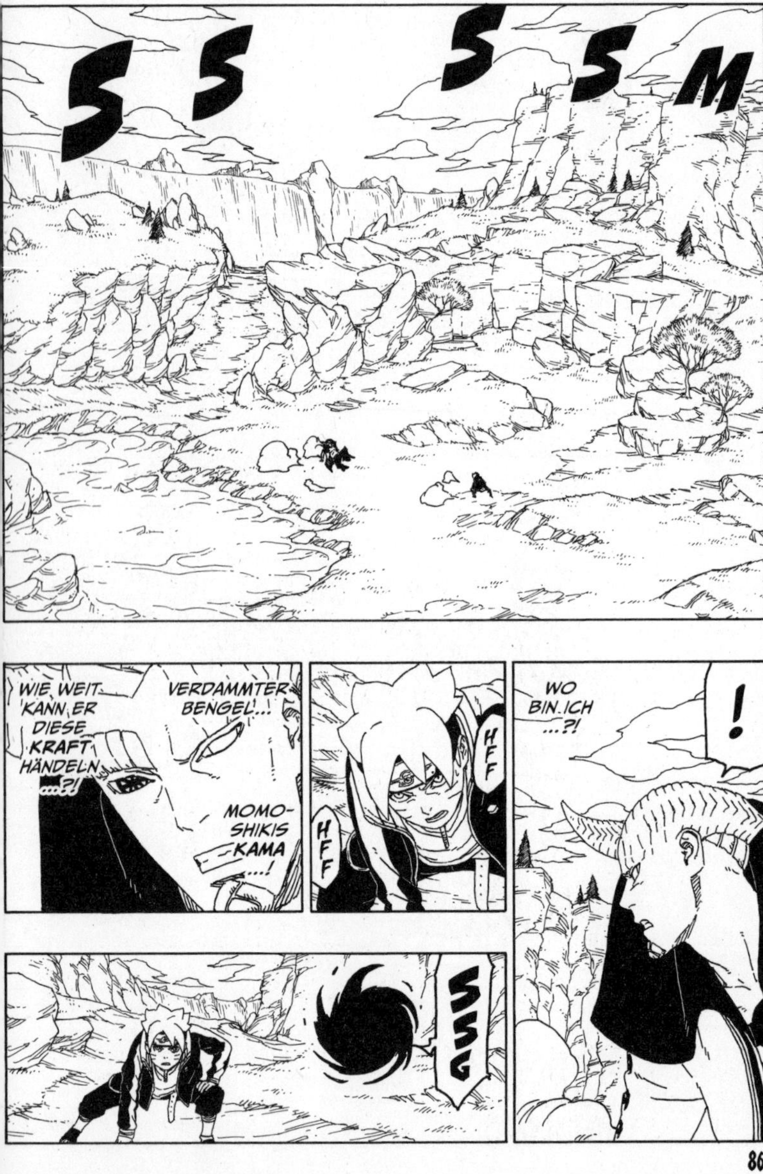
SSSSM
!
WO BIN ICH ...?!
HFF
HFF
VERDAMMTER BENGEL...!
WIE WEIT KANN ER DIESE KRAFT HÄNDELN ...?!
MOMO-SHIKIS KAMA ...!
SSG

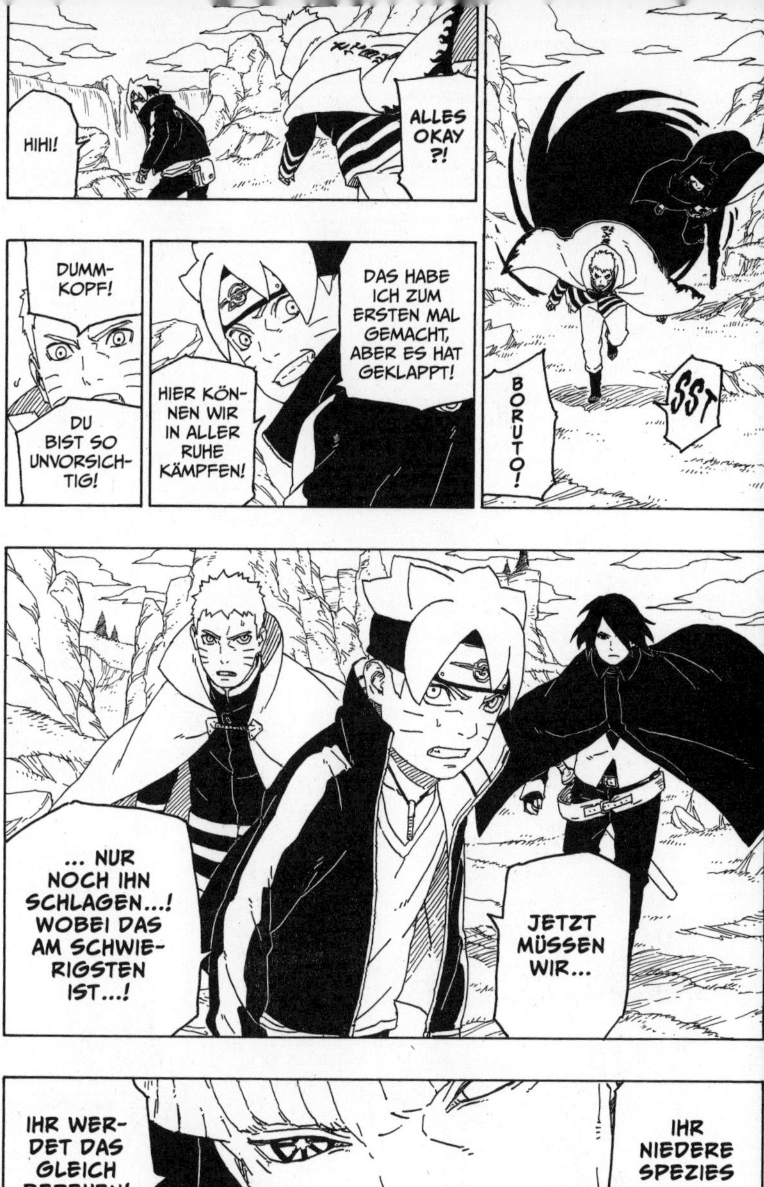
ALLES OKAY ?!
HIHI!
SST
BORUTO!
DAS HABE ICH ZUM ERSTEN MAL GEMACHT, ABER ES HAT GEKLAPPT!
HIER KÖNNEN WIR IN ALLER RUHE KÄMPFEN!
DUMMKOPF!
DU BIST SO UNVORSICHTIG!
JETZT MÜSSEN WIR...
... NUR NOCH IHN SCHLAGEN...! WOBEI DAS AM SCHWIERIGSTEN IST...!
IHR NIEDERE SPEZIES ...
IHR WERDET DAS GLEICH BEREUEN!

BORU GANG

CHARAKTERDESIGN BY BORU-FANS – NACHGEZEICHNET VON MEISTER IKEMOTO!!

FÜR DIE »WEEKLY SHONEN JUMP«-KOLUMNE »BORU-GANG« ZEICHNET MEISTER IKEMOTO DIE ORIGINELLSTEN BORUTO-CHARAKTERE NACH, DIE VON FANS ENTWORFEN WURDEN!!

DER NAME DES CHARAKTERS:

MOKUGYO HARAI

ENTWORFEN VON:

KUROKKI AUS CHIBA

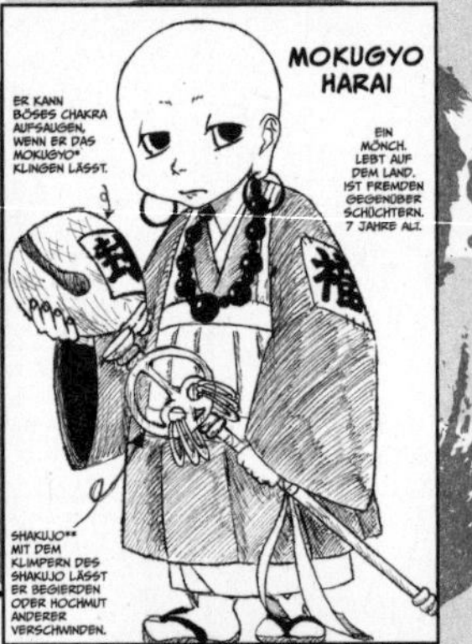

BEWERTUNG DER JURY:

SEINE ORIGINALITÄT FIEL UNTER DEN EINGESANDTEN CHARAKTEREN BESONDERS AUF!! ER STRAHLT ETWAS HEILIGES AUS!! WIR HABEN UNS GEFRAGT: WAS WÄRE, WENN ER AUF EINEN NINJA TREFFEN WÜRDE, DER FREI VON BEGIERDEN UND BOSHAFTIGKEIT IST? WIE KÄME ER GEGEN SO EINEN NINJA AN? ZU DEM CHARAKTER FALLEN UNS SOFORT VIELE GESCHICHTEN EIN, ER REGT DIE FANTASIE AN!!

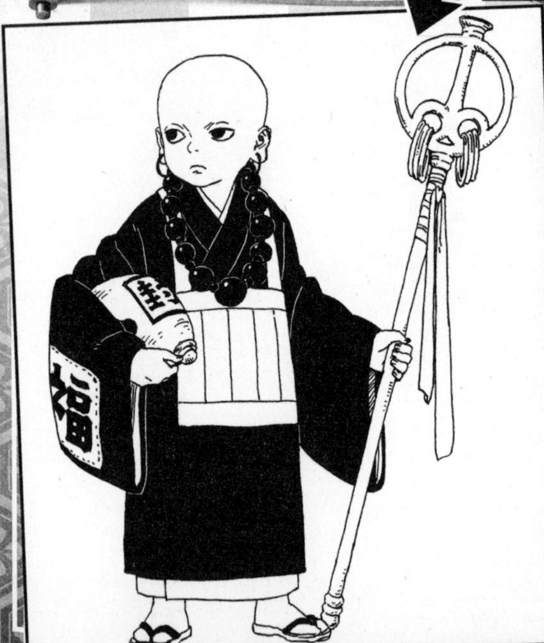

TADAA!! UND HIER IST MEISTER IKEMOTOS ZEICHNUNG!!

AUF DEN ERSTEN BLICK MACHTE ER AUF MICH EINEN VERSPIELTEN EINDRUCK. ABER ER SCHEINT SEHR ERNST ZU SEIN. ES WÄRE SPANNEND, WENN ER BORUTO BEGEGNEN WÜRDE!

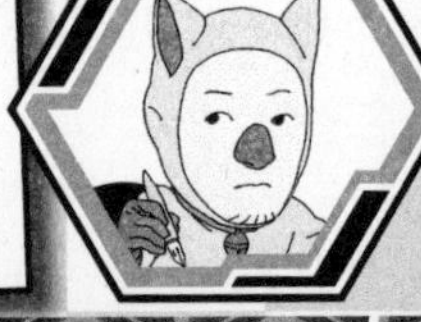

* HOLZFISCH: INSTRUMENT, DAS BUDDHISTISCHE MÖNCHE ZUR KONZENTRATION AUFRUFT
** PILGERSTAB BUDDHISTISCHER MÖNCHE

50: GEBRAUCHSWERT

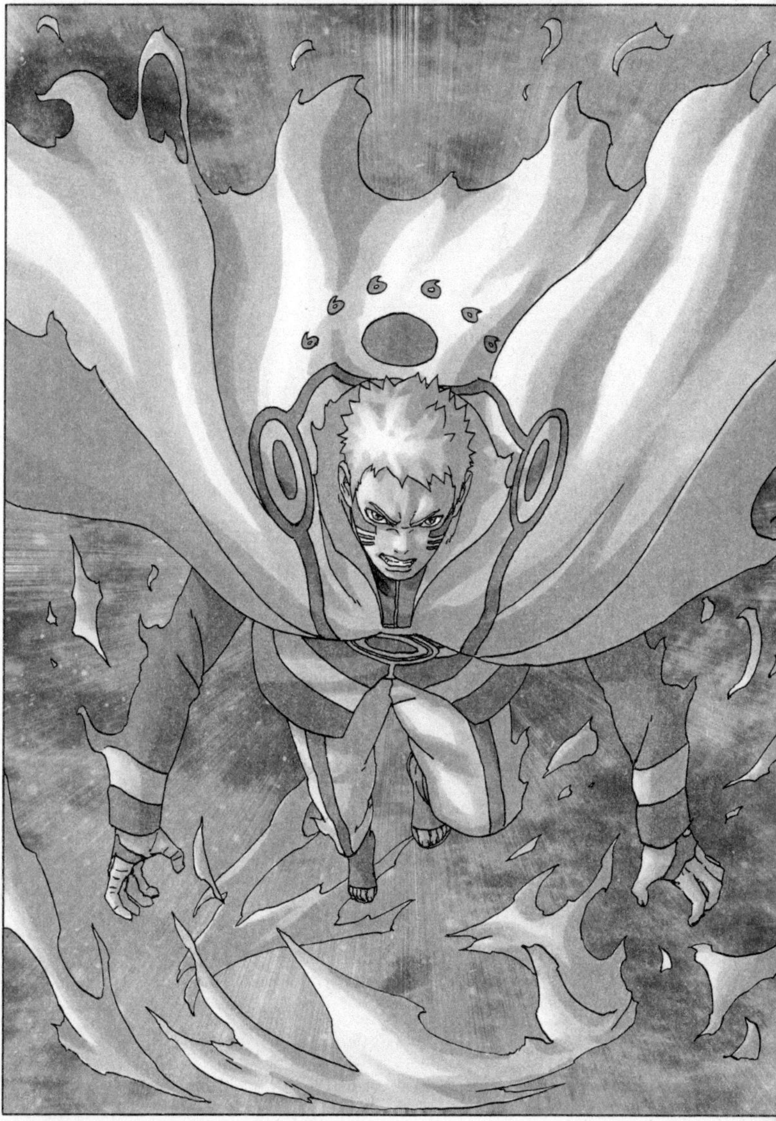

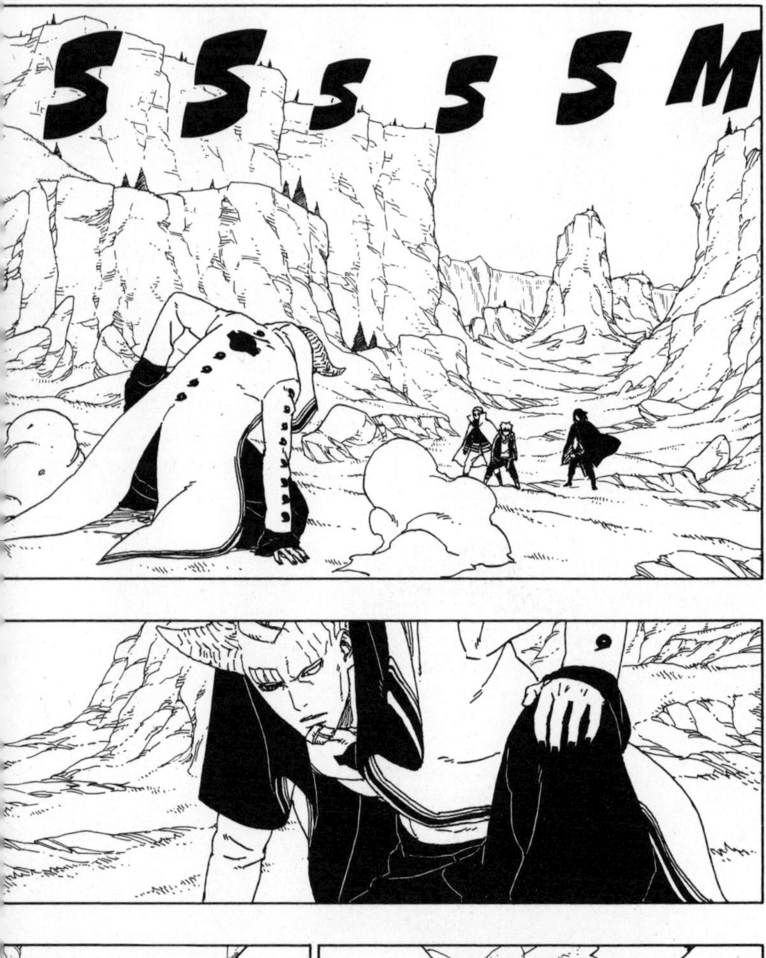
SSSSSM
HEY, BORUTO ...
WO SIND WIR DENN?
TJA...
KEINE AHNUNG!
WAS?!

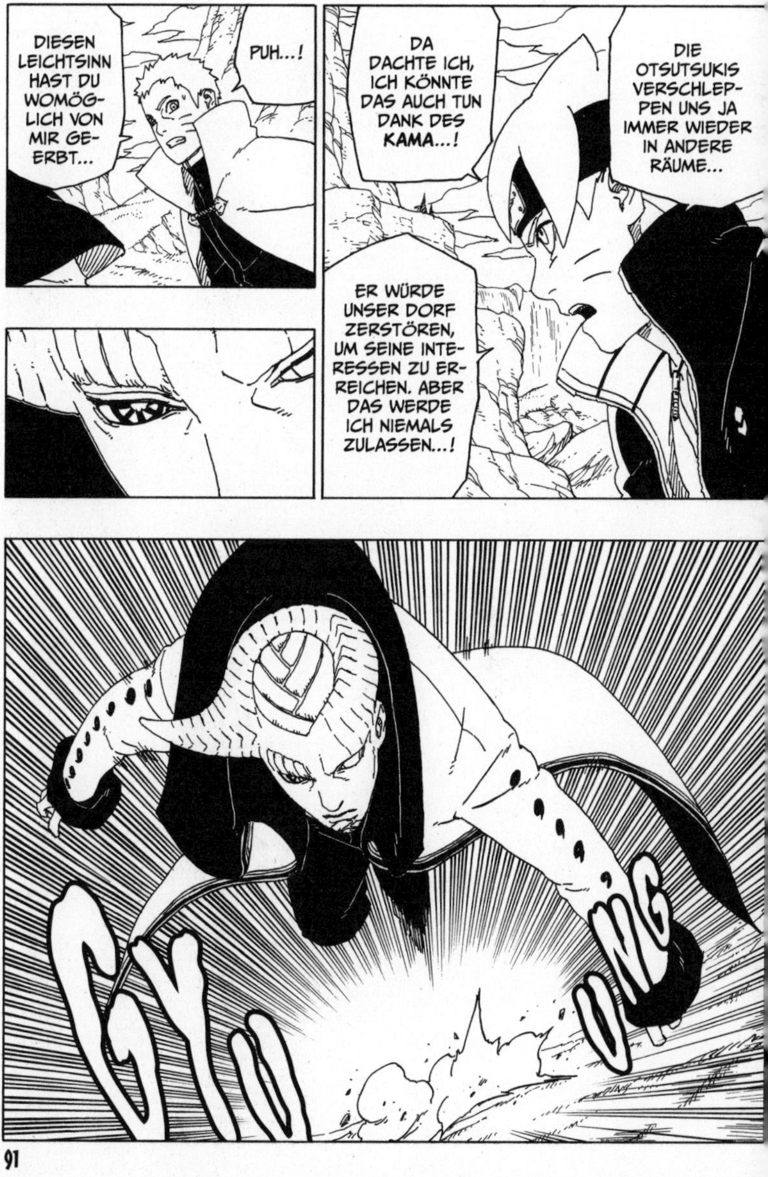
DIE OTSUTSUKIS VERSCHLEPPEN UNS JA IMMER WIEDER IN ANDERE RÄUME...
DA DACHTE ICH, ICH KÖNNTE DAS AUCH TUN DANK DES KAMA...!
PUH...!
DIESEN LEICHTSINN HAST DU WOMÖGLICH VON MIR GEERBT...
ER WÜRDE UNSER DORF ZERSTÖREN, UM SEINE INTERESSEN ZU ERREICHEN. ABER DAS WERDE ICH NIEMALS ZULASSEN...!
GYUU
UNG

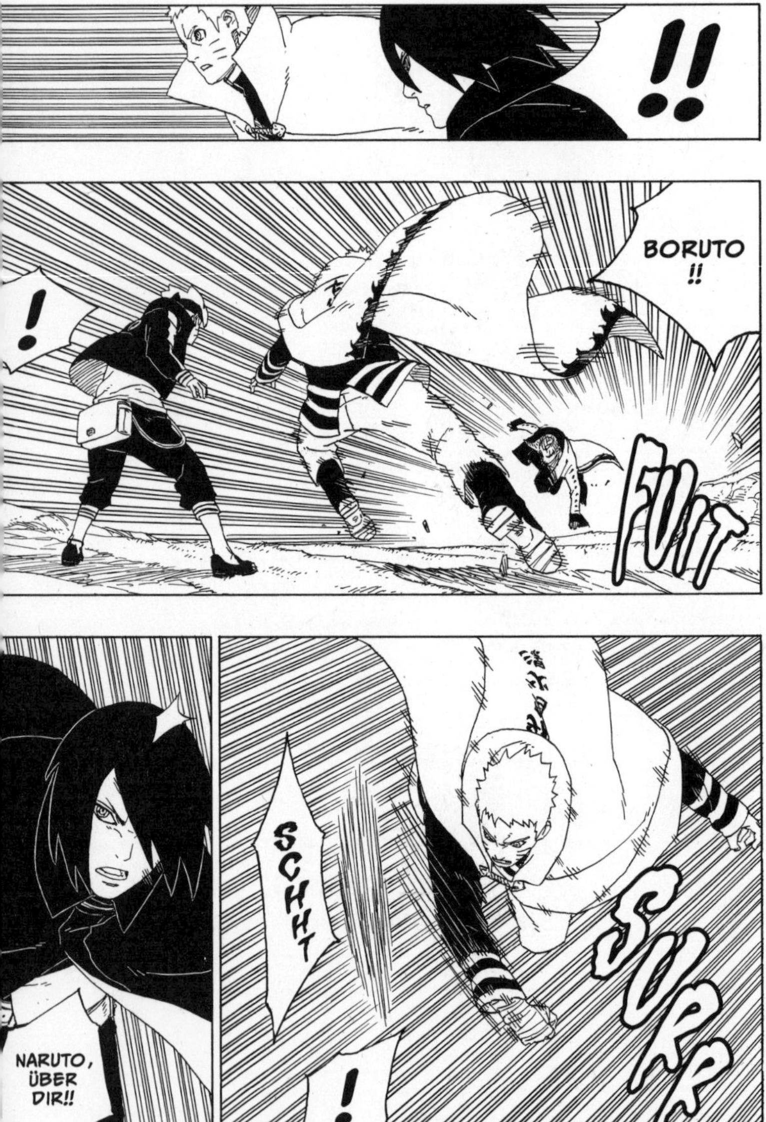
!!
BORUTO !!
!
FUIT
SCHHT
!
SURR
NARUTO, ÜBER DIR!!

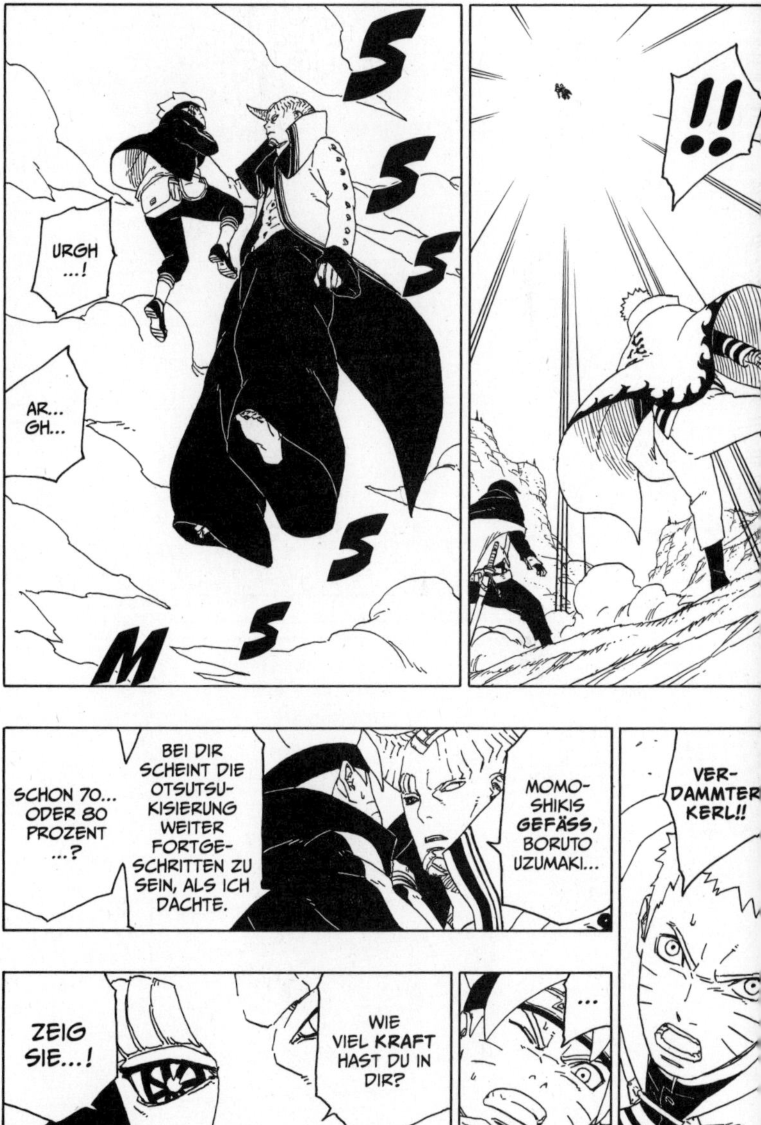
!!
SSSSSM
URGH ...!
AR... GH...
VERDAMMTER KERL!!
MOMOSHIKIS GEFÄSS, BORUTO UZUMAKI...
BEI DIR SCHEINT DIE OTSUTSUKISIERUNG WEITER FORTGESCHRITTEN ZU SEIN, ALS ICH DACHTE.
SCHON 70... ODER 80 PROZENT ...?
...
WIE VIEL KRAFT HAST DU IN DIR?
ZEIG SIE...!

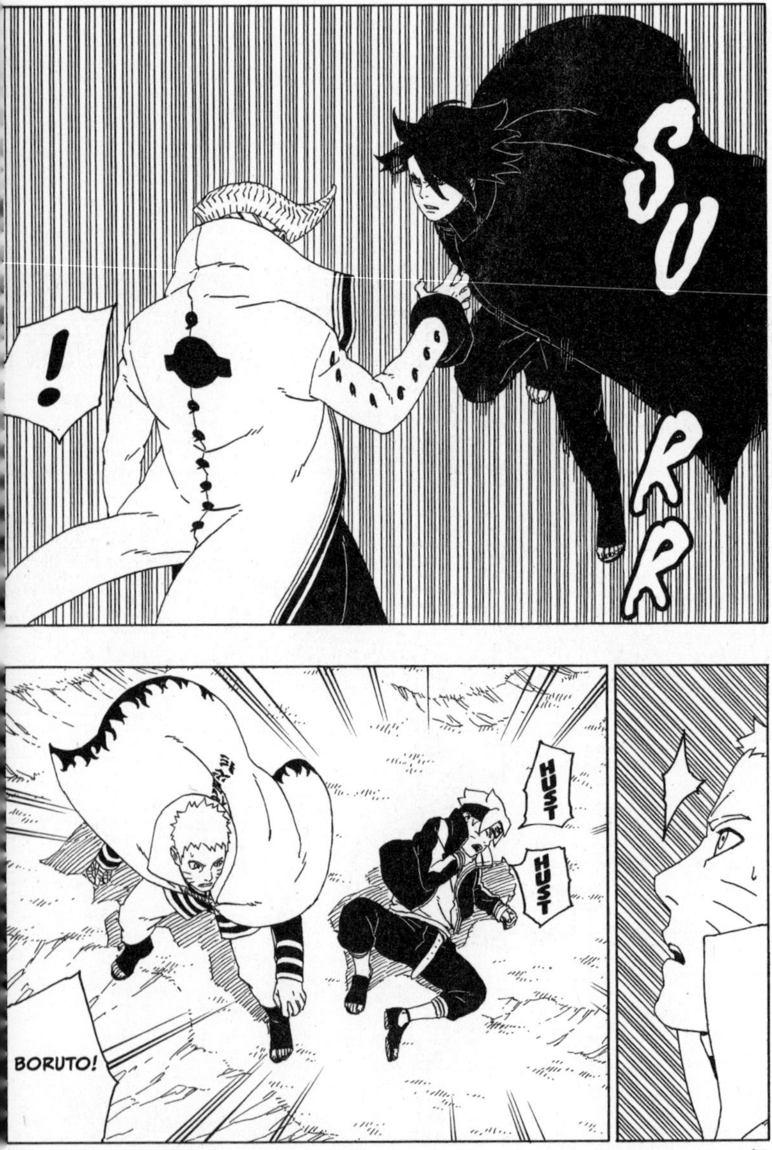
SURRR
!
HUST
HUST
BORUTO!

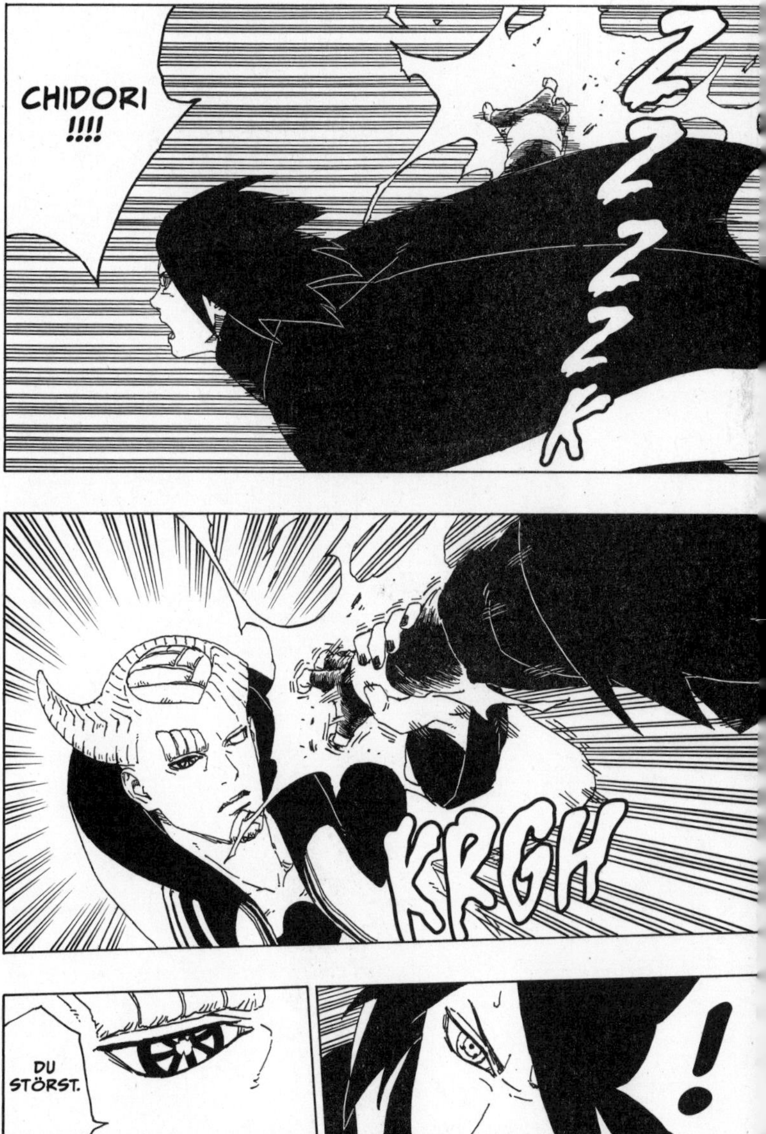
CHIDORI !!!!
ZZZZZZK
KRGH
DU STÖRST.
!

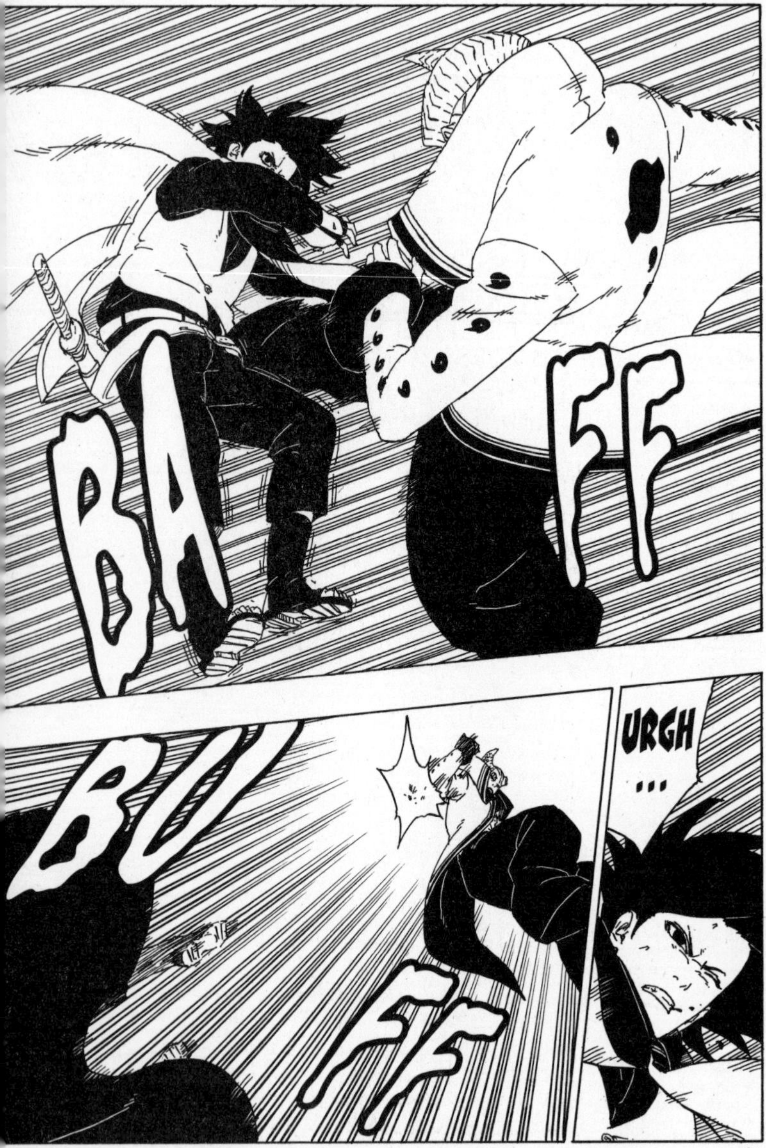
BAFF
URGH ...
BUFF

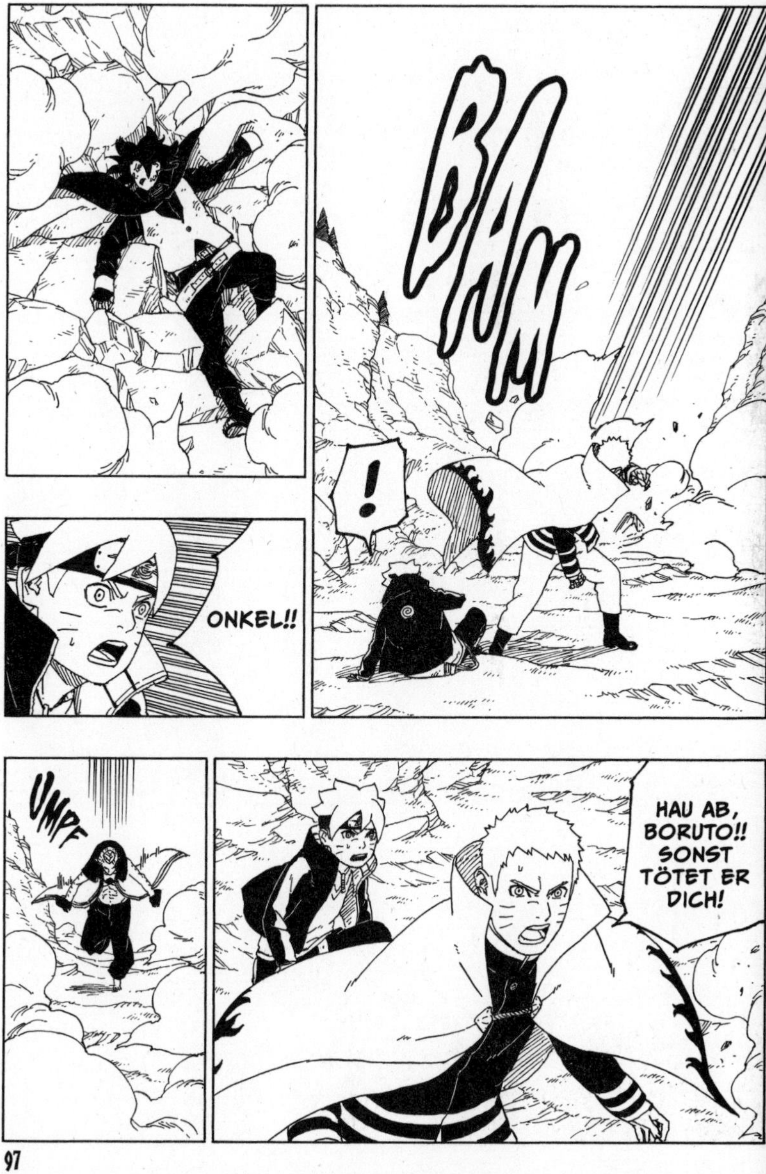
BAM
!
ONKEL!!
UMPF
HAU AB, BORUTO!! SONST TÖTET ER DICH!

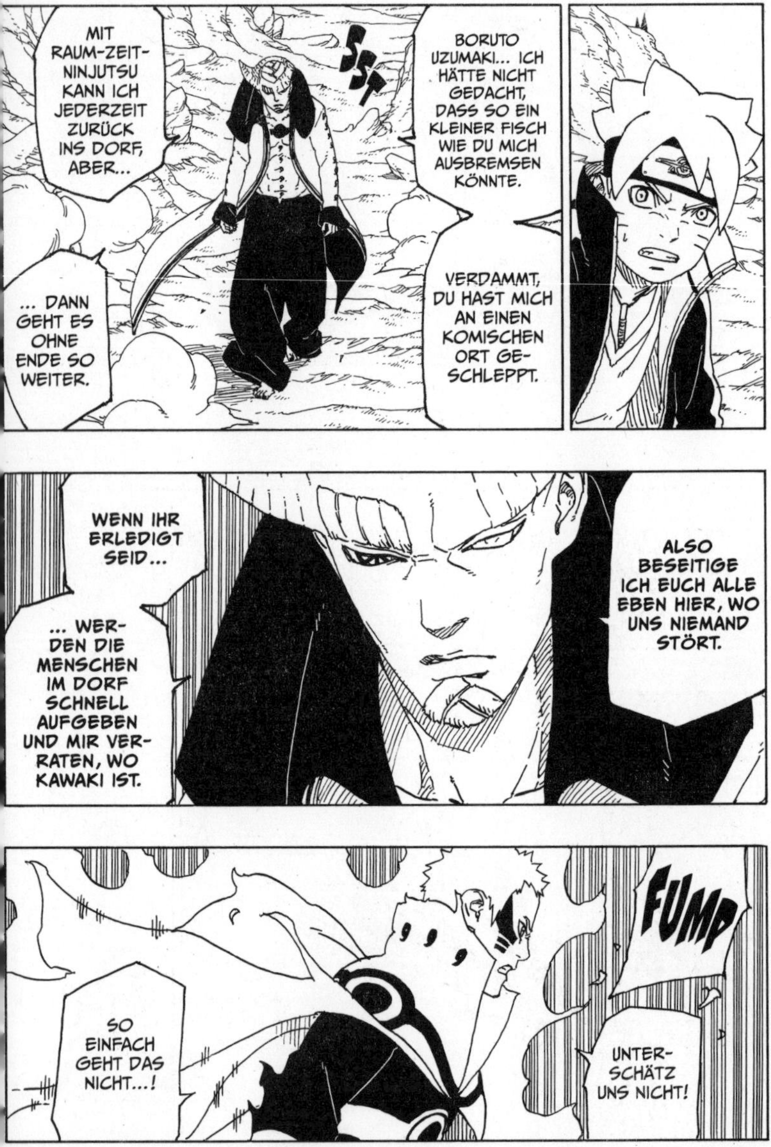
BORUTO UZUMAKI... ICH HÄTTE NICHT GEDACHT, DASS SO EIN KLEINER FISCH WIE DU MICH AUSBREMSEN KÖNNTE.
VERDAMMT, DU HAST MICH AN EINEN KOMISCHEN ORT GE-SCHLEPPT.
SST
MIT RAUM-ZEIT-NINJUTSU KANN ICH JEDERZEIT ZURÜCK INS DORF, ABER...
... DANN GEHT ES OHNE ENDE SO WEITER.
ALSO BESEITIGE ICH EUCH ALLE EBEN HIER, WO UNS NIEMAND STÖRT.
WENN IHR ERLEDIGT SEID...
... WER-DEN DIE MENSCHEN IM DORF SCHNELL AUFGEBEN UND MIR VER-RATEN, WO KAWAKI IST.
FUMP
UNTER-SCHÄTZ UNS NICHT!
SO EINFACH GEHT DAS NICHT...!

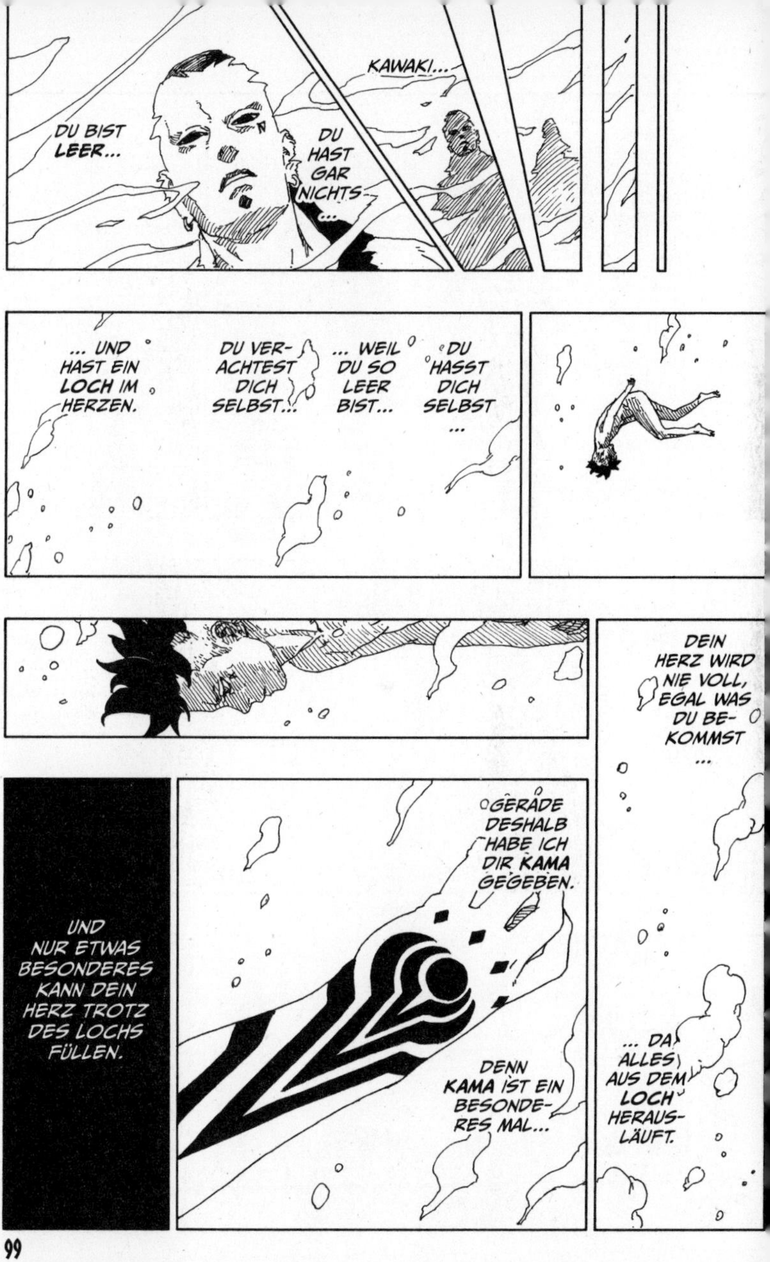
KAWAKI...
DU HAST GAR NICHTS ...
DU BIST LEER...
DU HASST DICH SELBST ...
... WEIL DU SO LEER BIST...
DU VERACHTEST DICH SELBST...
... UND HAST EIN LOCH IM HERZEN.
DEIN HERZ WIRD NIE VOLL, EGAL WAS DU BEKOMMST ...
... DA ALLES AUS DEM LOCH HERAUSLÄUFT.
GERADE DESHALB HABE ICH DIR KAMA GEGEBEN.
DENN KAMA IST EIN BESONDERES MAL...
UND NUR ETWAS BESONDERES KANN DEIN HERZ TROTZ DES LOCHS FÜLLEN.

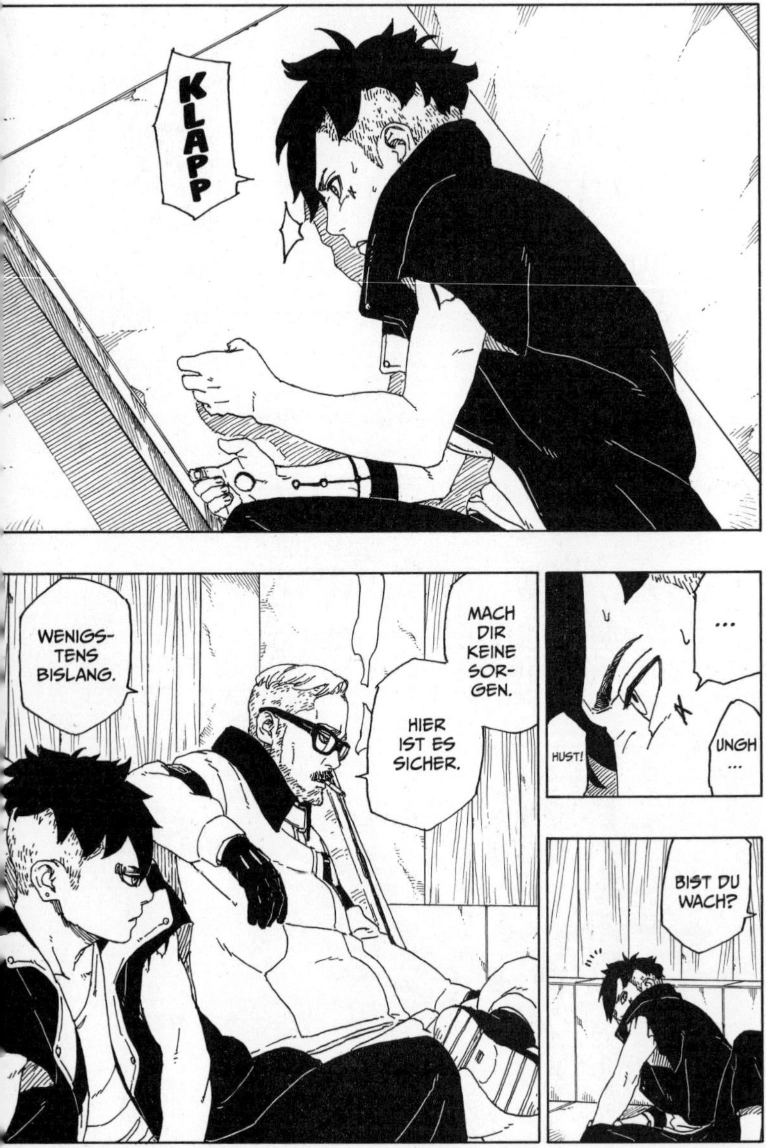
KLAPP
...
HUST!
UNGH ...
BIST DU WACH?
MACH DIR KEINE SORGEN.
HIER IST ES SICHER.
WENIGSTENS BISLANG.

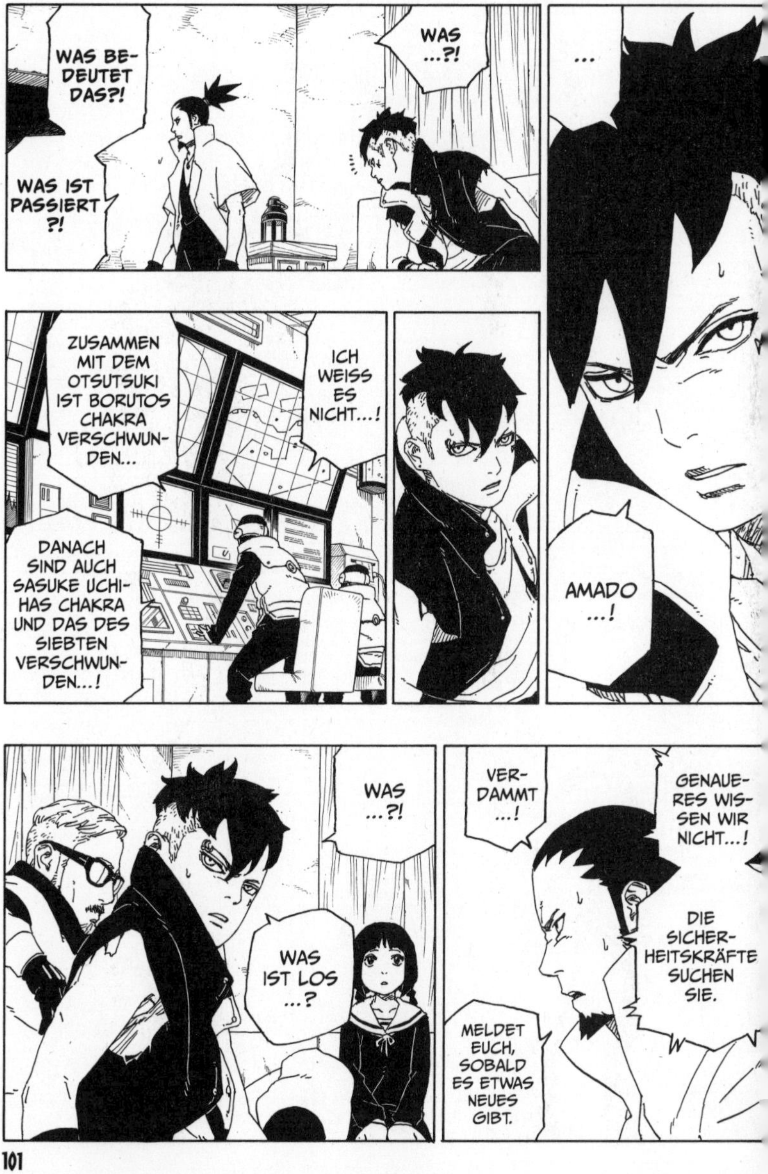
WAS …?!
WAS BEDEUTET DAS?!
WAS IST PASSIERT ?!
…
ICH WEISS ES NICHT…!
ZUSAMMEN MIT DEM OTSUTSUKI IST BORUTOS CHAKRA VERSCHWUNDEN…
DANACH SIND AUCH SASUKE UCHIHAS CHAKRA UND DAS DES SIEBTEN VERSCHWUNDEN…!
AMADO …!
GENAUERES WISSEN WIR NICHT…!
DIE SICHERHEITSKRÄFTE SUCHEN SIE.
MELDET EUCH, SOBALD ES ETWAS NEUES GIBT.
VERDAMMT …!
WAS …?!
WAS IST LOS …?

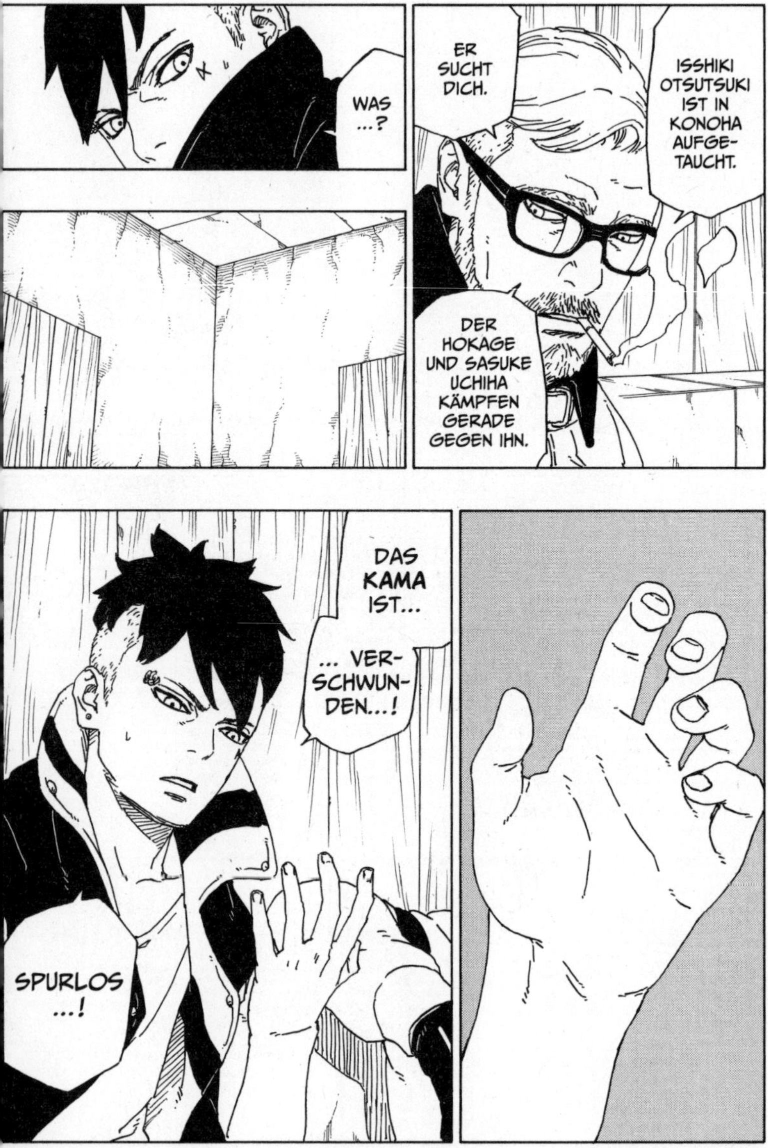
ISSHIKI OTSUTSUKI IST IN KONOHA AUFGE-TAUCHT.
ER SUCHT DICH.
DER HOKAGE UND SASUKE UCHIHA KÄMPFEN GERADE GEGEN IHN.
WAS ...?
DAS KAMA IST...
... VER-SCHWUN-DEN...!
SPURLOS ...!

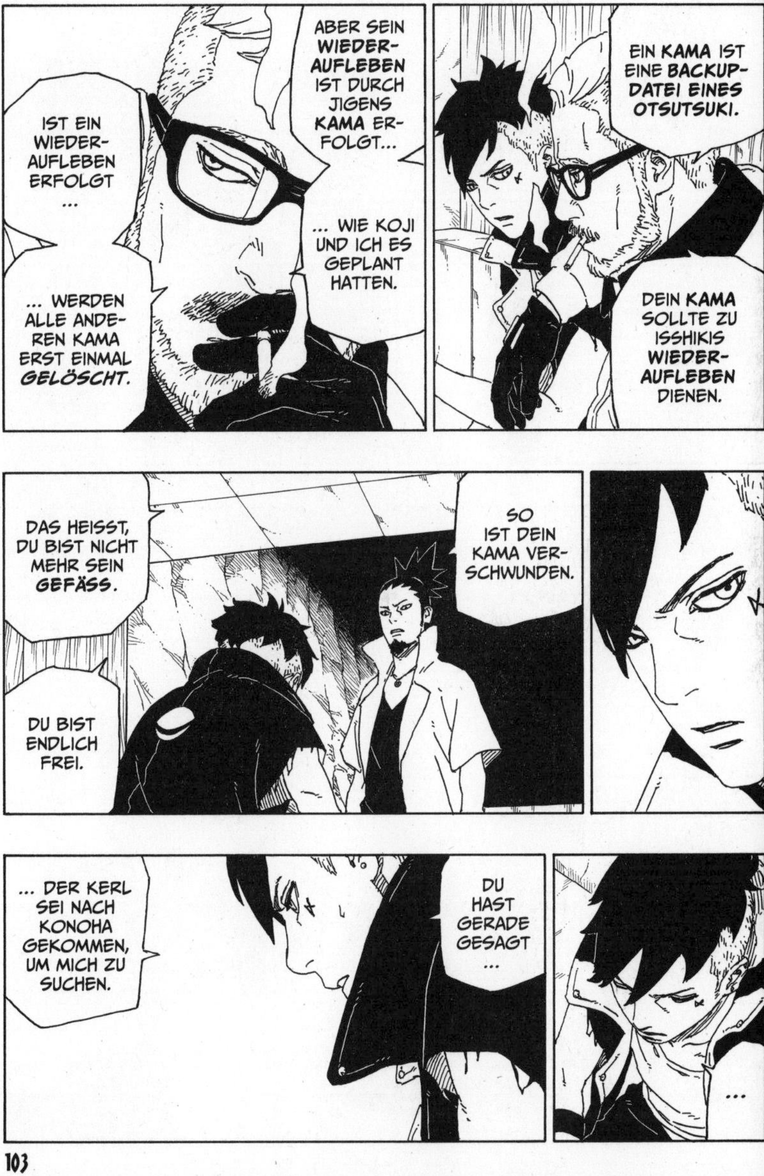
EIN KAMA IST EINE BACKUP-DATEI EINES OTSUTSUKI.
DEIN KAMA SOLLTE ZU ISSHIKIS WIEDER-AUFLEBEN DIENEN.
ABER SEIN WIEDER-AUFLEBEN IST DURCH JIGENS KAMA ERFOLGT...
... WIE KOJI UND ICH ES GEPLANT HATTEN.
IST EIN WIEDER-AUFLEBEN ERFOLGT ...
... WERDEN ALLE ANDE-REN KAMA ERST EINMAL GELÖSCHT.
SO IST DEIN KAMA VER-SCHWUNDEN.
DAS HEISST, DU BIST NICHT MEHR SEIN GEFÄSS.
DU BIST ENDLICH FREI.
...
DU HAST GERADE GESAGT ...
... DER KERL SEI NACH KONOHA GEKOMMEN, UM MICH ZU SUCHEN.

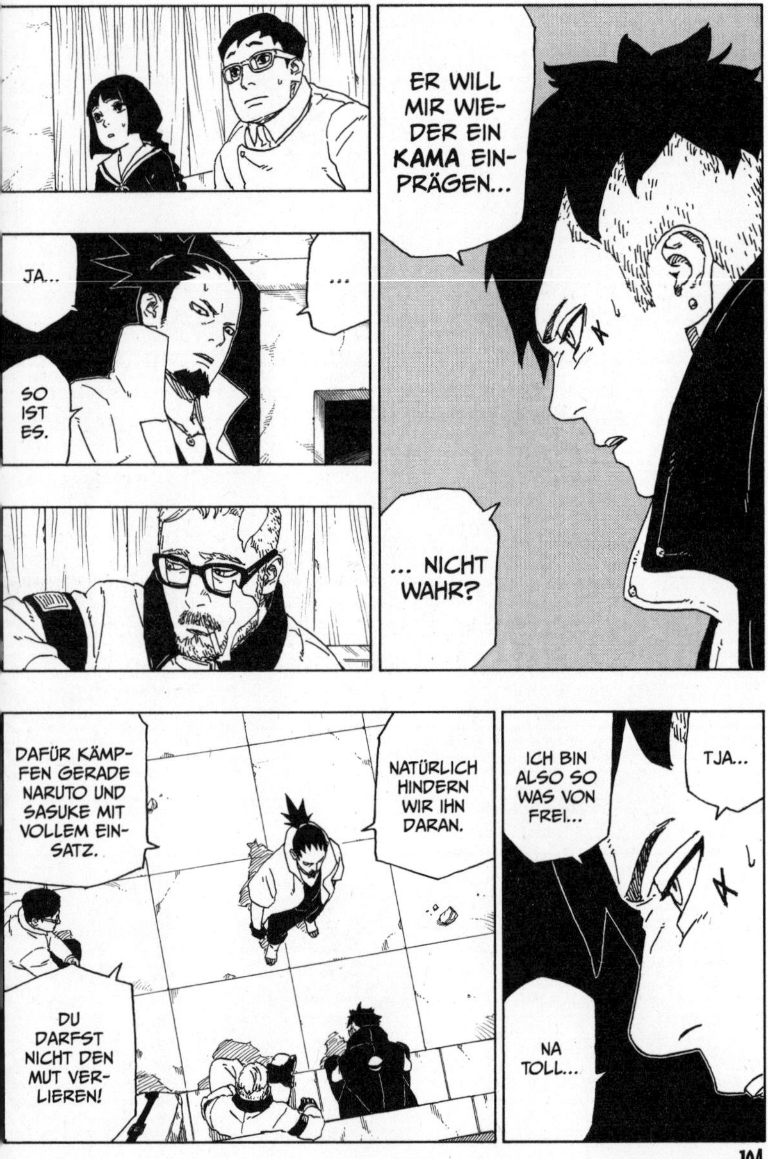
ER WILL MIR WIEDER EIN KAMA EINPRÄGEN...
... NICHT WAHR?
...
JA...
SO IST ES.
TJA...
ICH BIN ALSO SO WAS VON FREI...
NA TOLL...
NATÜRLICH HINDERN WIR IHN DARAN.
DAFÜR KÄMPFEN GERADE NARUTO UND SASUKE MIT VOLLEM EINSATZ.
DU DARFST NICHT DEN MUT VERLIEREN!

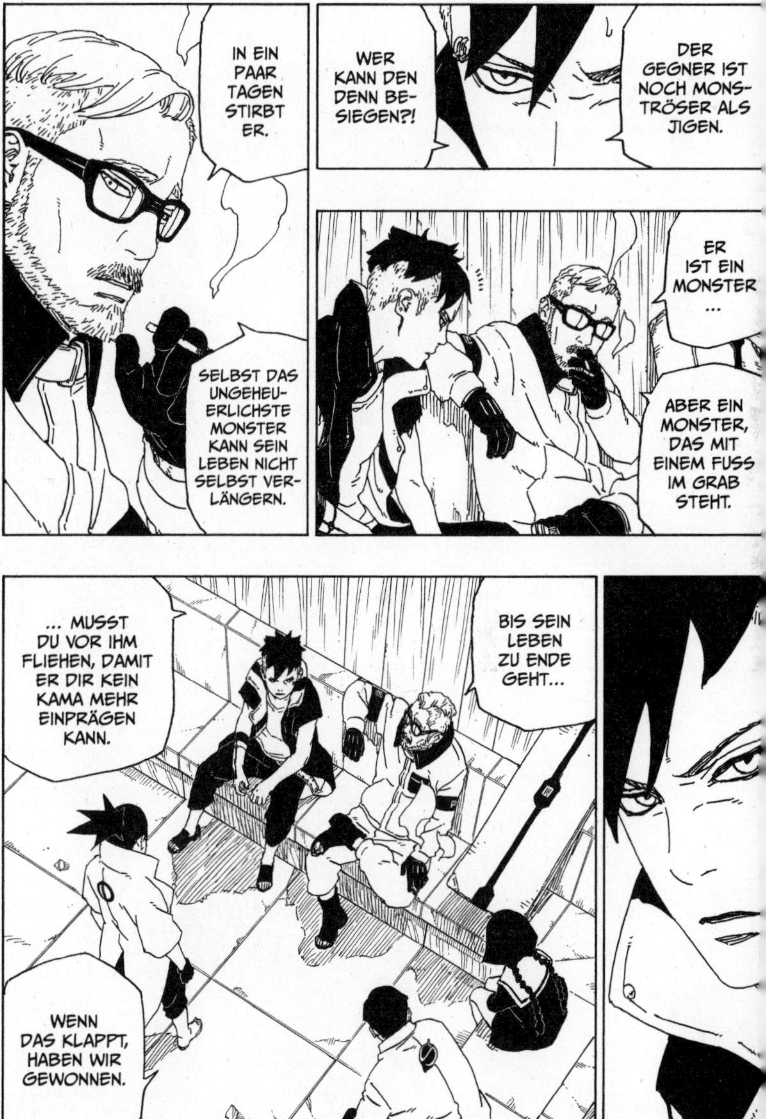
DER GEGNER IST NOCH MONSTRÖSER ALS JIGEN.
WER KANN DEN DENN BESIEGEN?!
ER IST EIN MONSTER ...
ABER EIN MONSTER, DAS MIT EINEM FUSS IM GRAB STEHT.
IN EIN PAAR TAGEN STIRBT ER.
SELBST DAS UNGEHEUERLICHSTE MONSTER KANN SEIN LEBEN NICHT SELBST VERLÄNGERN.
BIS SEIN LEBEN ZU ENDE GEHT...
... MUSST DU VOR IHM FLIEHEN, DAMIT ER DIR KEIN KAMA MEHR EINPRÄGEN KANN.
WENN DAS KLAPPT, HABEN WIR GEWONNEN.

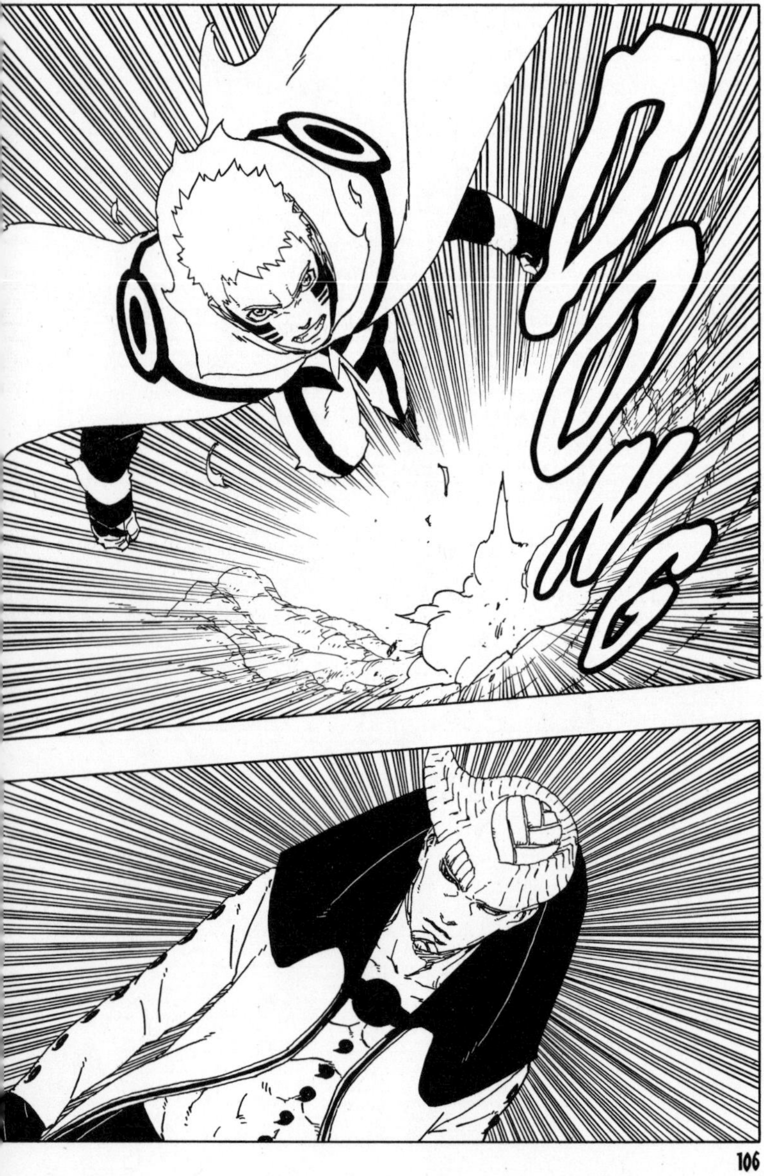
DONG

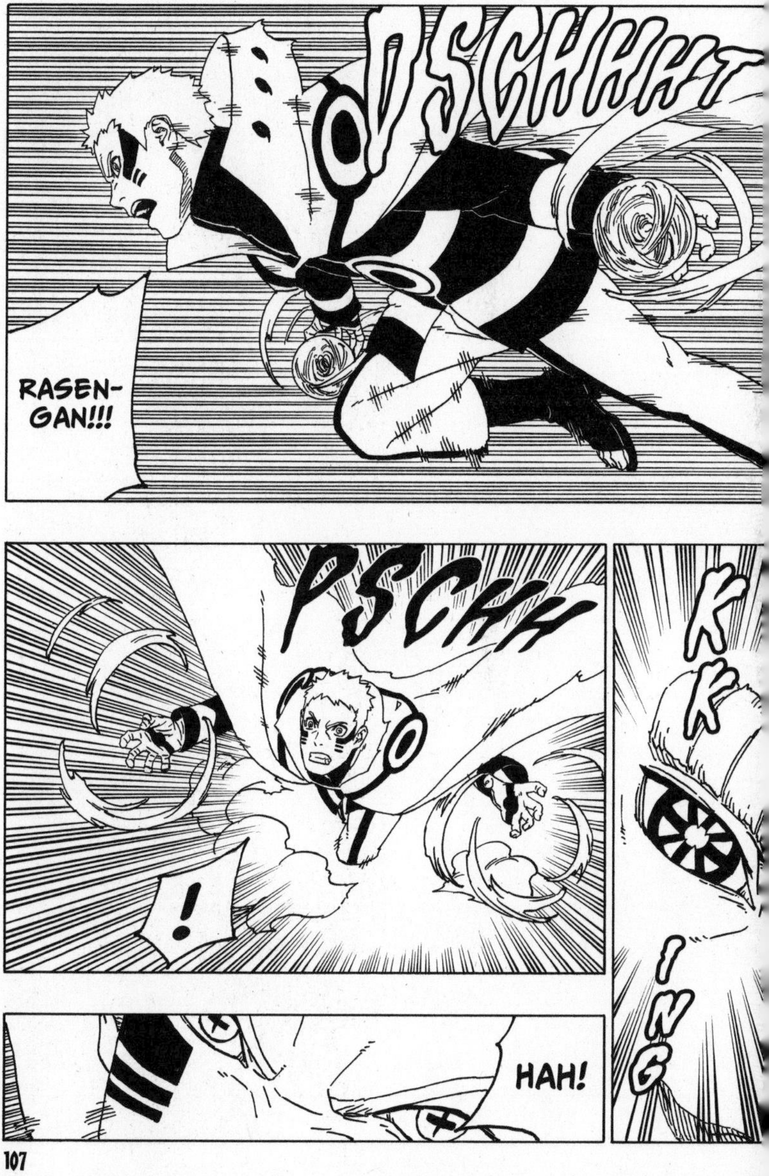

DSCHHHT
RASEN-
GAN!!!
PSCHH
KKKING
!
HAH!

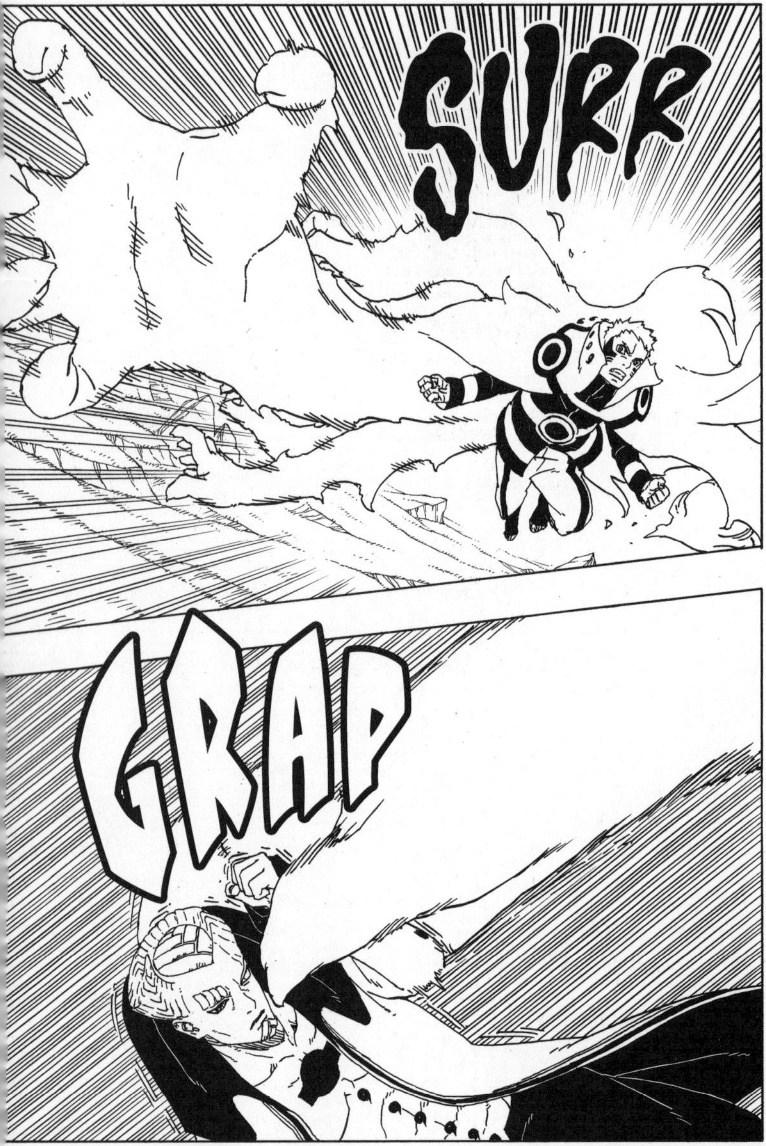
SURR
GRAP

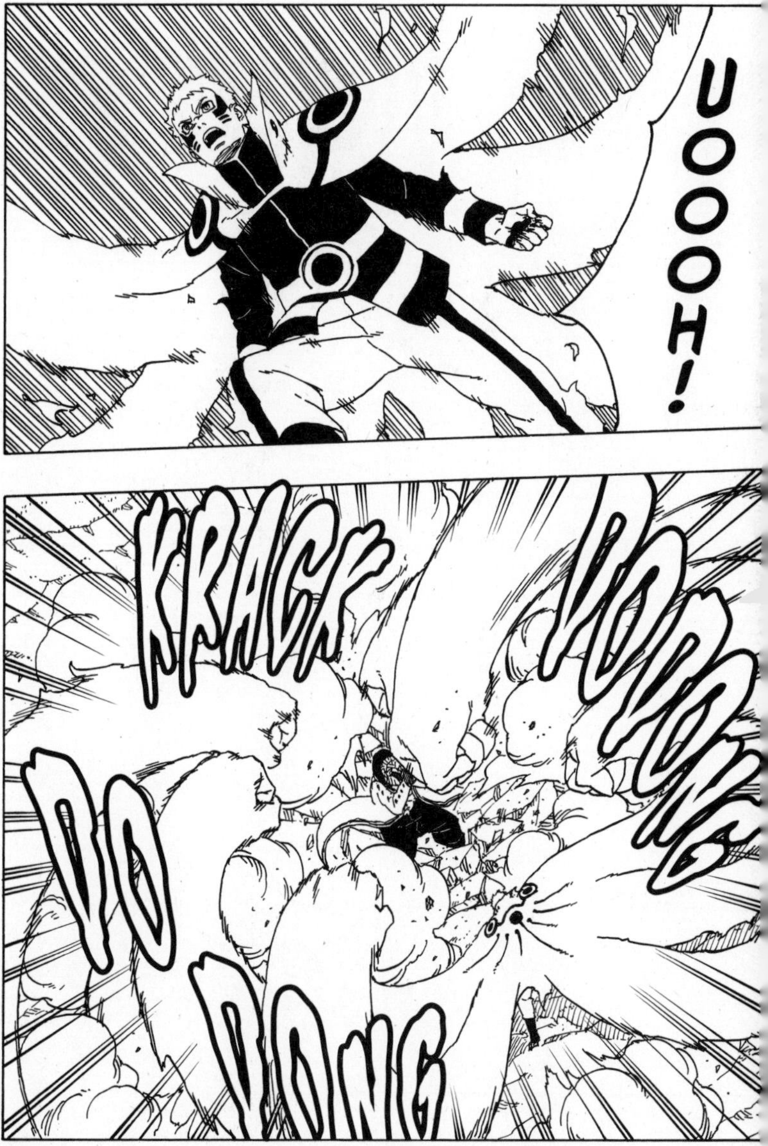
UOOOOH!
DOOOONG
KRACK
DO
DONG

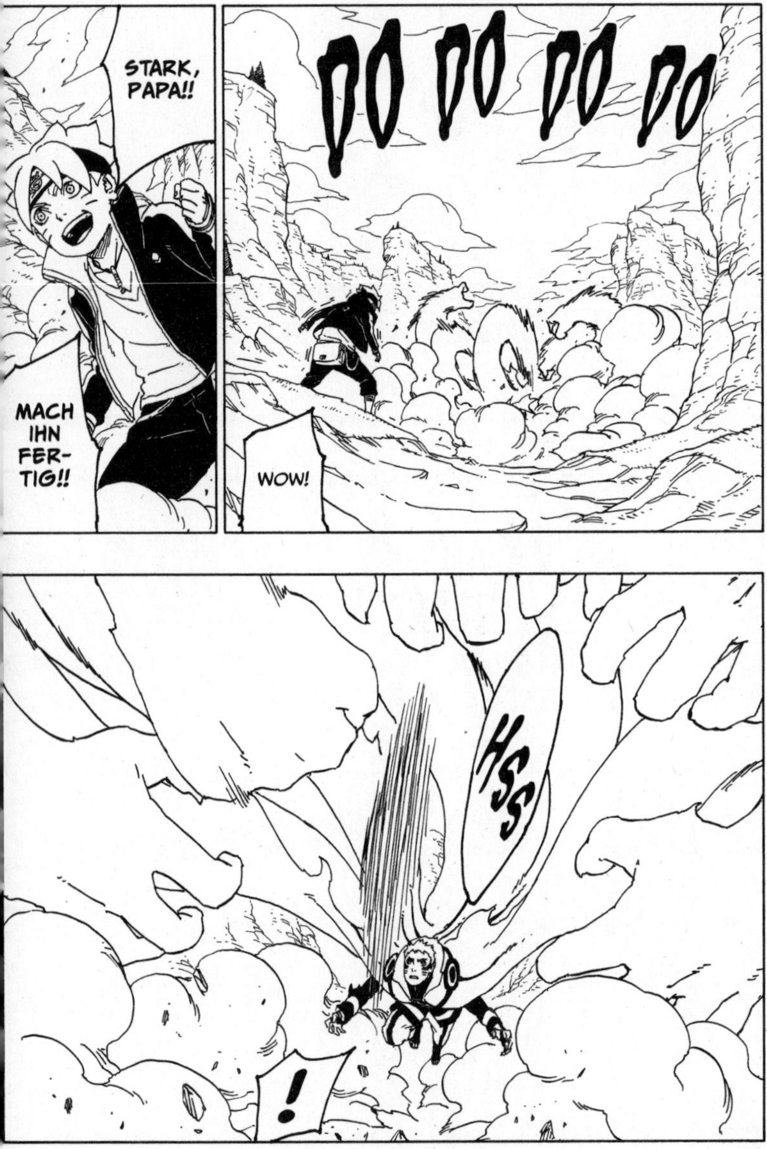
DO DO DO DO
WOW!
STARK, PAPA!!
MACH IHN FER-TIG!!
HSS
!

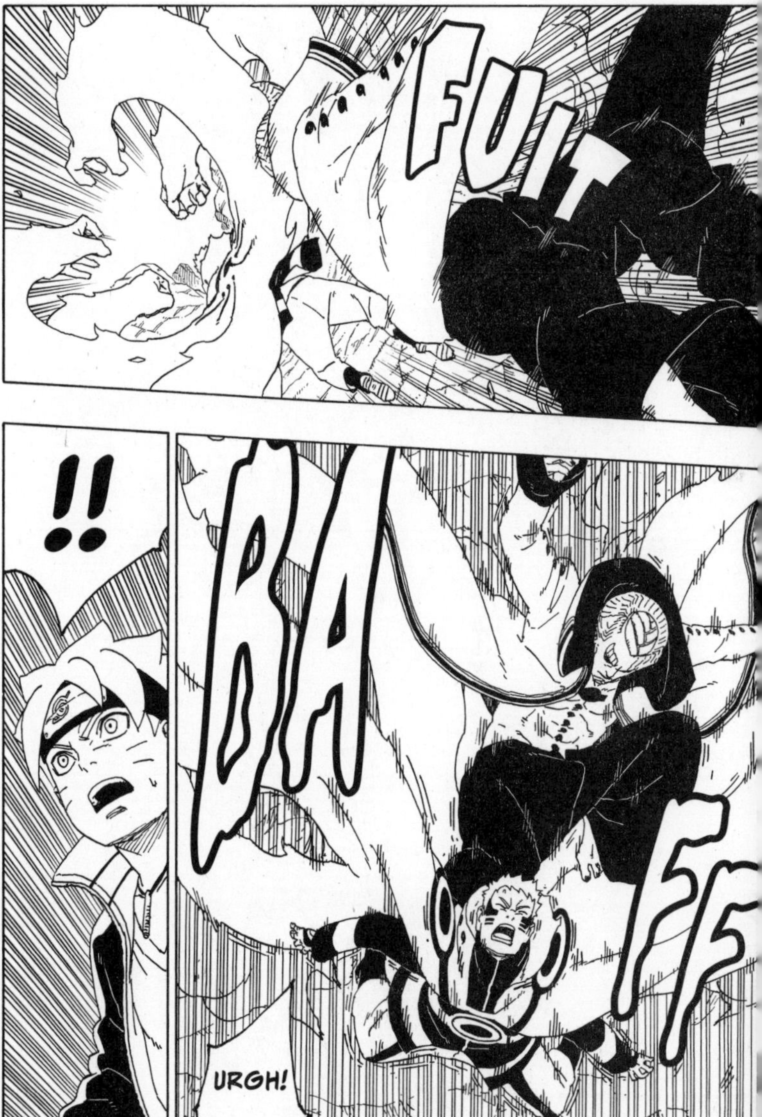
FUIT
!!
BAFF
URGH!

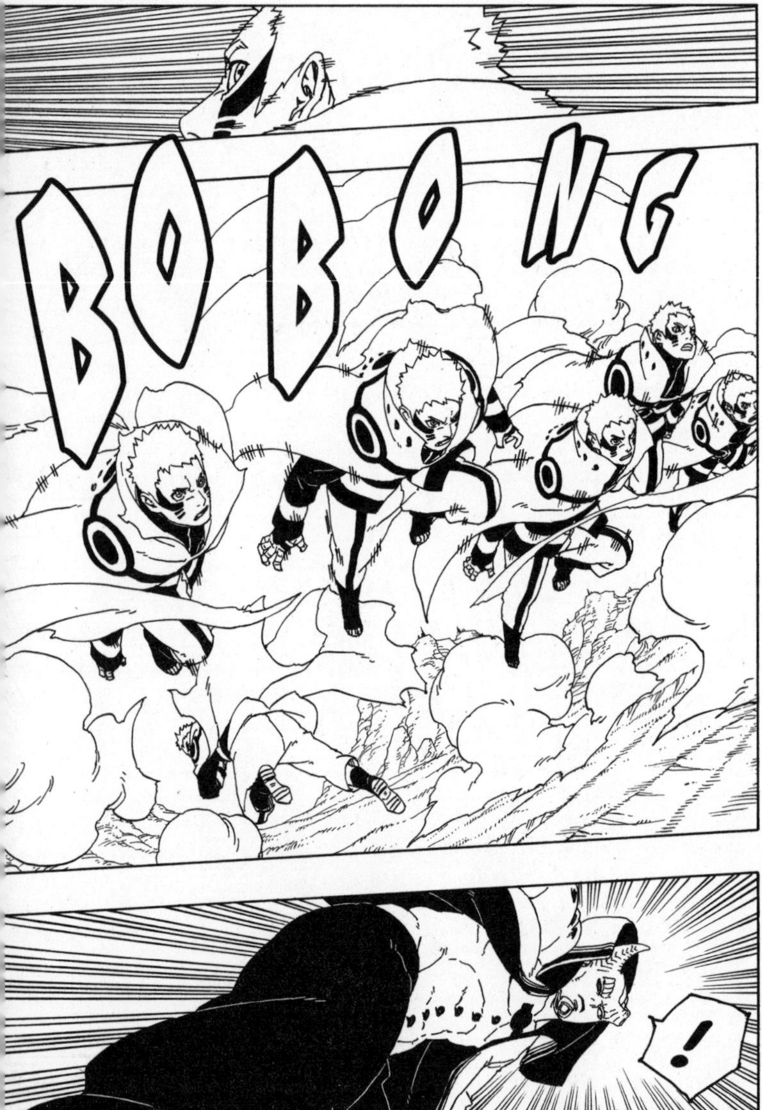
BOBONG
!

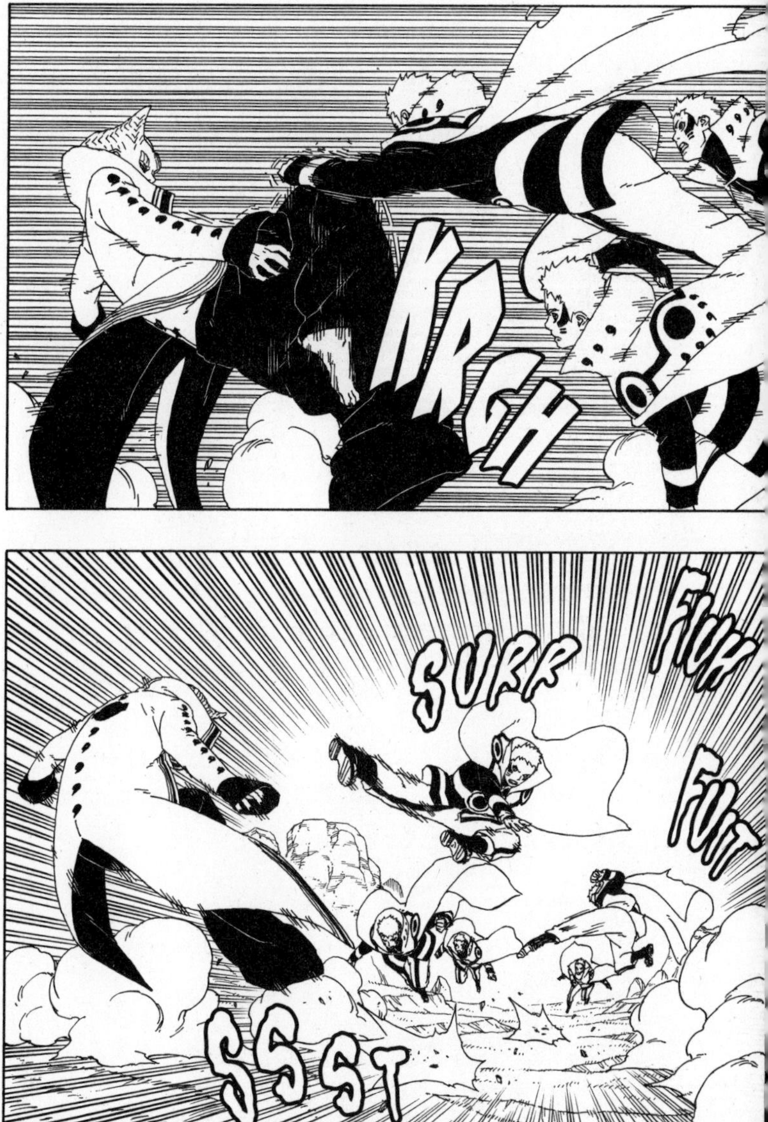
KRGH
FUIT
SURR
SSST

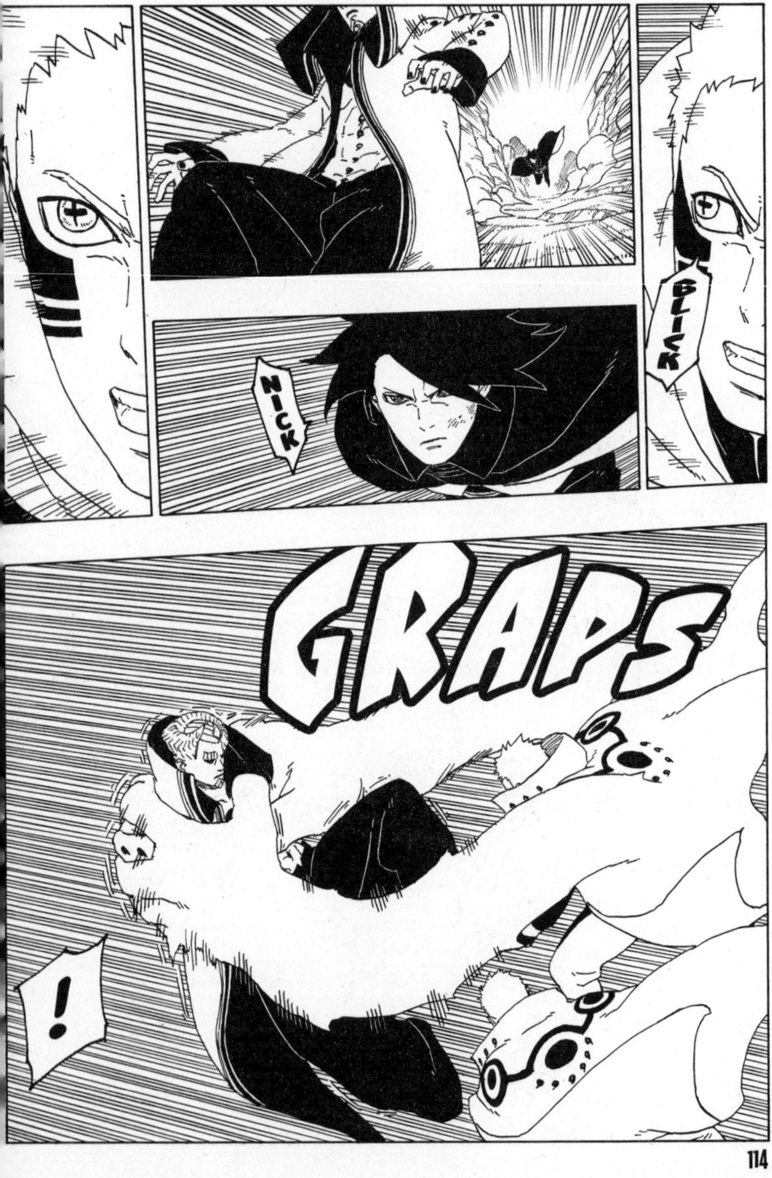
BLICK
NICK
GRAPS
!

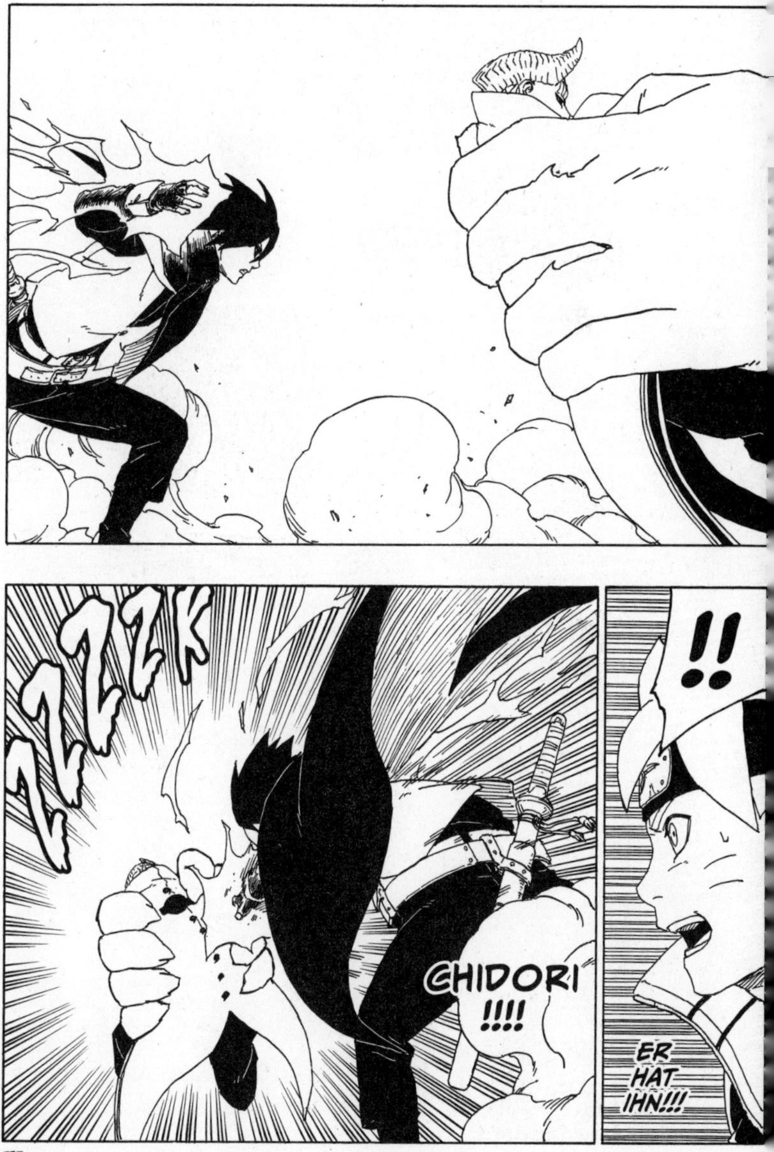
!!
ER HAT IHN!!!
ZZZK
CHIDORI !!!!

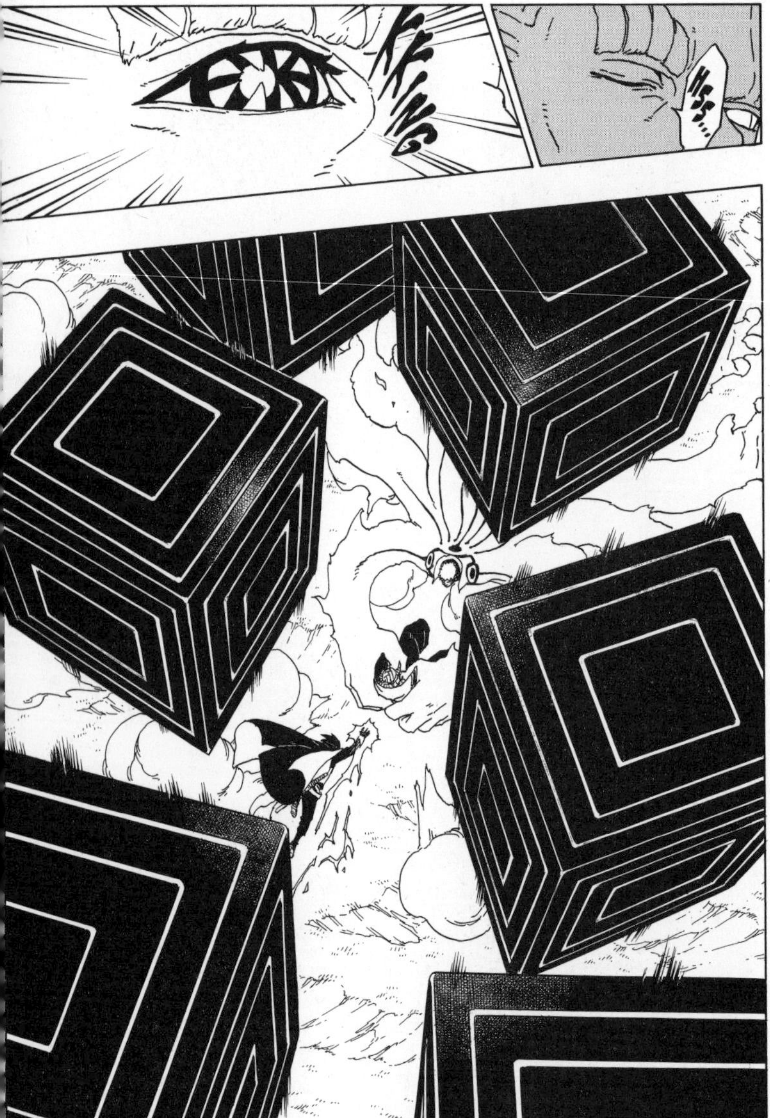

KRING
HSS...

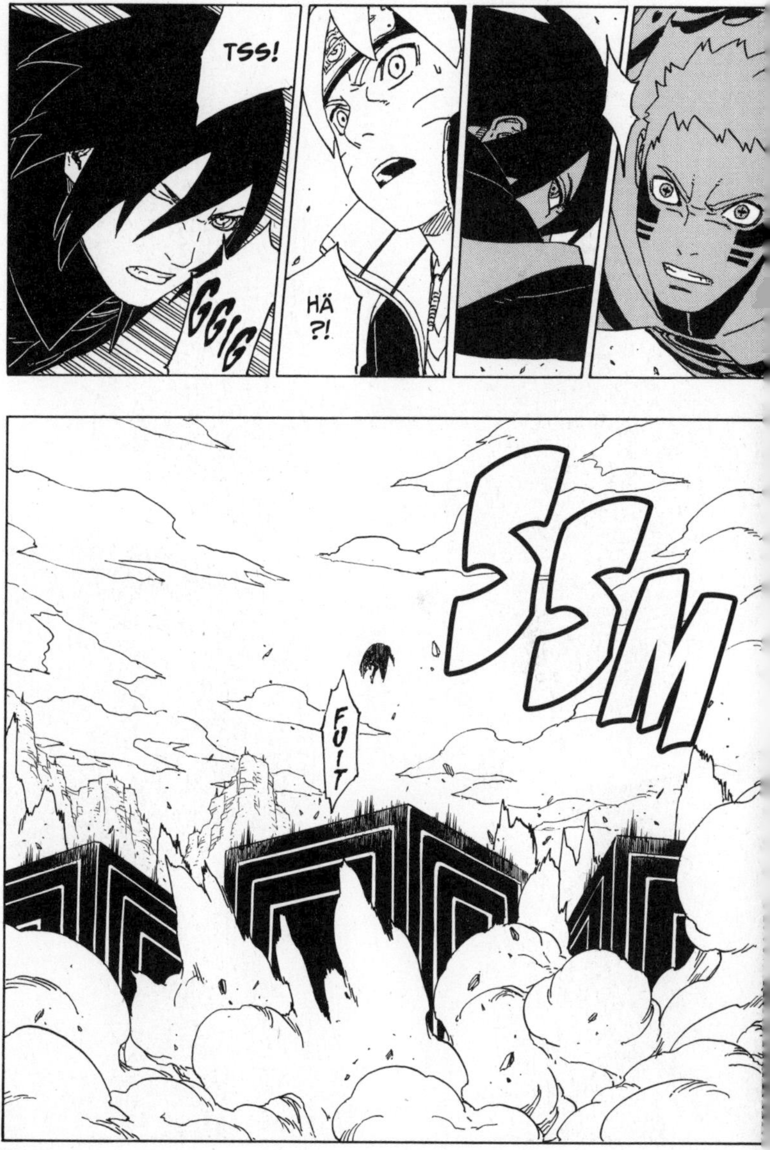
HÄ
?!
TSS!
GGIG
SSM
FUIT

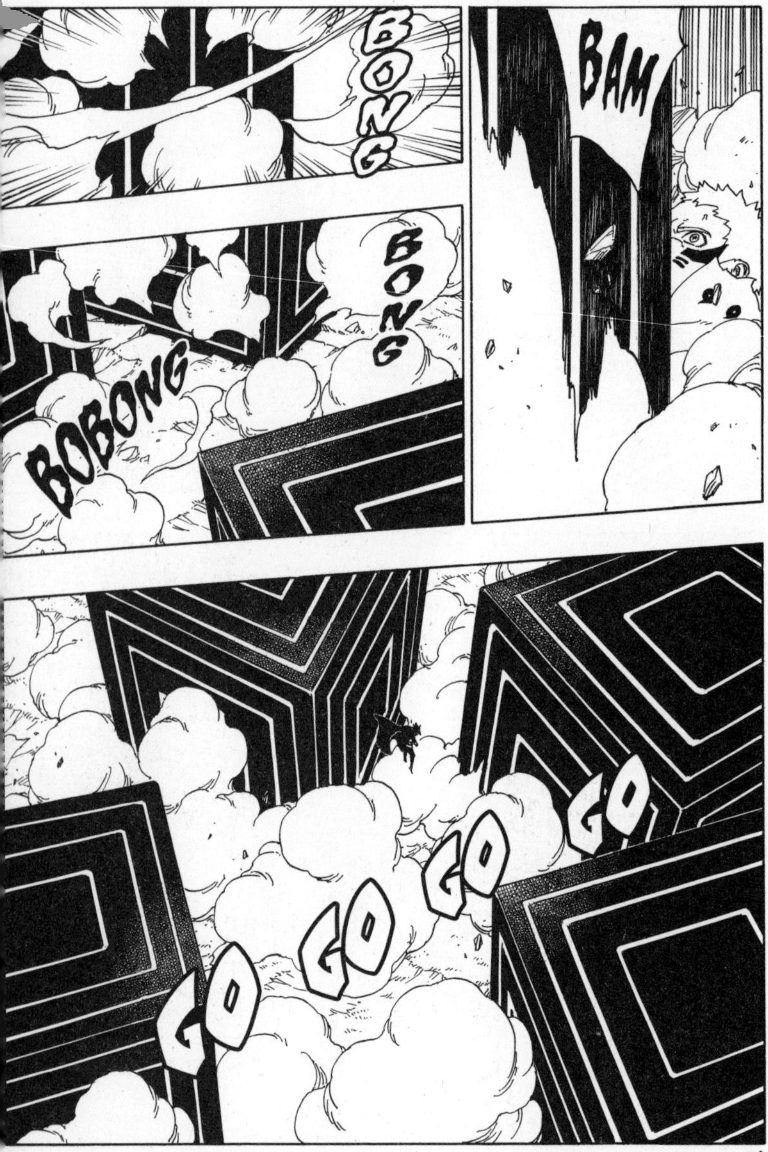
BAM
BONG
BONG
BOBONG
GO GO GO GO

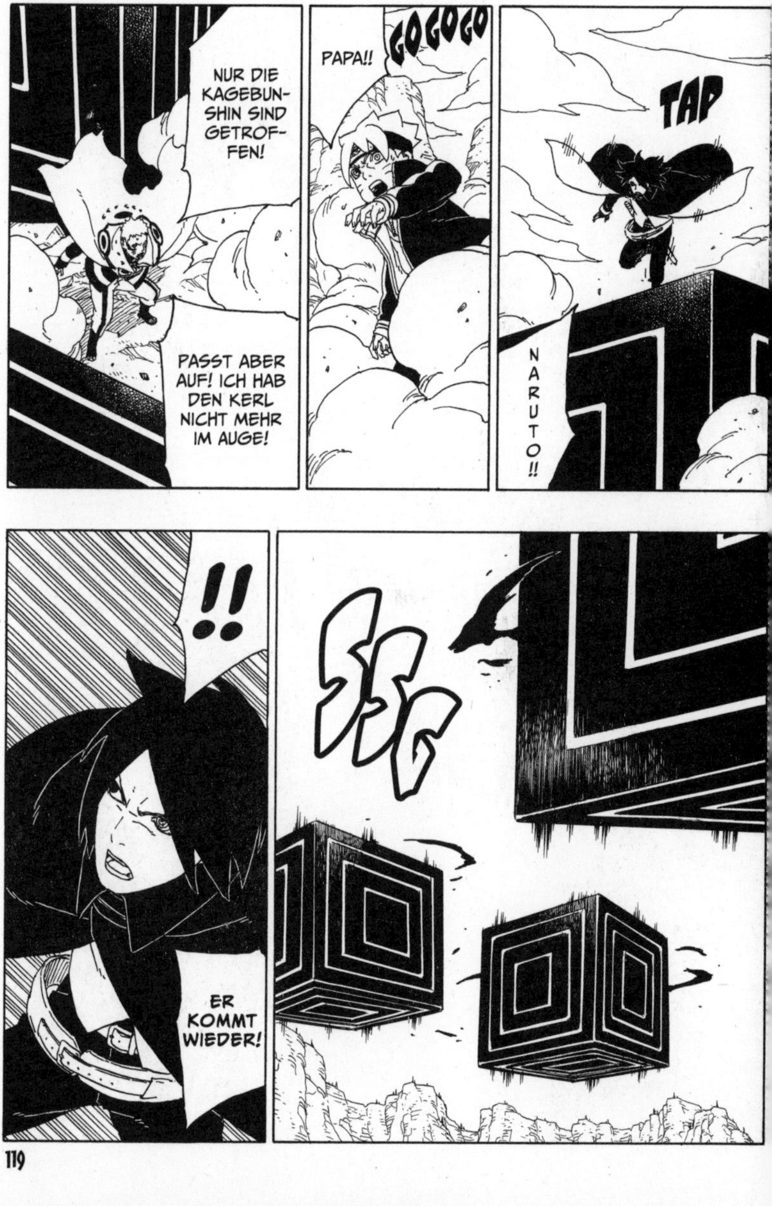
NUR DIE KAGEBUNSHIN SIND GETROFFEN!
PASST ABER AUF! ICH HAB DEN KERL NICHT MEHR IM AUGE!
GOGOGO
PAPA!!
TAP
NARUTO!!
!!
ER KOMMT WIEDER!

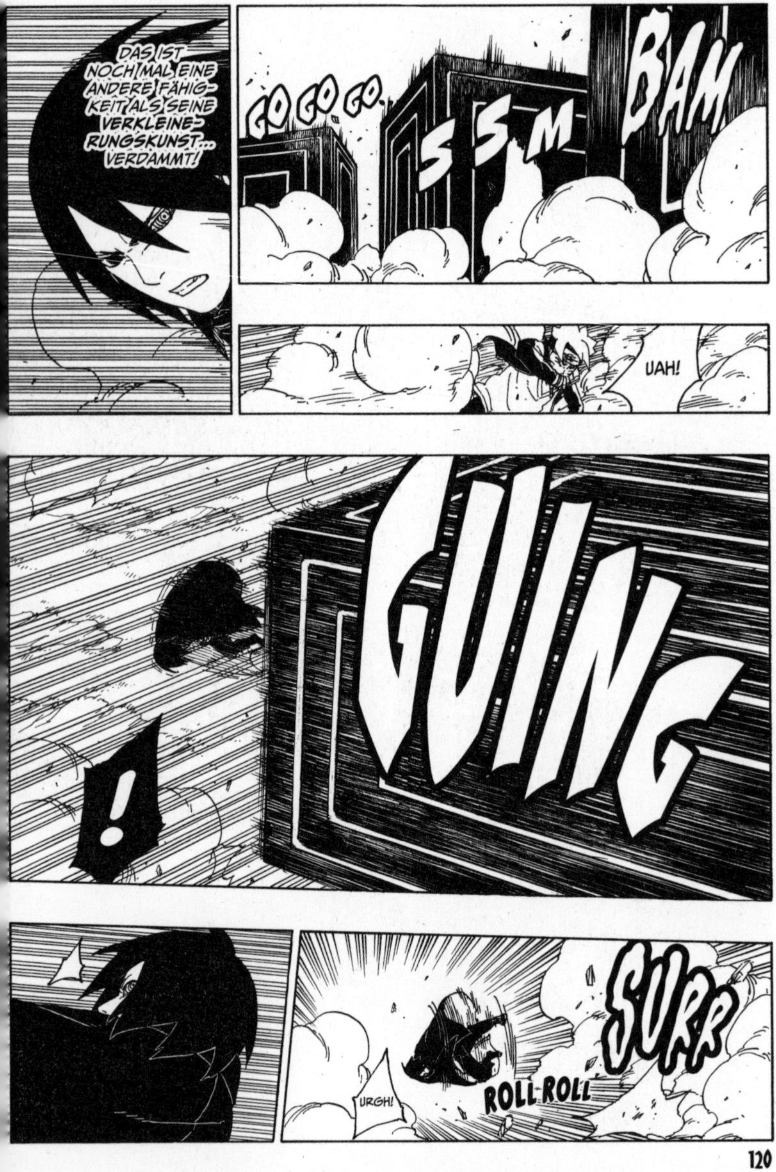
BAM
S S M
GO GO GO
DAS IST NOCH MAL EINE ANDERE FÄHIGKEIT ALS SEINE VERKLEINERUNGSKUNST... VERDAMMT!
UAH!
GUING
!
SURR
ROLL ROLL
URGH!

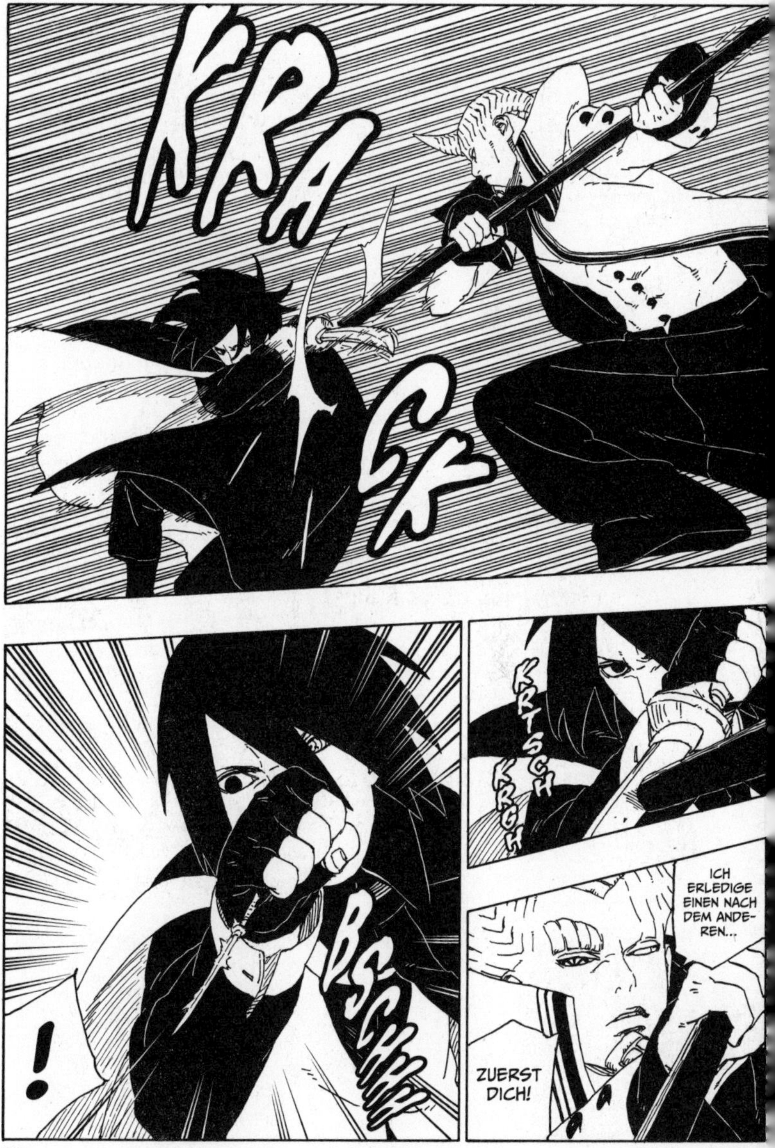
KRACK
KRTSCH
KRGH
ICH ERLEDIGE EINEN NACH DEM ANDEREN...
ZUERST DICH!
BSCHHH
!

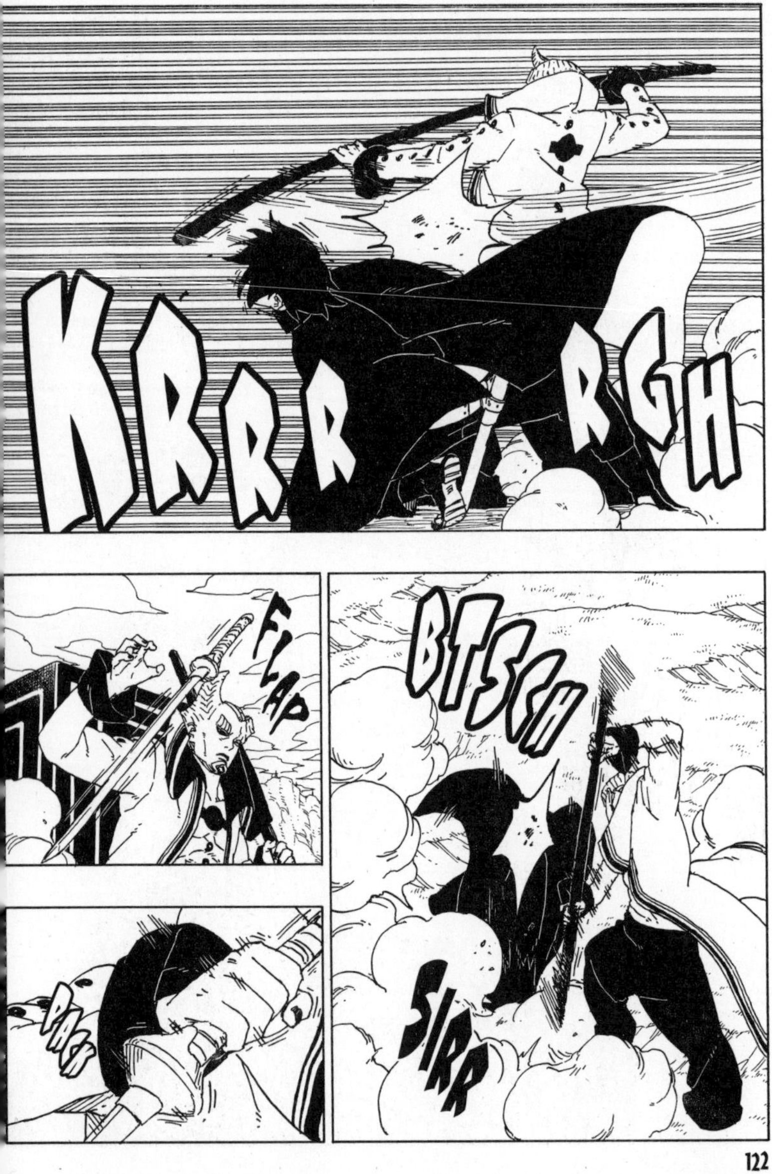
KRRRR
RGH
BTSCH
SIRR
FLAP
PACK

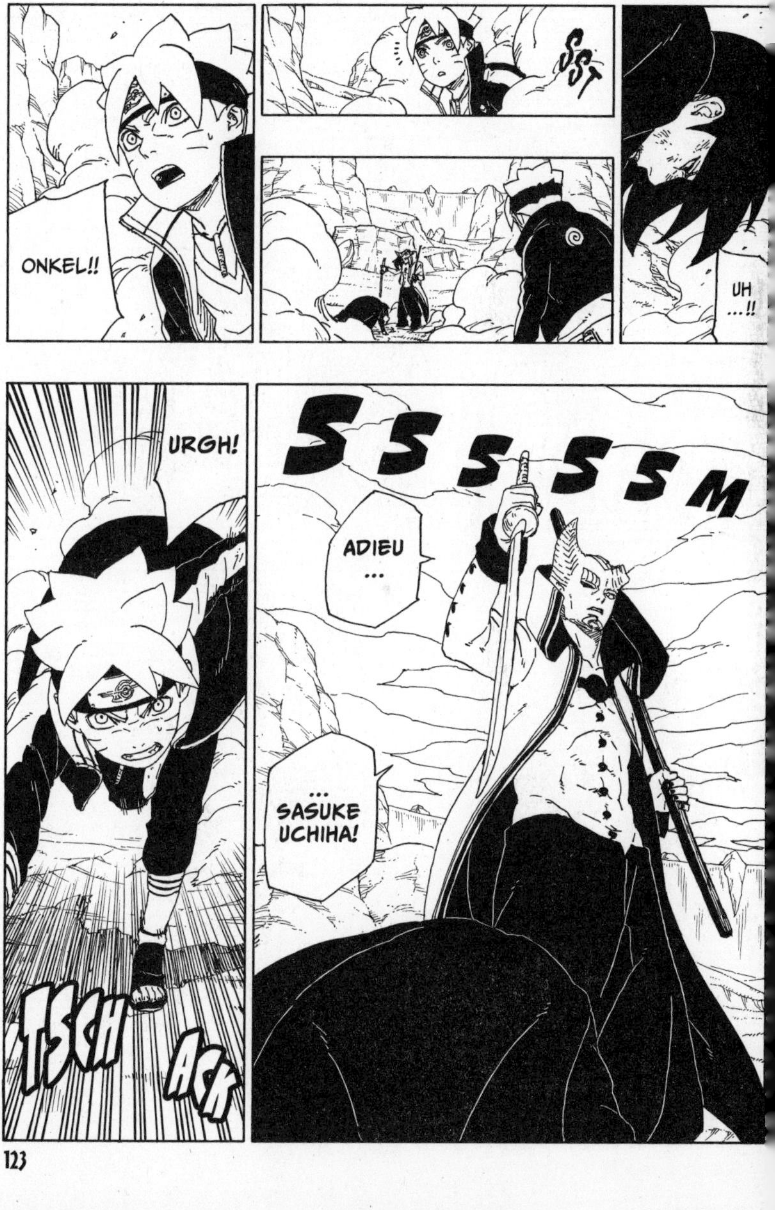
UH ...!!
SST
ONKEL!!
SSSSSM
ADIEU ...
... SASUKE UCHIHA!
URGH!
TSCH ACK

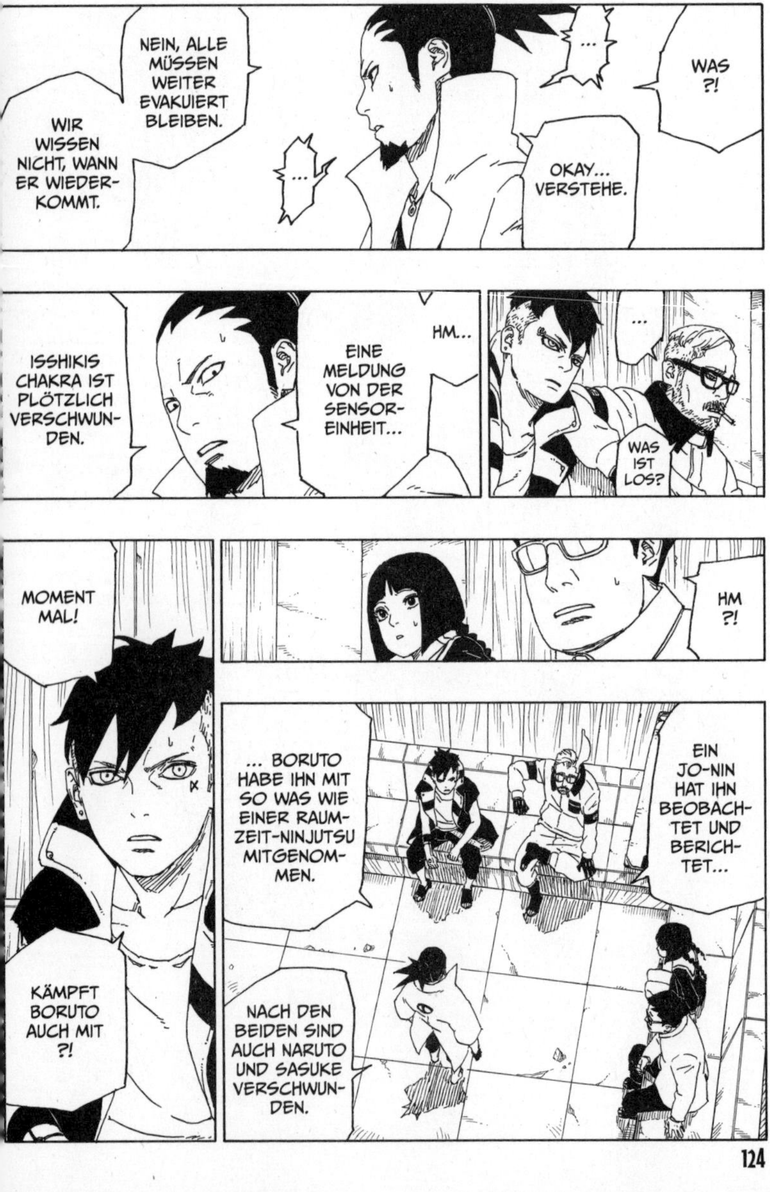
WAS ?!
...
OKAY... VERSTEHE.
...
NEIN, ALLE MÜSSEN WEITER EVAKUIERT BLEIBEN.
WIR WISSEN NICHT, WANN ER WIEDERKOMMT.
...
WAS IST LOS?
HM...
EINE MELDUNG VON DER SENSOREINHEIT...
ISSHIKIS CHAKRA IST PLÖTZLICH VERSCHWUNDEN.
HM ?!
MOMENT MAL!
EIN JO-NIN HAT IHN BEOBACHTET UND BERICHTET...
... BORUTO HABE IHN MIT SO WAS WIE EINER RAUM-ZEIT-NINJUTSU MITGENOMMEN.
NACH DEN BEIDEN SIND AUCH NARUTO UND SASUKE VERSCHWUNDEN.
KÄMPFT BORUTO AUCH MIT ?!

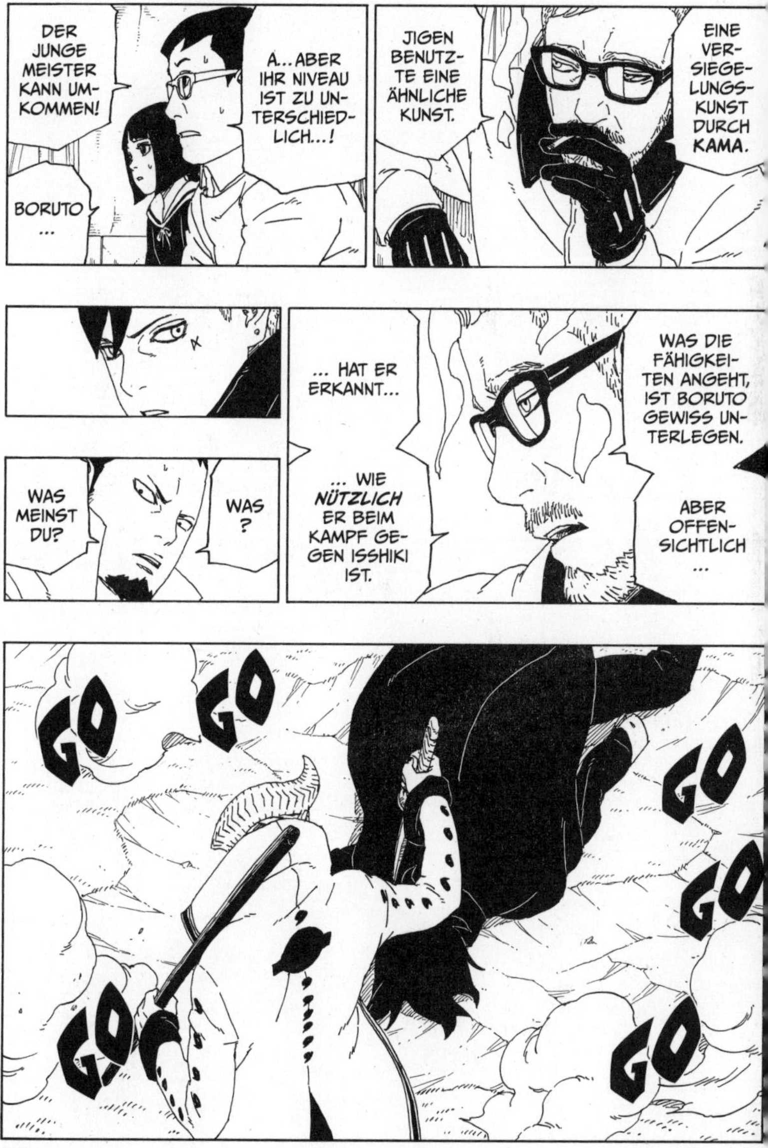
EINE VERSIEGELUNGSKUNST DURCH KAMA.
JIGEN BENUTZTE EINE ÄHNLICHE KUNST.
A... ABER IHR NIVEAU IST ZU UNTERSCHIEDLICH...!
DER JUNGE MEISTER KANN UMKOMMEN!
BORUTO ...
WAS DIE FÄHIGKEITEN ANGEHT, IST BORUTO GEWISS UNTERLEGEN.
ABER OFFENSICHTLICH ...
... HAT ER ERKANNT...
... WIE *NÜTZLICH* ER BEIM KAMPF GEGEN ISSHIKI IST.
WAS?
WAS MEINST DU?
GO GO GO GO GO GO GO

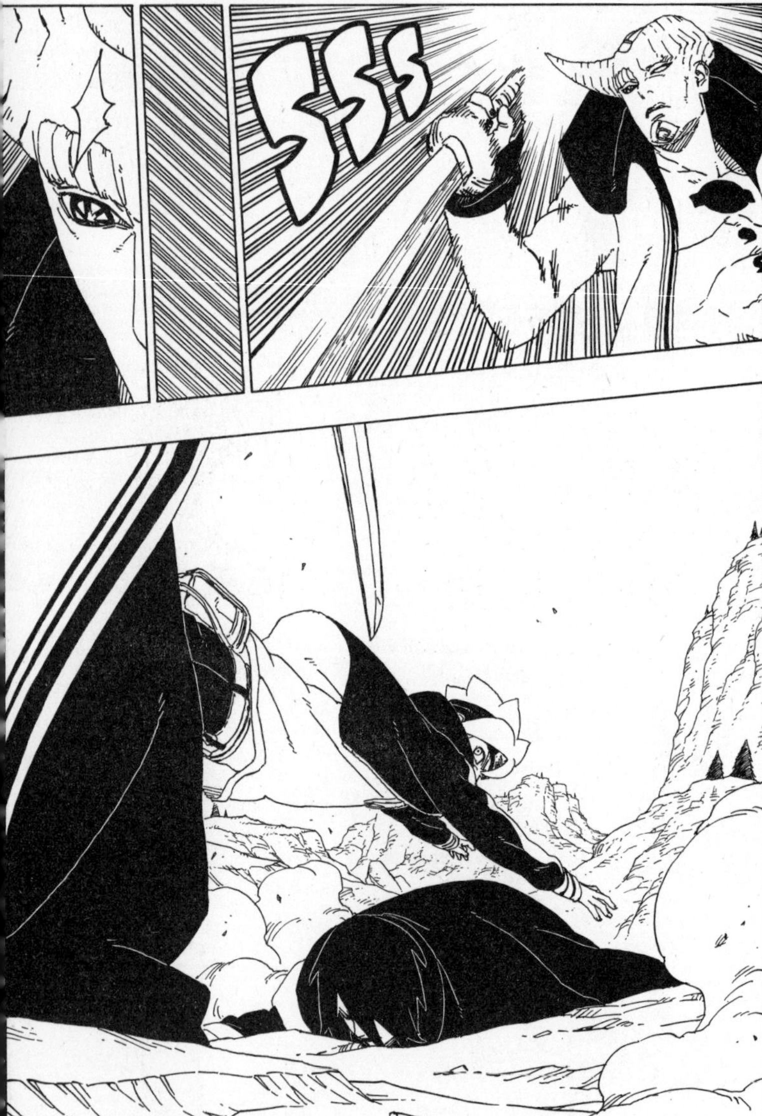
SSS

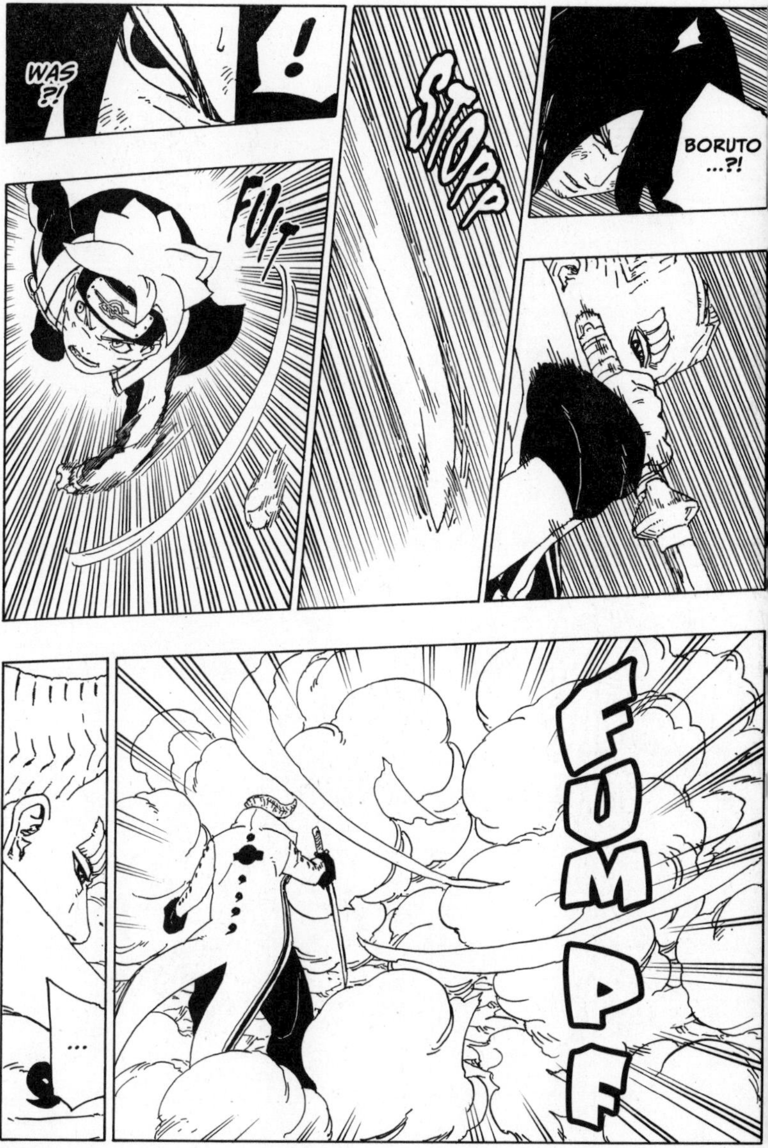
BORUTO …?!
STOPP
!
WAS ?!
FUT
FUMPF
…

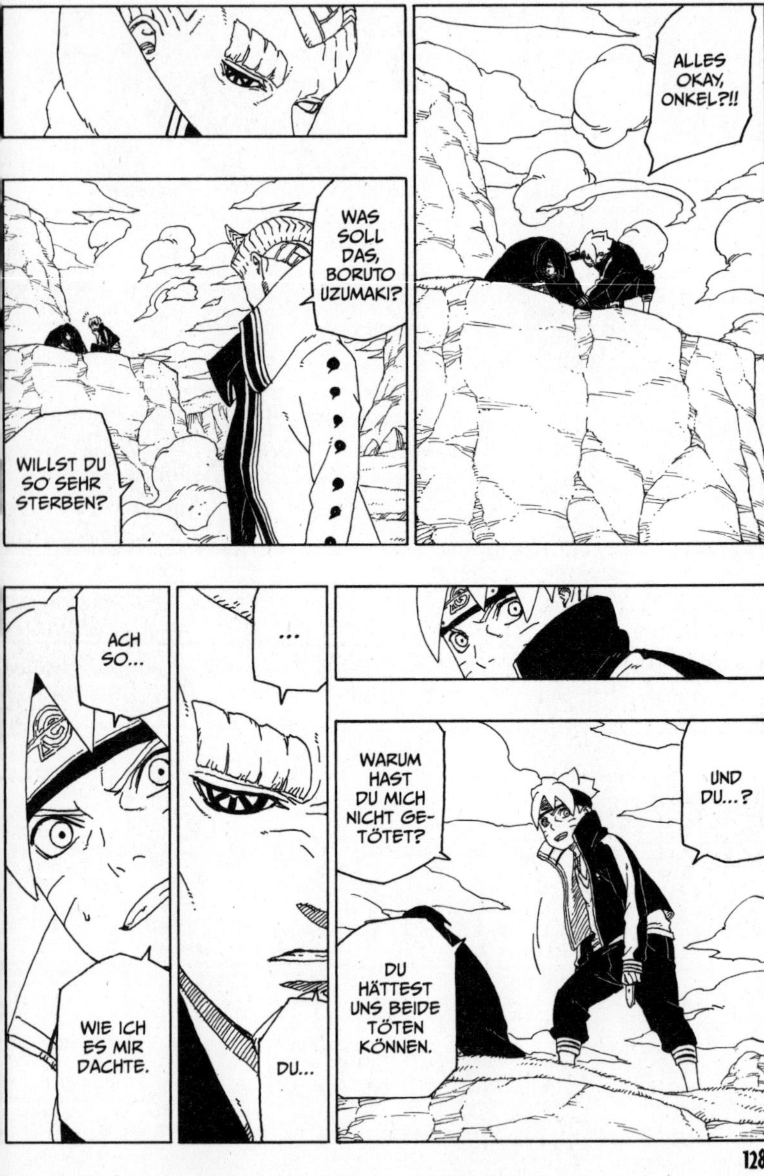
ALLES OKAY, ONKEL?!!
WAS SOLL DAS, BORUTO UZUMAKI?
WILLST DU SO SEHR STERBEN?
UND DU...?
WARUM HAST DU MICH NICHT GE-TÖTET?
DU HÄTTEST UNS BEIDE TÖTEN KÖNNEN.
...
DU...
ACH SO...
WIE ICH ES MIR DACHTE.

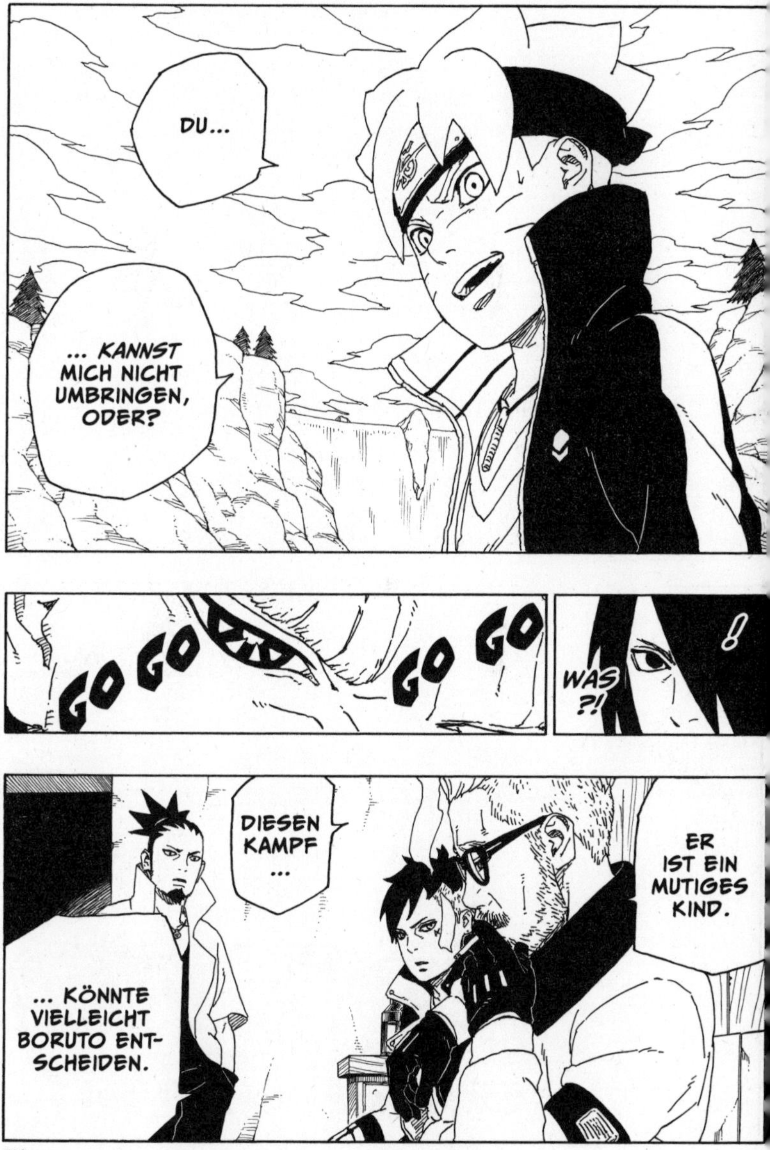
DU...
... KANNST MICH NICHT UMBRINGEN, ODER?
GO GO GO GO
!
WAS ?!
ER IST EIN MUTIGES KIND.
DIESEN KAMPF ...
... KÖNNTE VIELLEICHT BORUTO ENT-SCHEIDEN.

BORUTO
-NARUTO NEXT GENERATION-

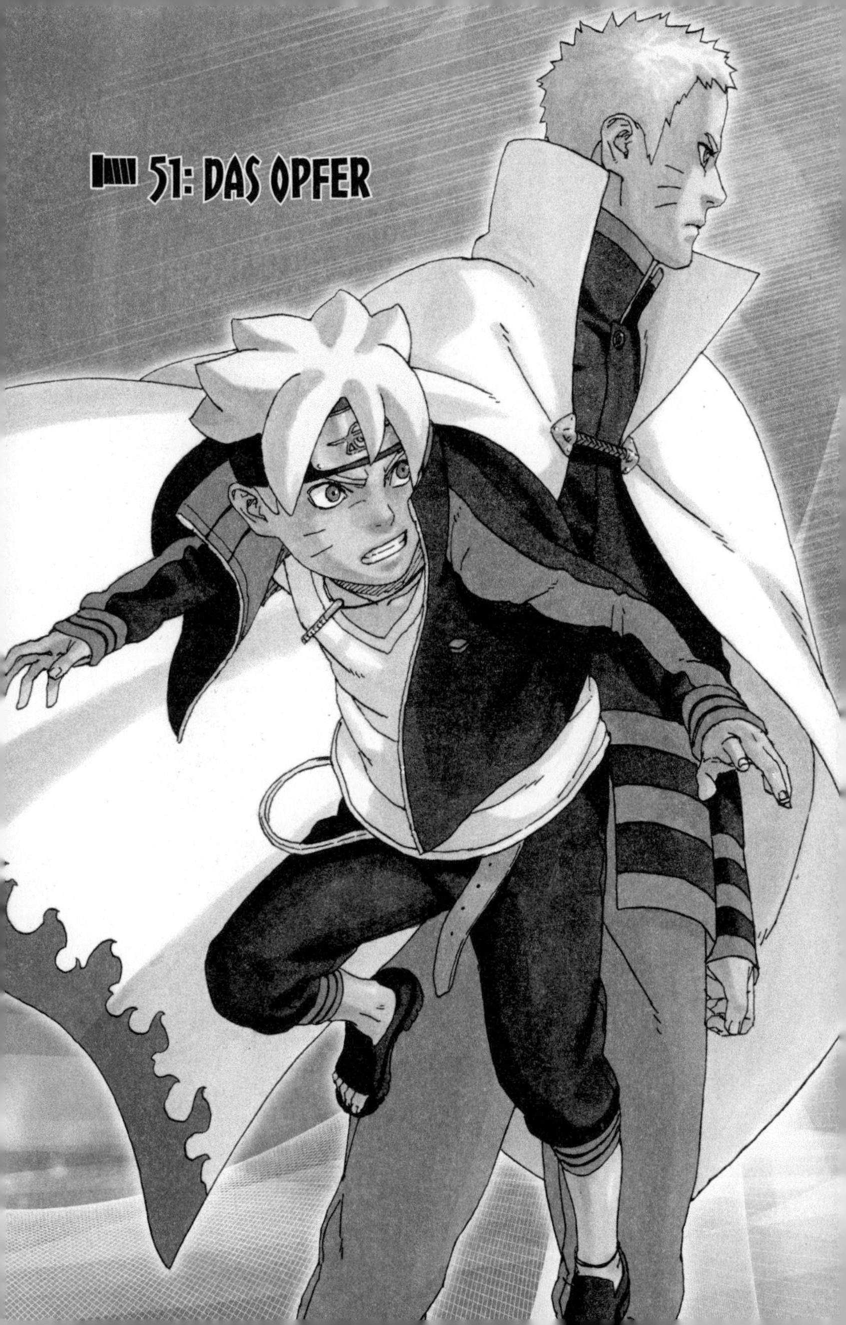
51: DAS OPFER

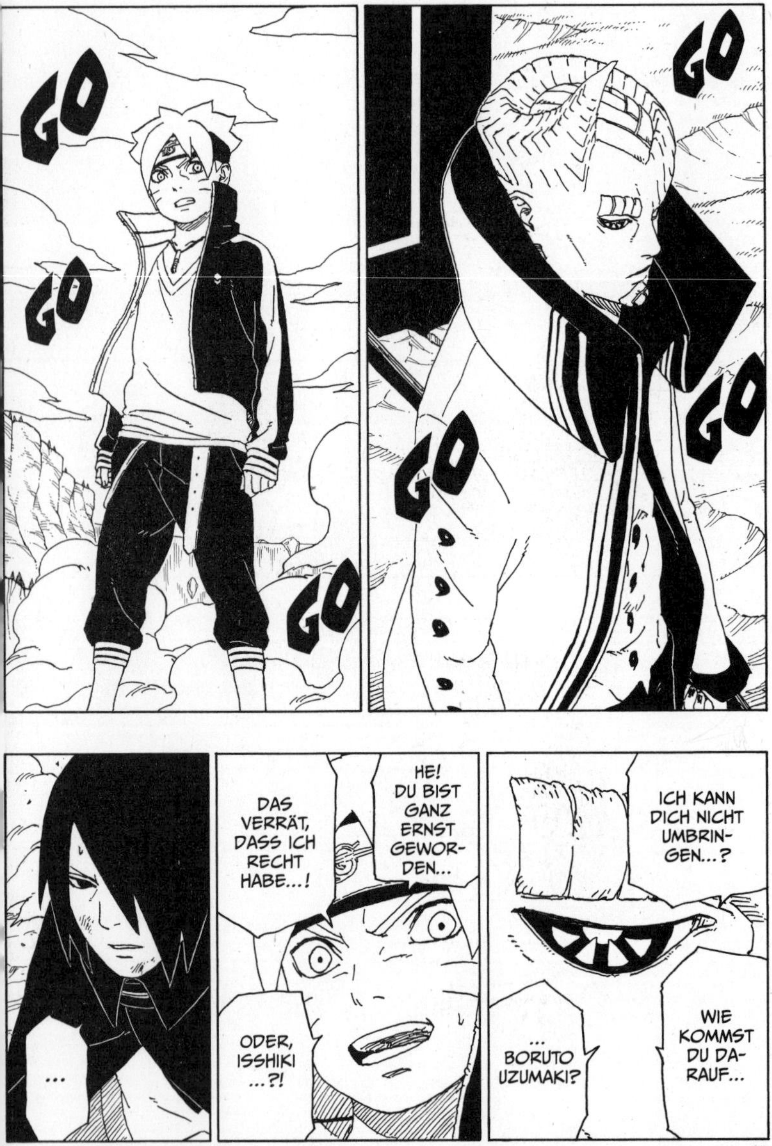
GO
GO
GO
GO
GO
GO
ICH KANN DICH NICHT UMBRIN-GEN...?
WIE KOMMST DU DA-RAUF...
... BORUTO UZUMAKI?
HE! DU BIST GANZ ERNST GEWOR-DEN...
DAS VERRÄT, DASS ICH RECHT HABE...!
ODER, ISSHIKI ...?!
...

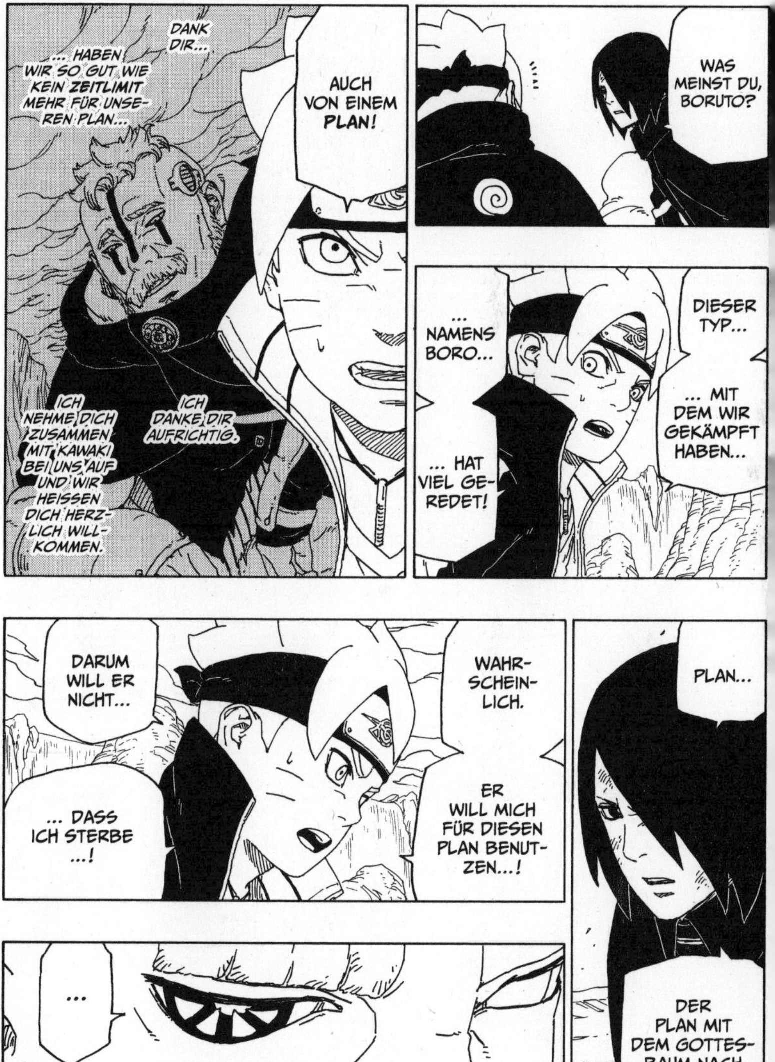
WAS MEINST DU, BORUTO?
AUCH VON EINEM PLAN!
DANK DIR...
... HABEN WIR SO GUT WIE KEIN ZEITLIMIT MEHR FÜR UNSEREN PLAN...
ICH DANKE DIR AUFRICHTIG.
ICH NEHME DICH ZUSAMMEN MIT KAWAKI BEI UNS AUF UND WIR HEISSEN DICH HERZLICH WILLKOMMEN.
DIESER TYP...
... NAMENS BORO...
... MIT DEM WIR GEKÄMPFT HABEN...
... HAT VIEL GEREDET!
PLAN...
WAHRSCHEINLICH.
DARUM WILL ER NICHT...
ER WILL MICH FÜR DIESEN PLAN BENUTZEN...!
... DASS ICH STERBE ...!
DER PLAN MIT DEM GOTTESBAUM NACH AMADOS ERZÄHLUNG?
...

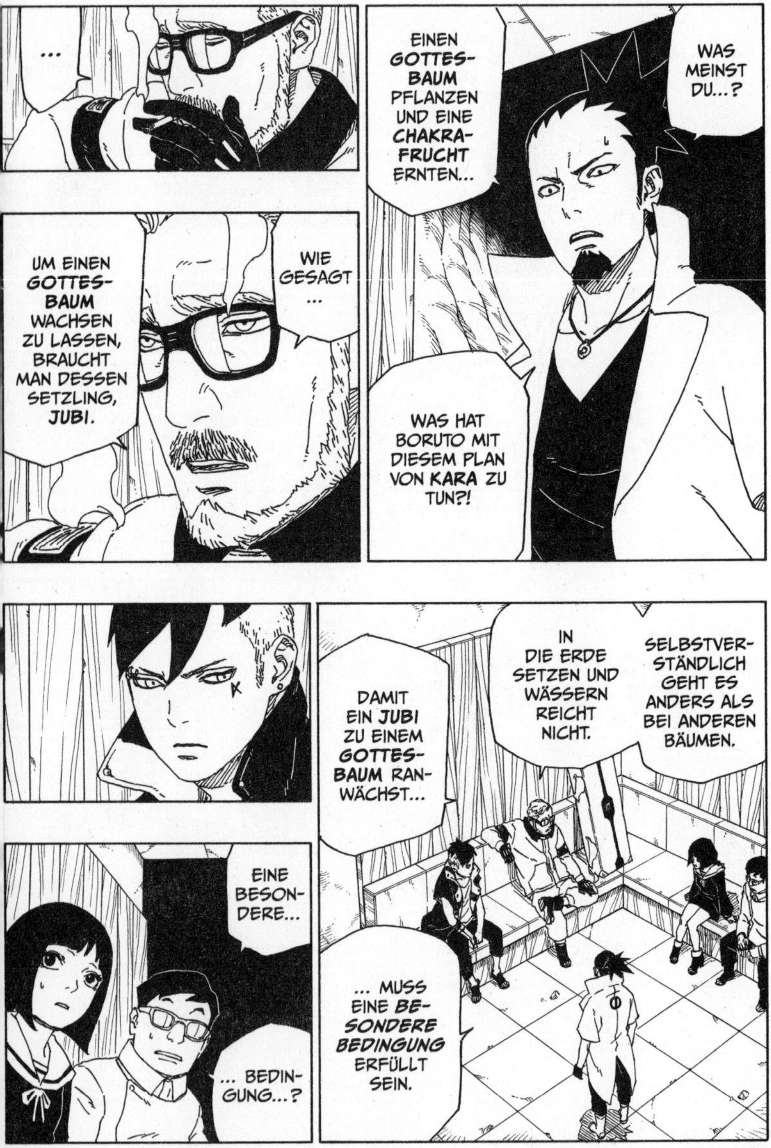
WAS MEINST DU...?
EINEN GOTTESBAUM PFLANZEN UND EINE CHAKRAFRUCHT ERNTEN...
WAS HAT BORUTO MIT DIESEM PLAN VON KARA ZU TUN?!
...
WIE GESAGT ...
UM EINEN GOTTESBAUM WACHSEN ZU LASSEN, BRAUCHT MAN DESSEN SETZLING, JUBI.
SELBSTVERSTÄNDLICH GEHT ES ANDERS ALS BEI ANDEREN BÄUMEN.
IN DIE ERDE SETZEN UND WÄSSERN REICHT NICHT.
DAMIT EIN JUBI ZU EINEM GOTTESBAUM RANWÄCHST...
... MUSS EINE BESONDERE BEDINGUNG ERFÜLLT SEIN.
EINE BESONDERE...
... BEDINGUNG...?

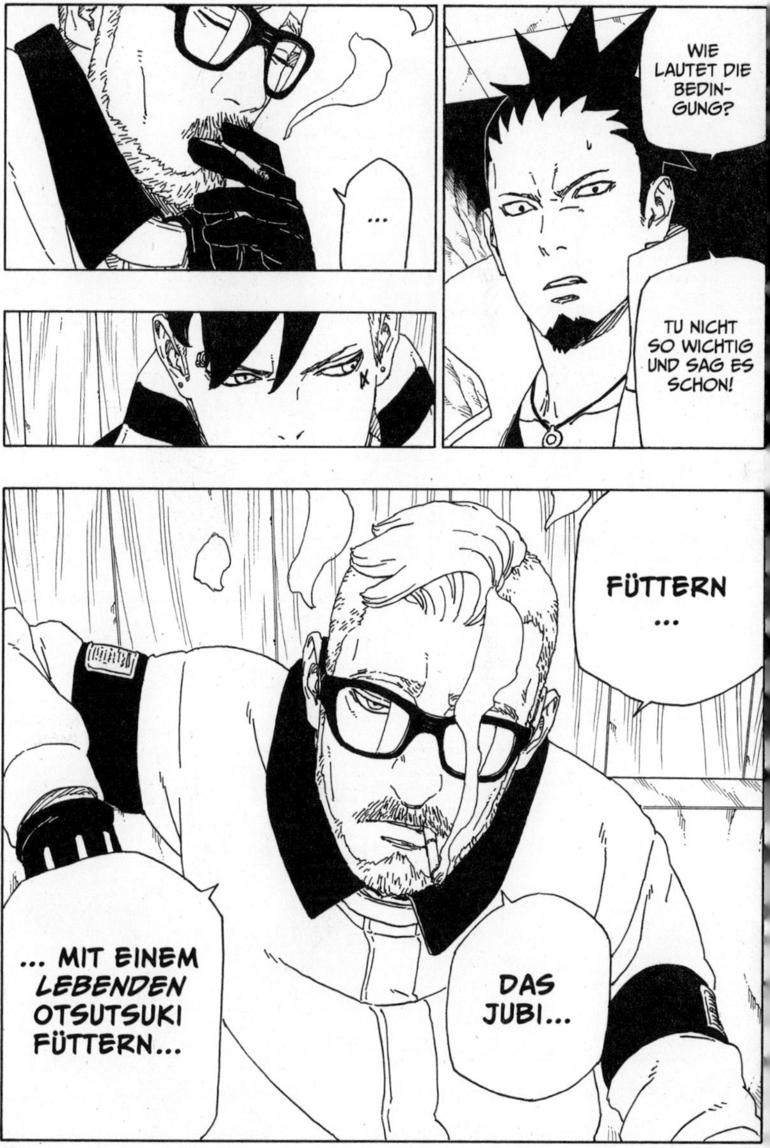
WIE LAUTET DIE BEDIN-GUNG?
...
TU NICHT SO WICHTIG UND SAG ES SCHON!
FÜTTERN ...
DAS JUBI...
... MIT EINEM *LEBENDEN* OTSUTSUKI FÜTTERN...

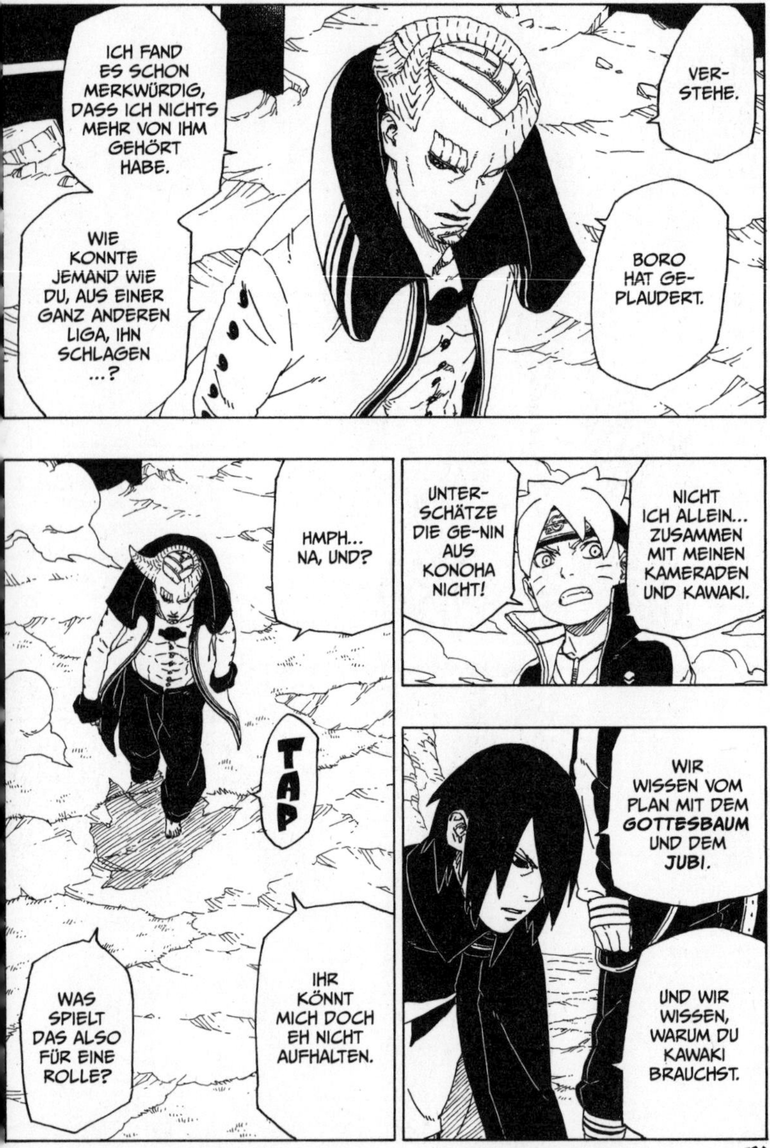
VER-STEHE.
BORO HAT GE-PLAUDERT.
ICH FAND ES SCHON MERKWÜRDIG, DASS ICH NICHTS MEHR VON IHM GEHÖRT HABE.
WIE KONNTE JEMAND WIE DU, AUS EINER GANZ ANDEREN LIGA, IHN SCHLAGEN ...?
NICHT ICH ALLEIN... ZUSAMMEN MIT MEINEN KAMERADEN UND KAWAKI.
UNTER-SCHÄTZE DIE GE-NIN AUS KONOHA NICHT!
WIR WISSEN VOM PLAN MIT DEM GOTTESBAUM UND DEM JUBI.
UND WIR WISSEN, WARUM DU KAWAKI BRAUCHST.
HMPH... NA, UND?
TAP
IHR KÖNNT MICH DOCH EH NICHT AUFHALTEN.
WAS SPIELT DAS ALSO FÜR EINE ROLLE?

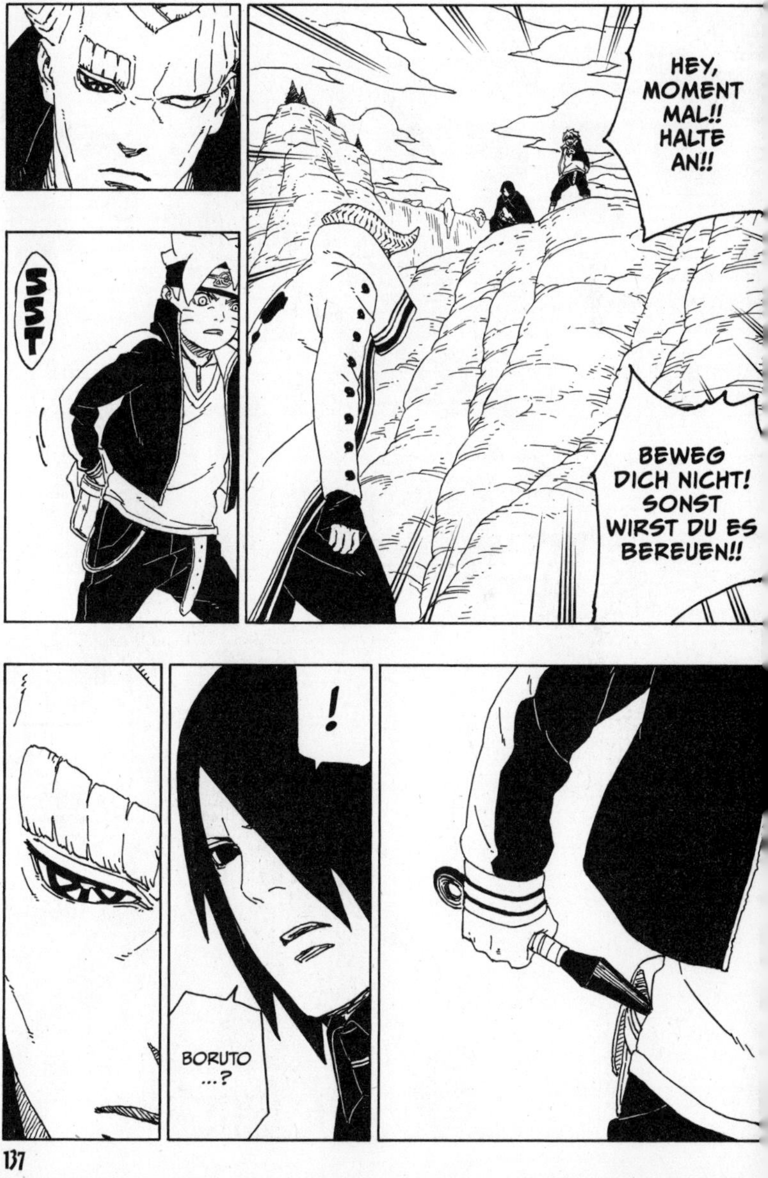
HEY, MOMENT MAL!! HALTE AN!!
BEWEG DICH NICHT! SONST WIRST DU ES BEREUEN!!
SST
!
BORUTO ...?

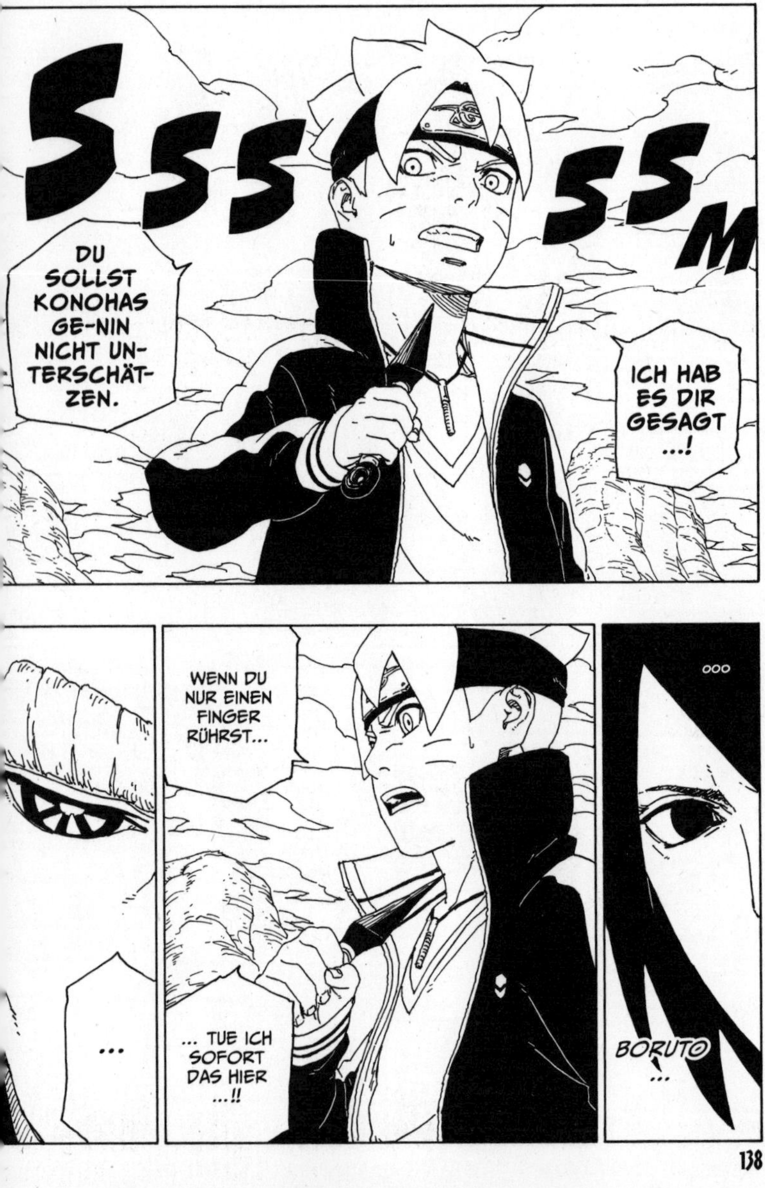
SSSSSSM
ICH HAB ES DIR GESAGT ...!
DU SOLLST KONOHAS GE-NIN NICHT UNTERSCHÄTZEN.
○○○
BORUTO ...
WENN DU NUR EINEN FINGER RÜHRST...
... TUE ICH SOFORT DAS HIER ...!!
...

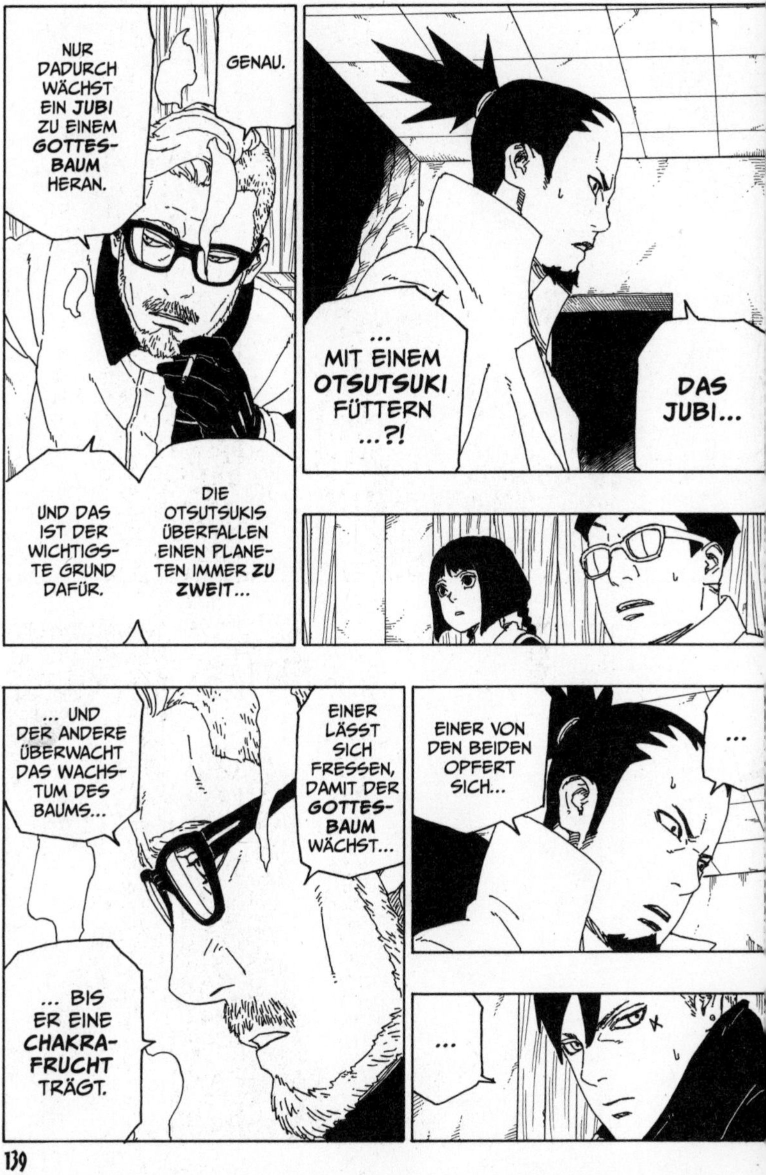
DAS JUBI...
... MIT EINEM OTSUTSUKI FÜTTERN ...?!
GENAU.
NUR DADURCH WÄCHST EIN JUBI ZU EINEM GOTTESBAUM HERAN.
DIE OTSUTSUKIS ÜBERFALLEN EINEN PLANETEN IMMER ZU ZWEIT...
UND DAS IST DER WICHTIGSTE GRUND DAFÜR.
...
EINER VON DEN BEIDEN OPFERT SICH...
...
EINER LÄSST SICH FRESSEN, DAMIT DER GOTTESBAUM WÄCHST...
... UND DER ANDERE ÜBERWACHT DAS WACHSTUM DES BAUMS...
... BIS ER EINE CHAKRAFRUCHT TRÄGT.

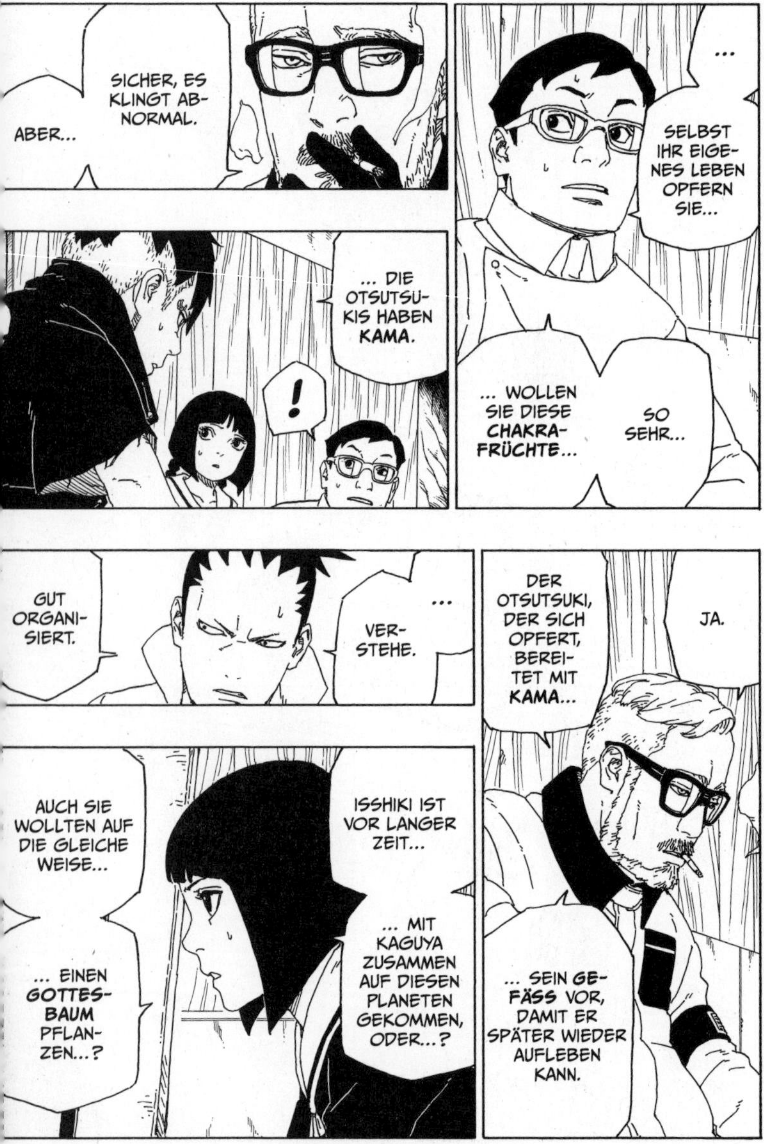
…
SELBST IHR EIGENES LEBEN OPFERN SIE…
SO SEHR…
… WOLLEN SIE DIESE CHAKRA-FRÜCHTE…
SICHER, ES KLINGT ABNORMAL.
ABER…
… DIE OTSUTSUKIS HABEN KAMA.
!
JA.
DER OTSUTSUKI, DER SICH OPFERT, BEREITET MIT KAMA…
… SEIN GEFÄSS VOR, DAMIT ER SPÄTER WIEDER AUFLEBEN KANN.
…
VERSTEHE.
GUT ORGANISIERT.
ISSHIKI IST VOR LANGER ZEIT…
… MIT KAGUYA ZUSAMMEN AUF DIESEN PLANETEN GEKOMMEN, ODER…?
AUCH SIE WOLLTEN AUF DIE GLEICHE WEISE…
… EINEN GOTTESBAUM PFLANZEN…?

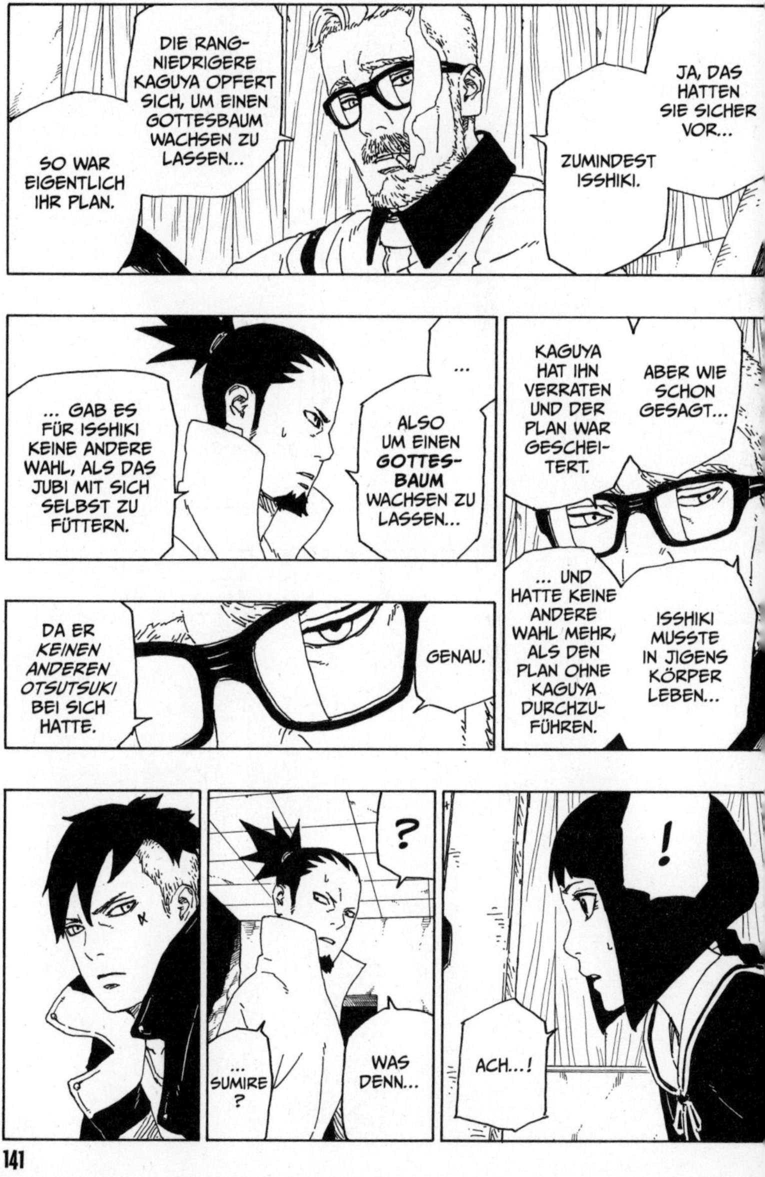
JA, DAS HATTEN SIE SICHER VOR...
ZUMINDEST ISSHIKI.
DIE RANG-NIEDRIGERE KAGUYA OPFERT SICH, UM EINEN GOTTESBAUM WACHSEN ZU LASSEN...
SO WAR EIGENTLICH IHR PLAN.
ABER WIE SCHON GESAGT...
KAGUYA HAT IHN VERRATEN UND DER PLAN WAR GESCHEITERT.
ISSHIKI MUSSTE IN JIGENS KÖRPER LEBEN...
... UND HATTE KEINE ANDERE WAHL MEHR, ALS DEN PLAN OHNE KAGUYA DURCHZUFÜHREN.
...
ALSO UM EINEN GOTTESBAUM WACHSEN ZU LASSEN...
... GAB ES FÜR ISSHIKI KEINE ANDERE WAHL, ALS DAS JUBI MIT SICH SELBST ZU FÜTTERN.
GENAU.
DA ER KEINEN ANDEREN OTSUTSUKI BEI SICH HATTE.
!
ACH...!
?
WAS DENN...
... SUMIRE ?

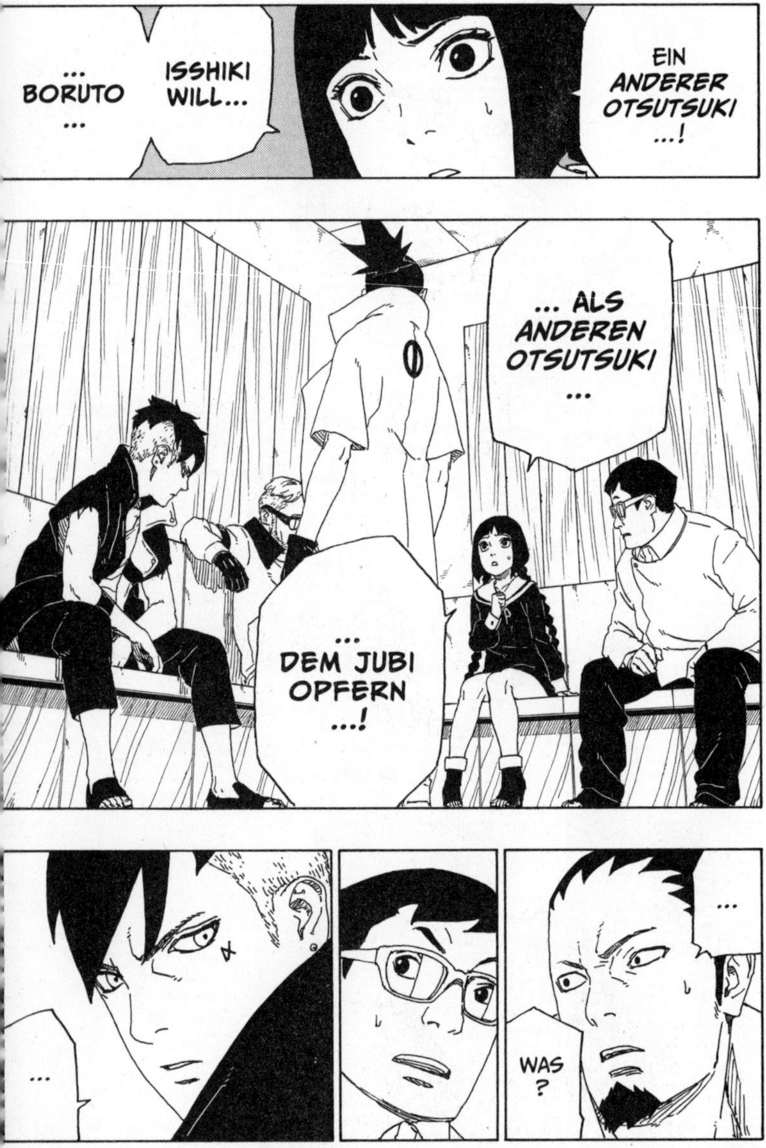
EIN ANDERER OTSUTSUKI ...!
ISSHIKI WILL...
... BORUTO ...
... ALS ANDEREN OTSUTSUKI ...
... DEM JUBI OPFERN ...!
...
WAS ?
...

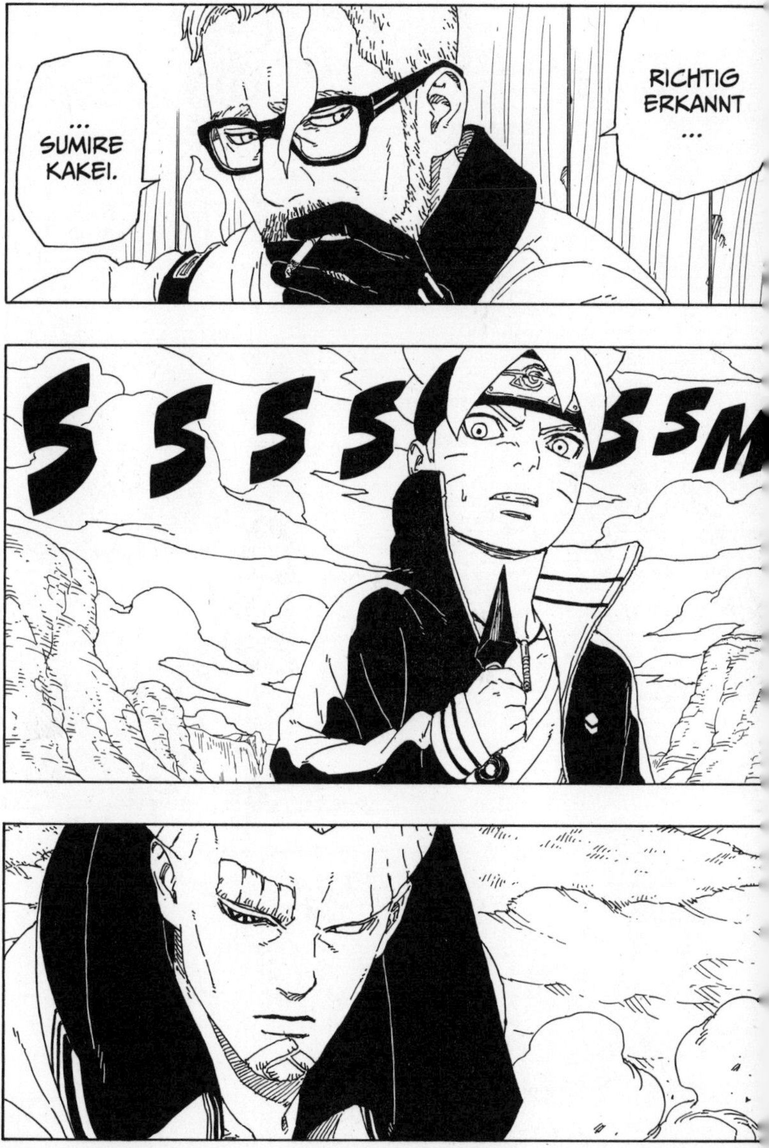
RICHTIG ERKANNT …
… SUMIRE KAKEI.
SSSSSSSM

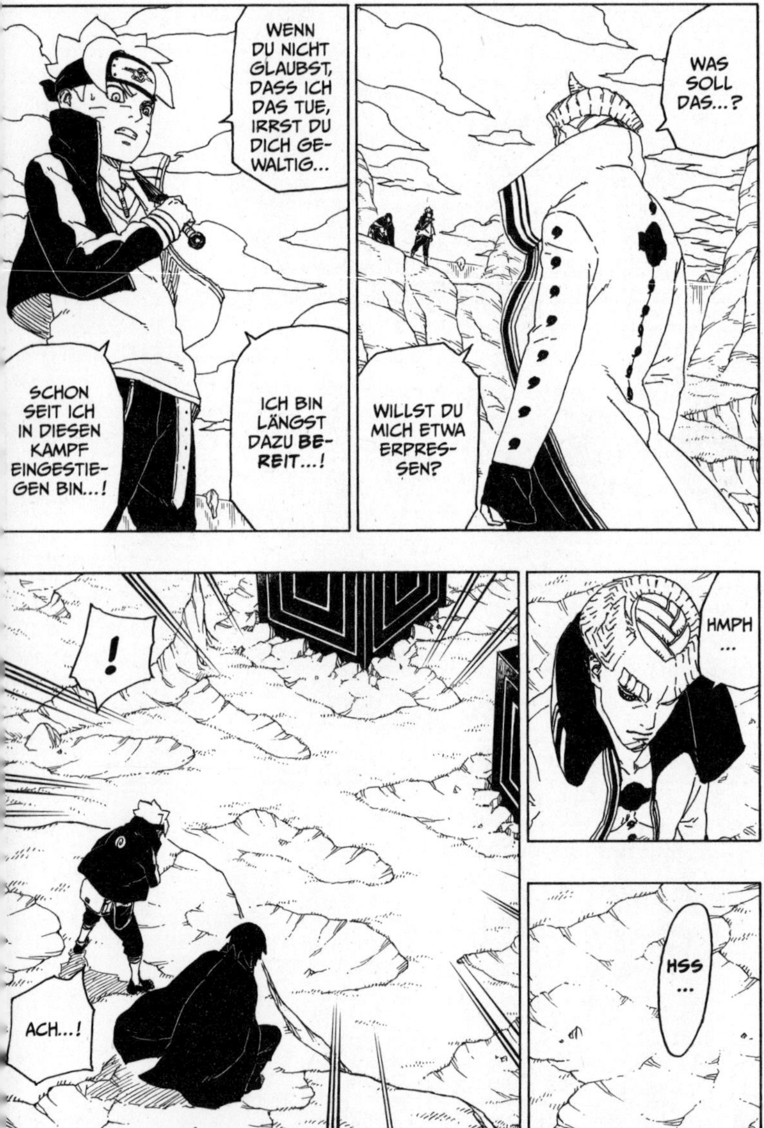
WAS SOLL DAS...?
WILLST DU MICH ETWA ERPRESSEN?
WENN DU NICHT GLAUBST, DASS ICH DAS TUE, IRRST DU DICH GEWALTIG...
ICH BIN LÄNGST DAZU BEREIT...!
SCHON SEIT ICH IN DIESEN KAMPF EINGESTIEGEN BIN...!
HMPH ...
HSS ...
!
ACH...!

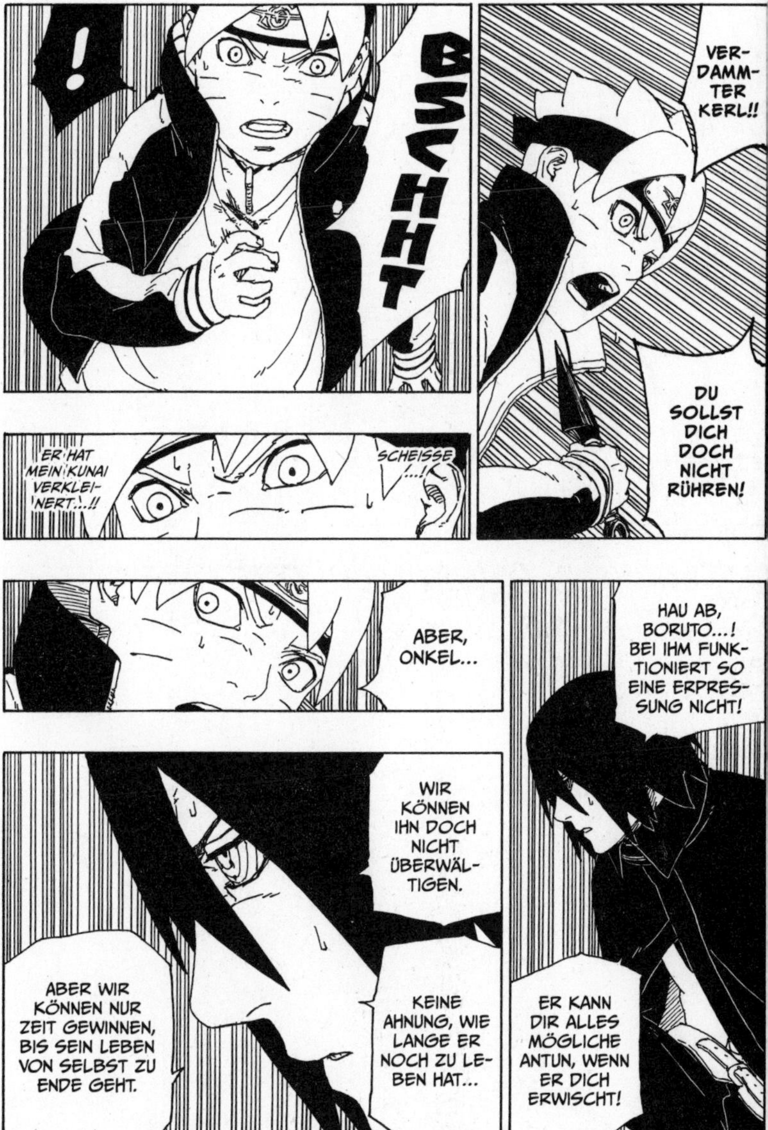
VERDAMMTER KERL!!
DU SOLLST DICH DOCH NICHT RÜHREN!
!
BSCHHT
SCHEISSE ...!
ER HAT MEIN KUNAI VERKLEINERT...!!
HAU AB, BORUTO...! BEI IHM FUNKTIONIERT SO EINE ERPRESSUNG NICHT!
ER KANN DIR ALLES MÖGLICHE ANTUN, WENN ER DICH ERWISCHT!
ABER, ONKEL...
WIR KÖNNEN IHN DOCH NICHT ÜBERWÄLTIGEN.
KEINE AHNUNG, WIE LANGE ER NOCH ZU LEBEN HAT...
ABER WIR KÖNNEN NUR ZEIT GEWINNEN, BIS SEIN LEBEN VON SELBST ZU ENDE GEHT.

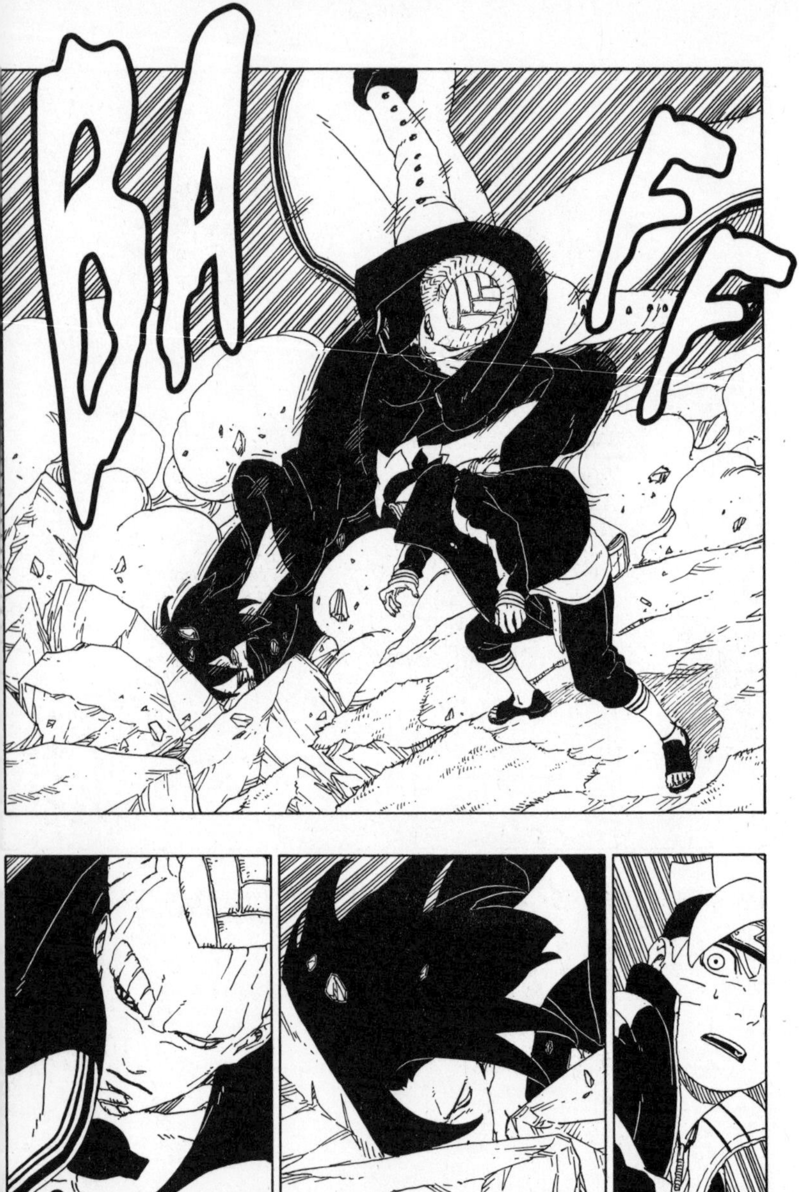
BAFF

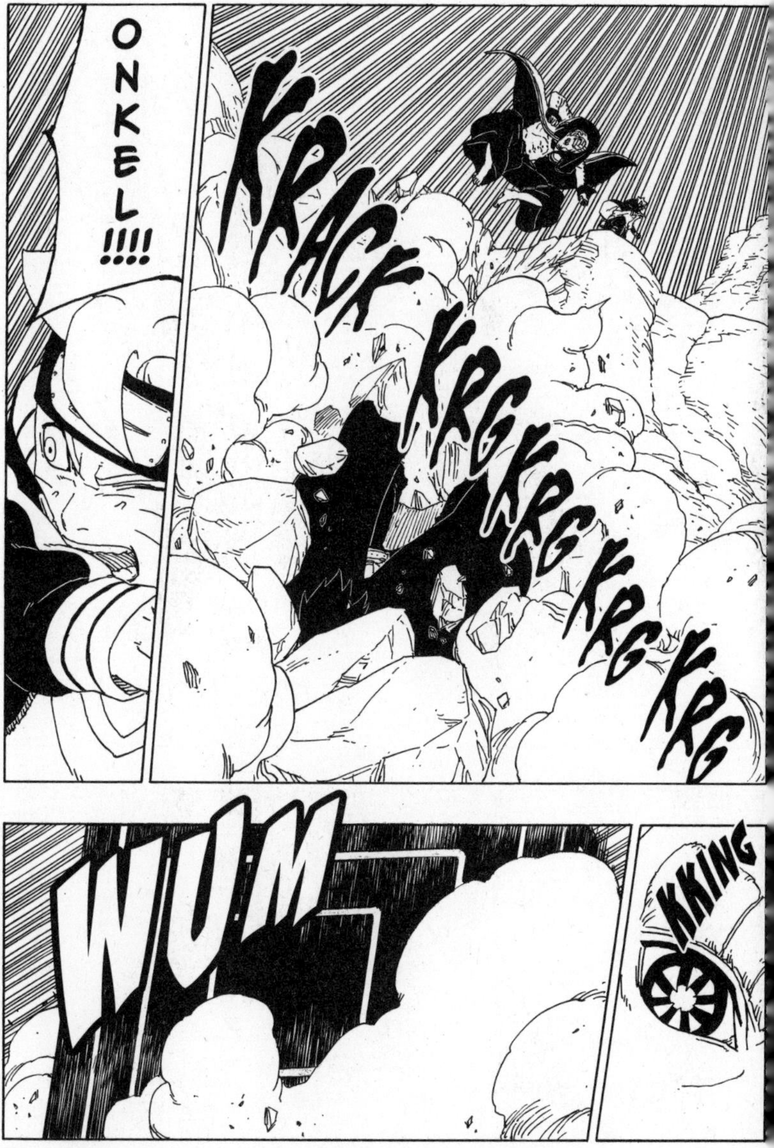
KRACK KRG KRG KRG KRG KRG KRG
ONKEL!!!!
KKING
WUM

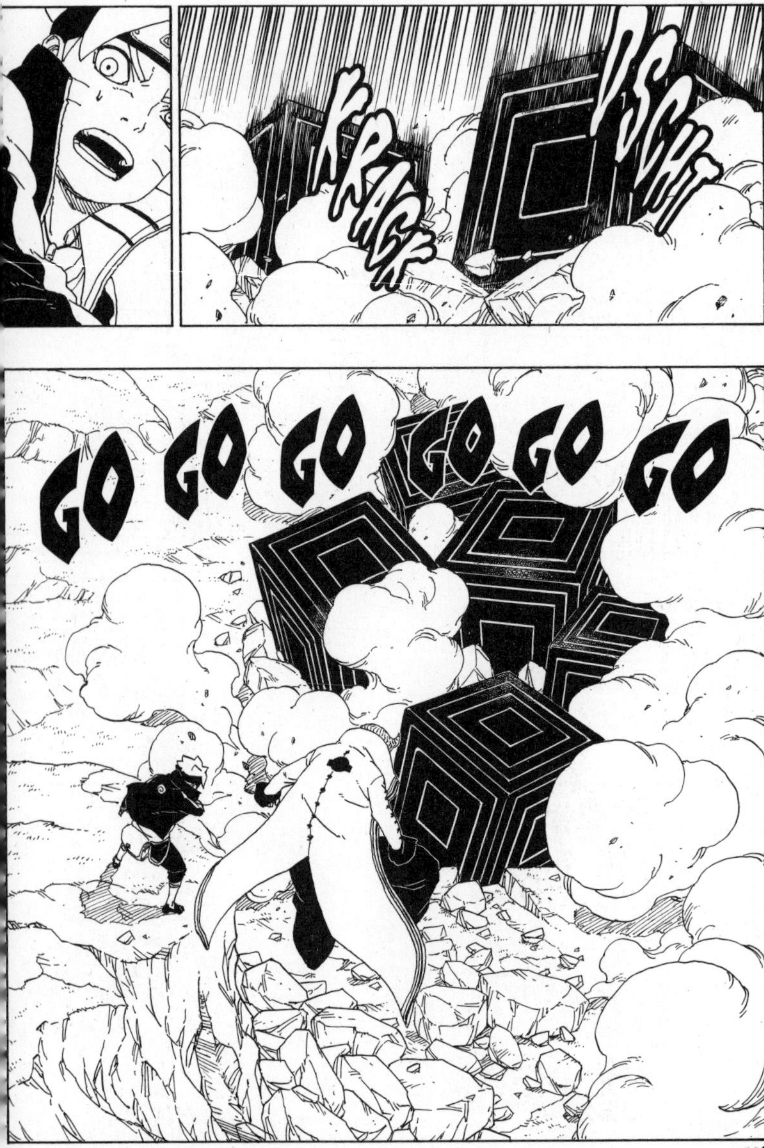
DSCHT
KRACK
GO GO GO GO GO GO GO

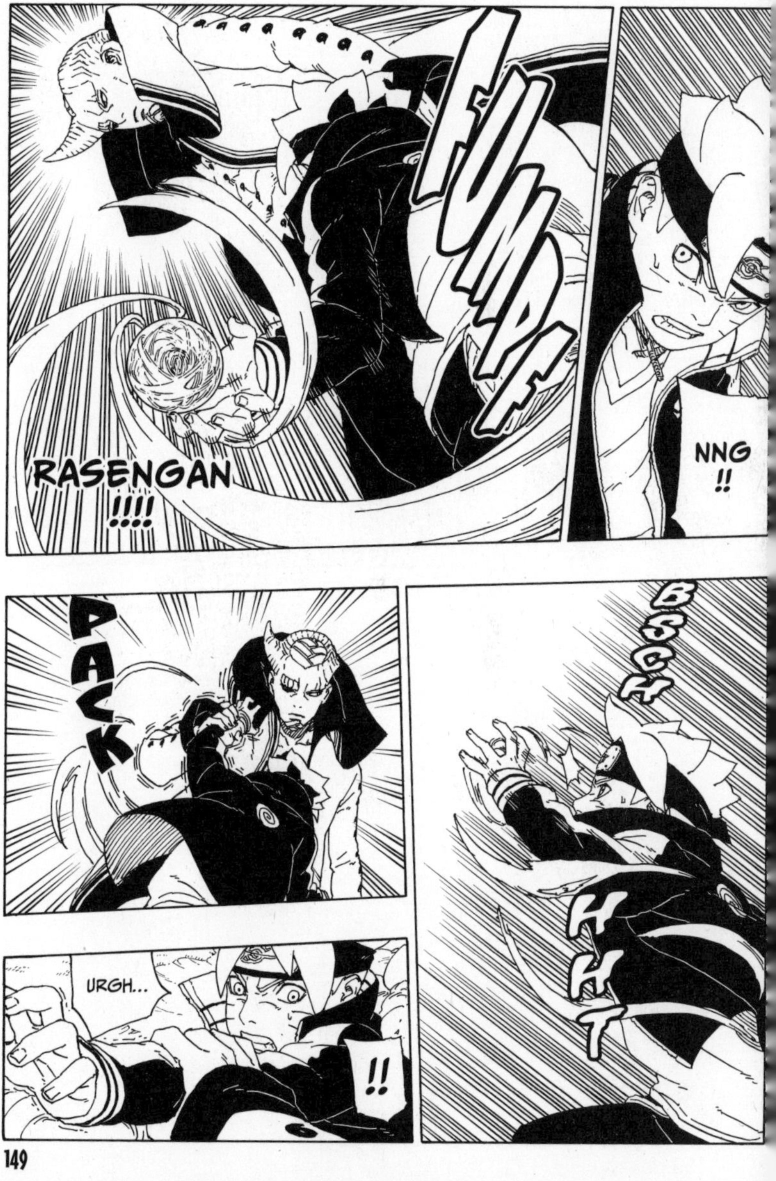
NNG !!
FUMPF
RASENGAN !!!!
BSCH
HHT
PACK
!!
URGH...

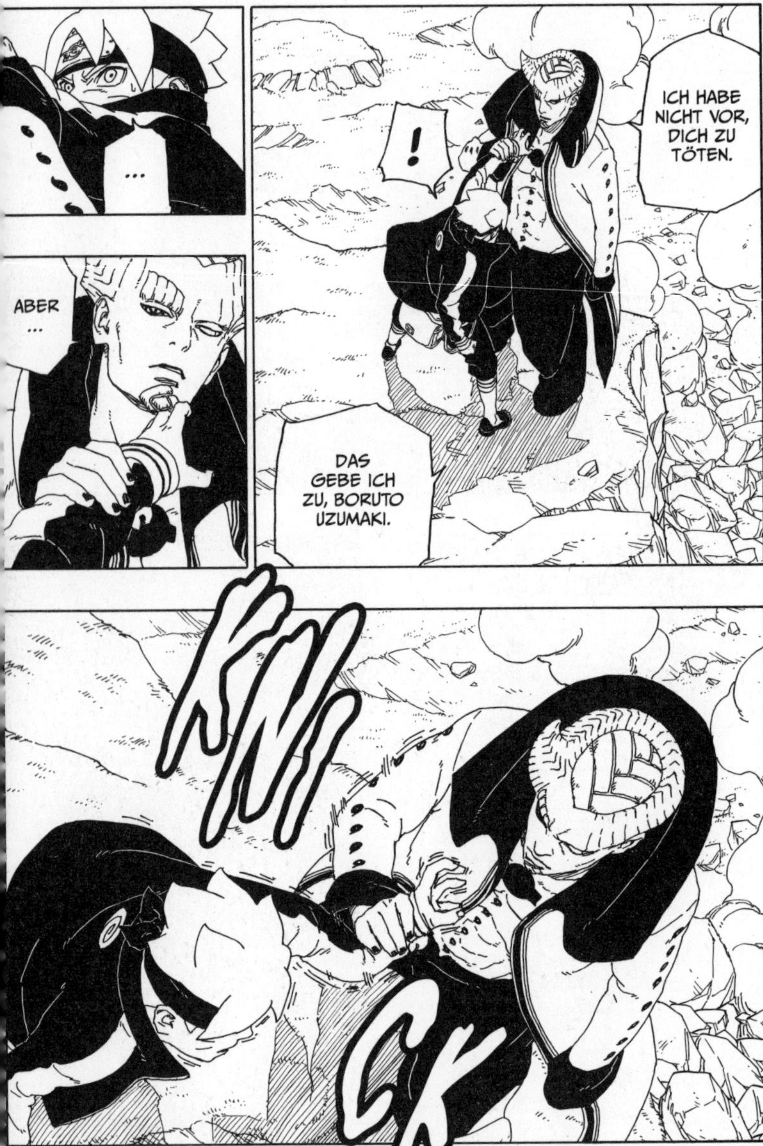
ICH HABE NICHT VOR, DICH ZU TÖTEN.
!
...
ABER ...
DAS GEBE ICH ZU, BORUTO UZUMAKI.

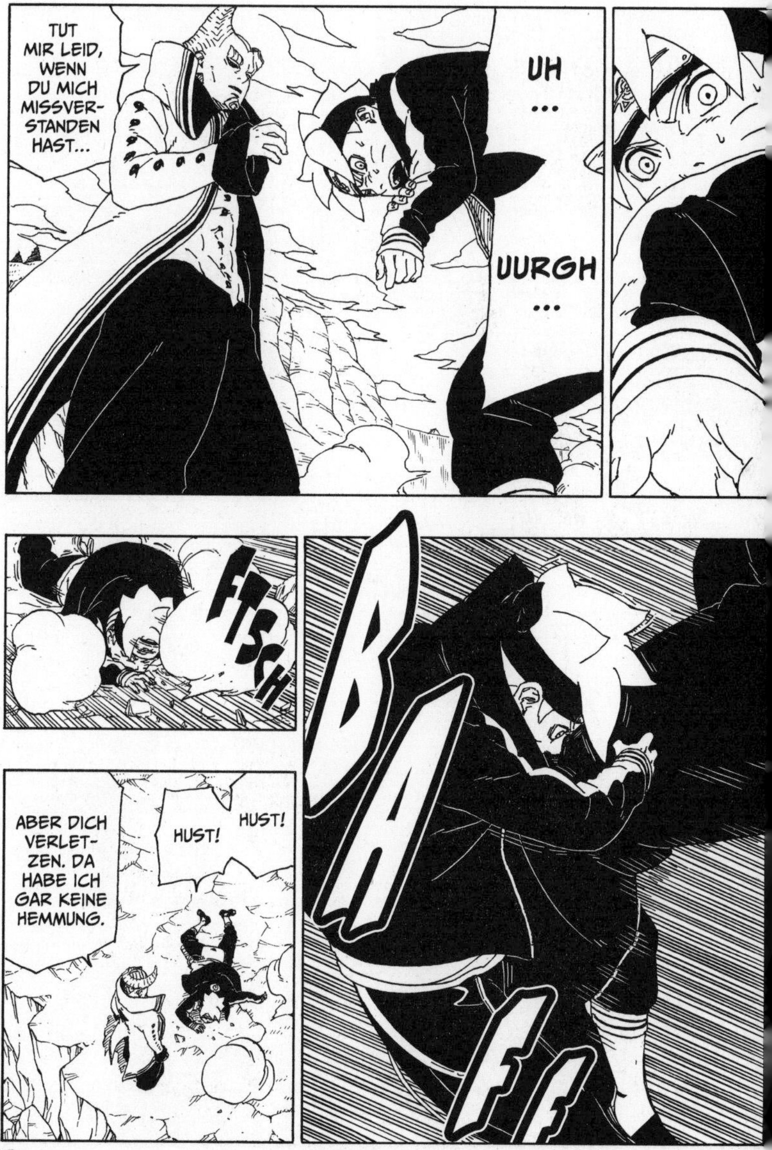
UH ...
UURGH ...
TUT MIR LEID, WENN DU MICH MISSVERSTANDEN HAST...
BAFF
FTSCH
HUST!
HUST!
ABER DICH VERLETZEN. DA HABE ICH GAR KEINE HEMMUNG.

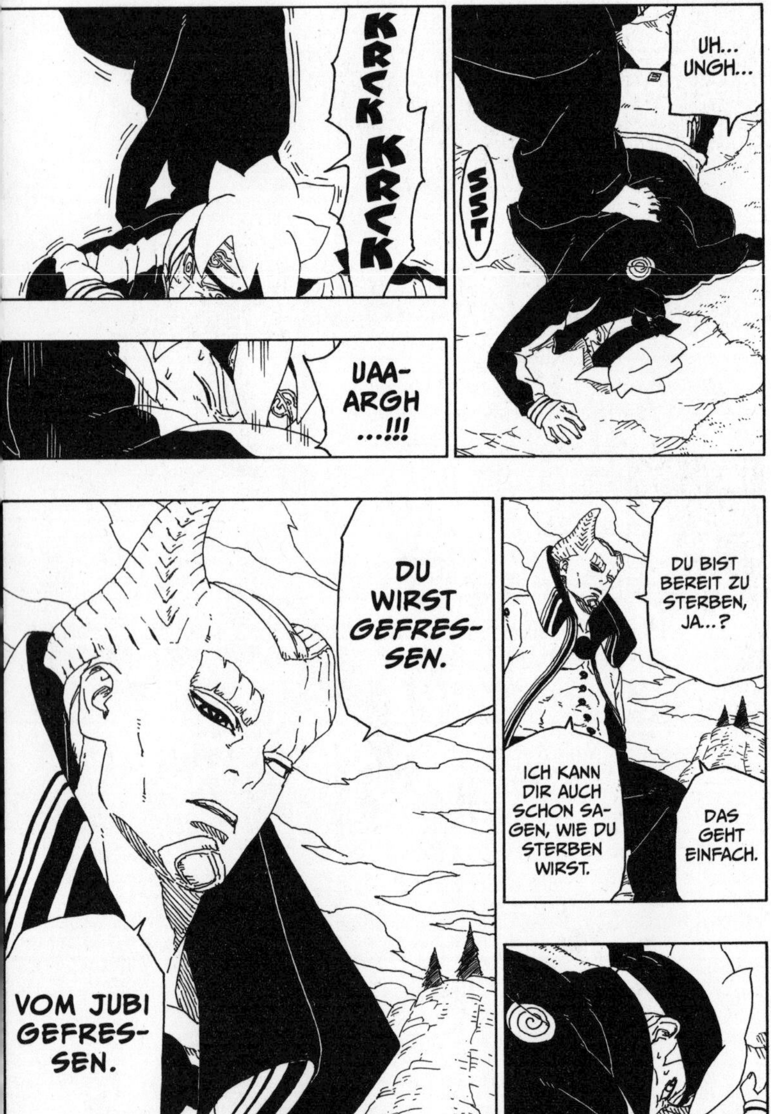
UH... UNGH...
SST
KRCK KRCK
UAA-ARGH ...!!!
DU BIST BEREIT ZU STERBEN, JA...?
DAS GEHT EINFACH.
ICH KANN DIR AUCH SCHON SA-GEN, WIE DU STERBEN WIRST.
DU WIRST GEFRES-SEN.
VOM JUBI GEFRES-SEN.

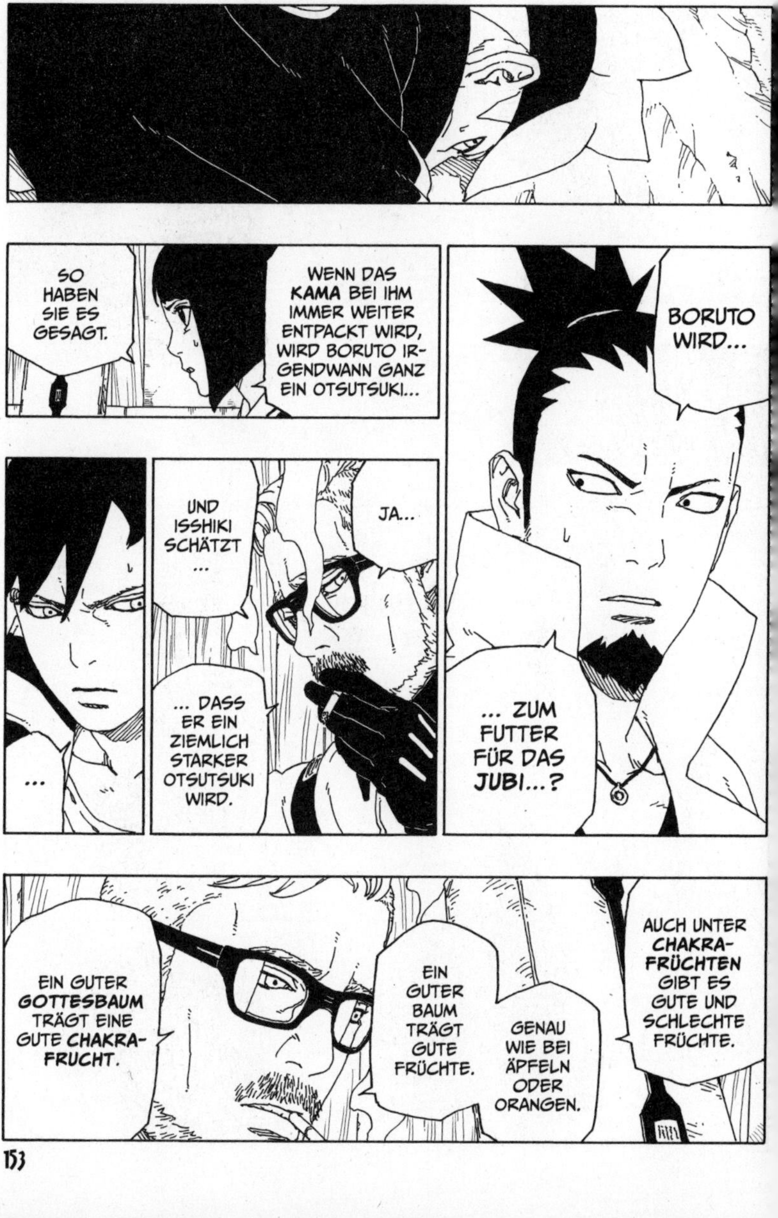
BORUTO WIRD...
... ZUM FUTTER FÜR DAS JUBI...?
WENN DAS KAMA BEI IHM IMMER WEITER ENTPACKT WIRD, WIRD BORUTO IRGENDWANN GANZ EIN OTSUTSUKI...
SO HABEN SIE ES GESAGT.
JA...
UND ISSHIKI SCHÄTZT ...
... DASS ER EIN ZIEMLICH STARKER OTSUTSUKI WIRD.
...
AUCH UNTER CHAKRAFRÜCHTEN GIBT ES GUTE UND SCHLECHTE FRÜCHTE.
GENAU WIE BEI ÄPFELN ODER ORANGEN.
EIN GUTER BAUM TRÄGT GUTE FRÜCHTE.
EIN GUTER GOTTESBAUM TRÄGT EINE GUTE CHAKRAFRUCHT.

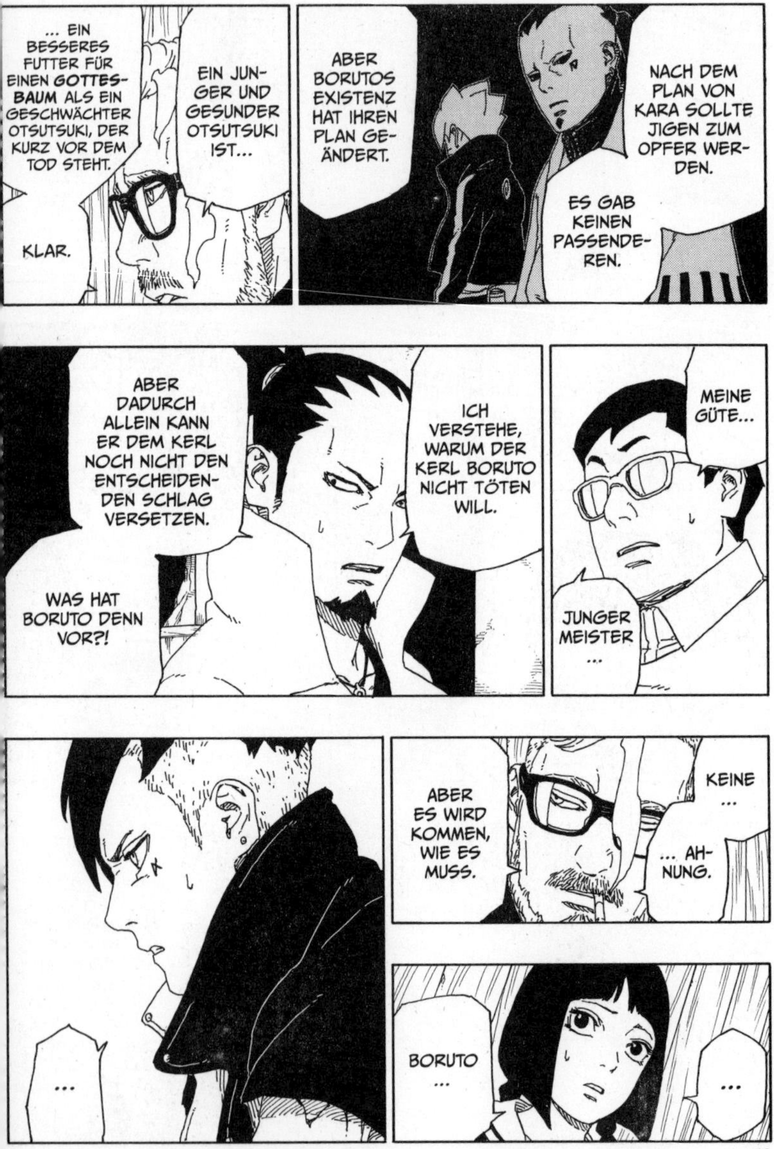
NACH DEM PLAN VON KARA SOLLTE JIGEN ZUM OPFER WERDEN.
ES GAB KEINEN PASSENDEREN.
ABER BORUTOS EXISTENZ HAT IHREN PLAN GEÄNDERT.
EIN JUNGER UND GESUNDER OTSUTSUKI IST...
... EIN BESSERES FUTTER FÜR EINEN GOTTESBAUM ALS EIN GESCHWÄCHTER OTSUTSUKI, DER KURZ VOR DEM TOD STEHT.
KLAR.
MEINE GÜTE...
JUNGER MEISTER ...
ICH VERSTEHE, WARUM DER KERL BORUTO NICHT TÖTEN WILL.
ABER DADURCH ALLEIN KANN ER DEM KERL NOCH NICHT DEN ENTSCHEIDENDEN SCHLAG VERSETZEN.
WAS HAT BORUTO DENN VOR?!
KEINE ...
... AHNUNG.
ABER ES WIRD KOMMEN, WIE ES MUSS.
...
BORUTO ...
...

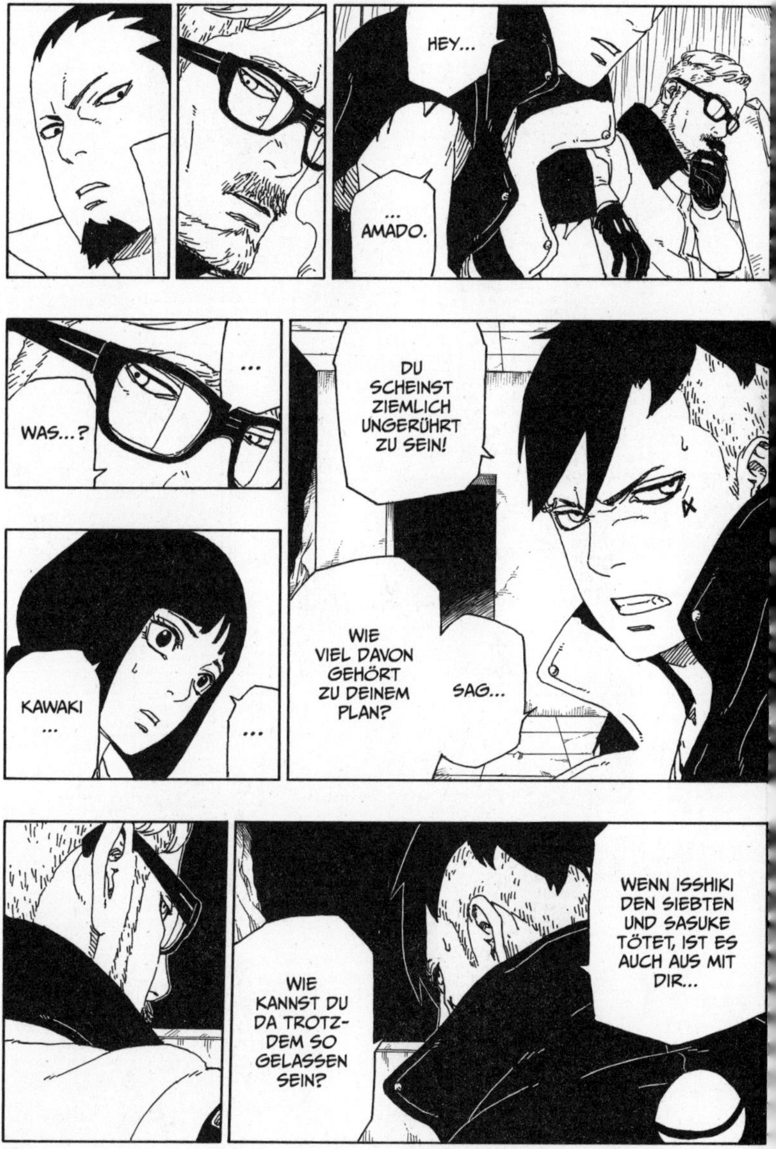
HEY...
... AMADO.
DU SCHEINST ZIEMLICH UNGERÜHRT ZU SEIN!
SAG...
WIE VIEL DAVON GEHÖRT ZU DEINEM PLAN?
...
WAS...?
...
KAWAKI ...
WENN ISSHIKI DEN SIEBTEN UND SASUKE TÖTET, IST ES AUCH AUS MIT DIR...
WIE KANNST DU DA TROTZ-DEM SO GELASSEN SEIN?

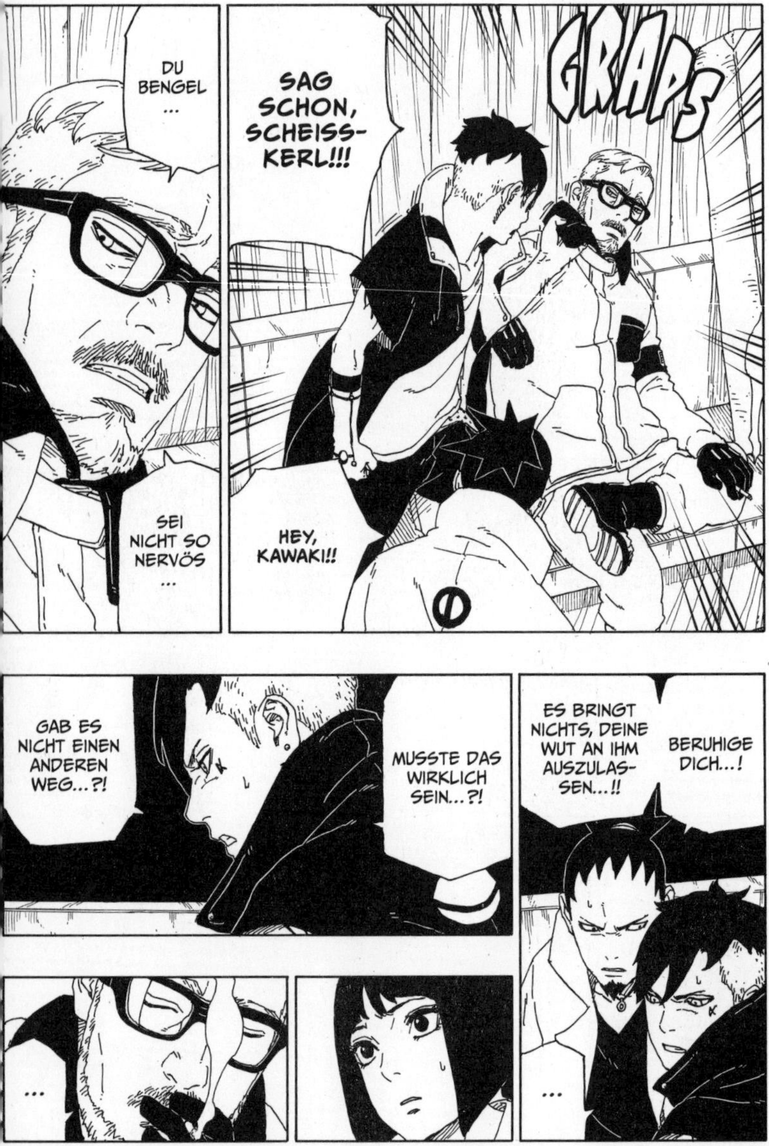
GRAPS
SAG SCHON, SCHEISS-KERL!!!
HEY, KAWAKI!!
DU BENGEL ...
SEI NICHT SO NERVÖS ...
BERUHIGE DICH...!
ES BRINGT NICHTS, DEINE WUT AN IHM AUSZULAS-SEN...!!
MUSSTE DAS WIRKLICH SEIN...?!
GAB ES NICHT EINEN ANDEREN WEG...?!
...
...

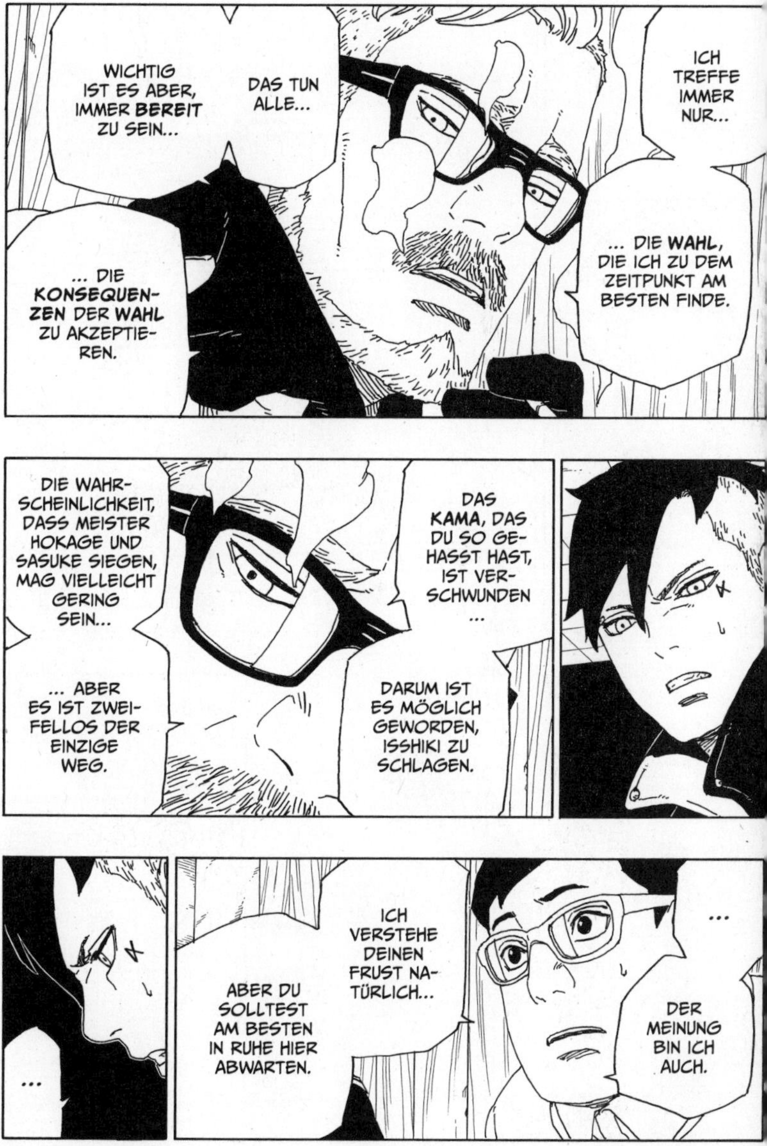
ICH TREFFE IMMER NUR...
... DIE WAHL, DIE ICH ZU DEM ZEITPUNKT AM BESTEN FINDE.
DAS TUN ALLE...
WICHTIG IST ES ABER, IMMER BEREIT ZU SEIN...
... DIE KONSEQUENZEN DER WAHL ZU AKZEPTIEREN.
DAS KAMA, DAS DU SO GEHASST HAST, IST VERSCHWUNDEN ...
DARUM IST ES MÖGLICH GEWORDEN, ISSHIKI ZU SCHLAGEN.
DIE WAHRSCHEINLICHKEIT, DASS MEISTER HOKAGE UND SASUKE SIEGEN, MAG VIELLEICHT GERING SEIN...
... ABER ES IST ZWEIFELLOS DER EINZIGE WEG.
...
DER MEINUNG BIN ICH AUCH.
ICH VERSTEHE DEINEN FRUST NATÜRLICH...
ABER DU SOLLTEST AM BESTEN IN RUHE HIER ABWARTEN.
...

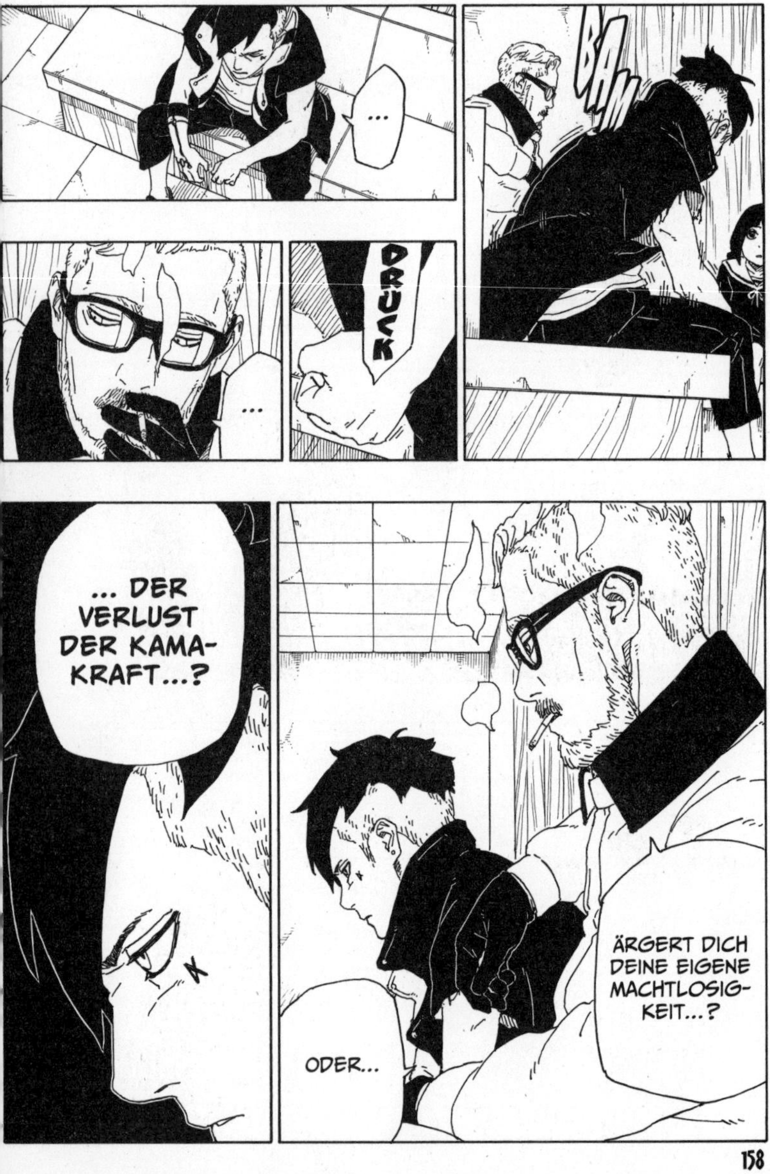
BAM
...
DRÜCK
...
ÄRGERT DICH DEINE EIGENE MACHTLOSIG- KEIT...?
ODER...
... DER VERLUST DER KAMA- KRAFT...?

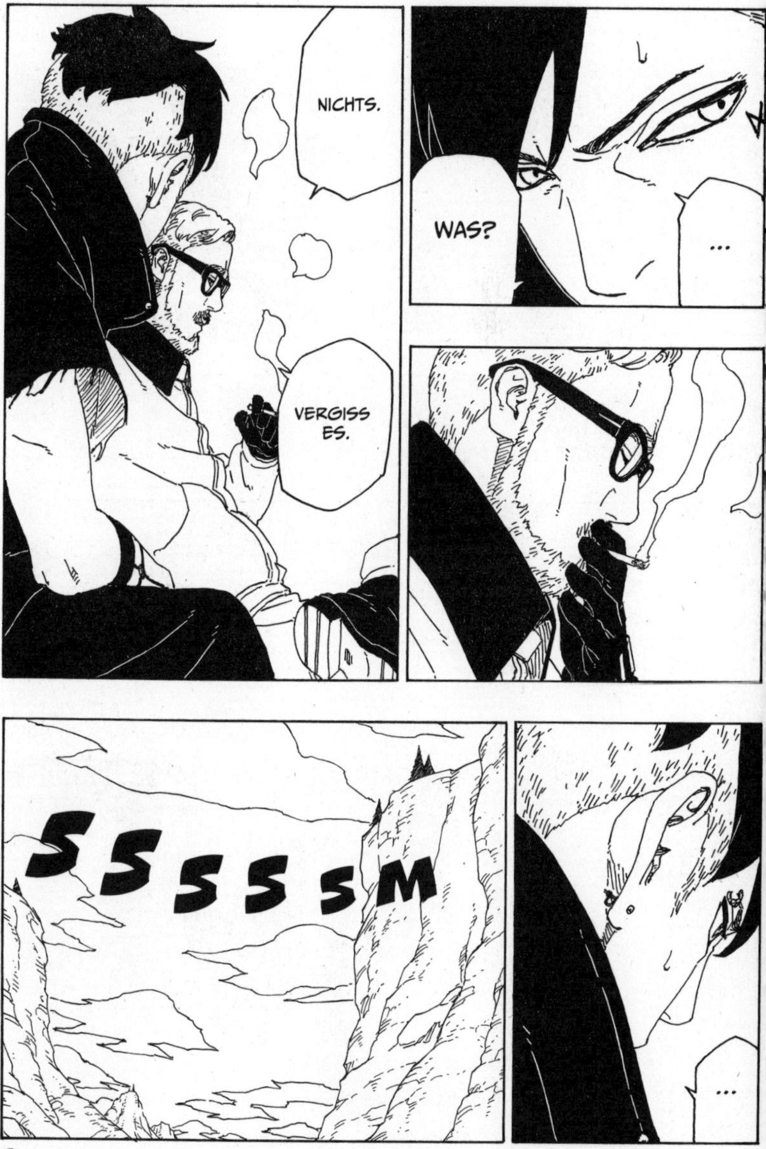
...
WAS?
NICHTS.
VERGISS ES.
...
SSSSSM

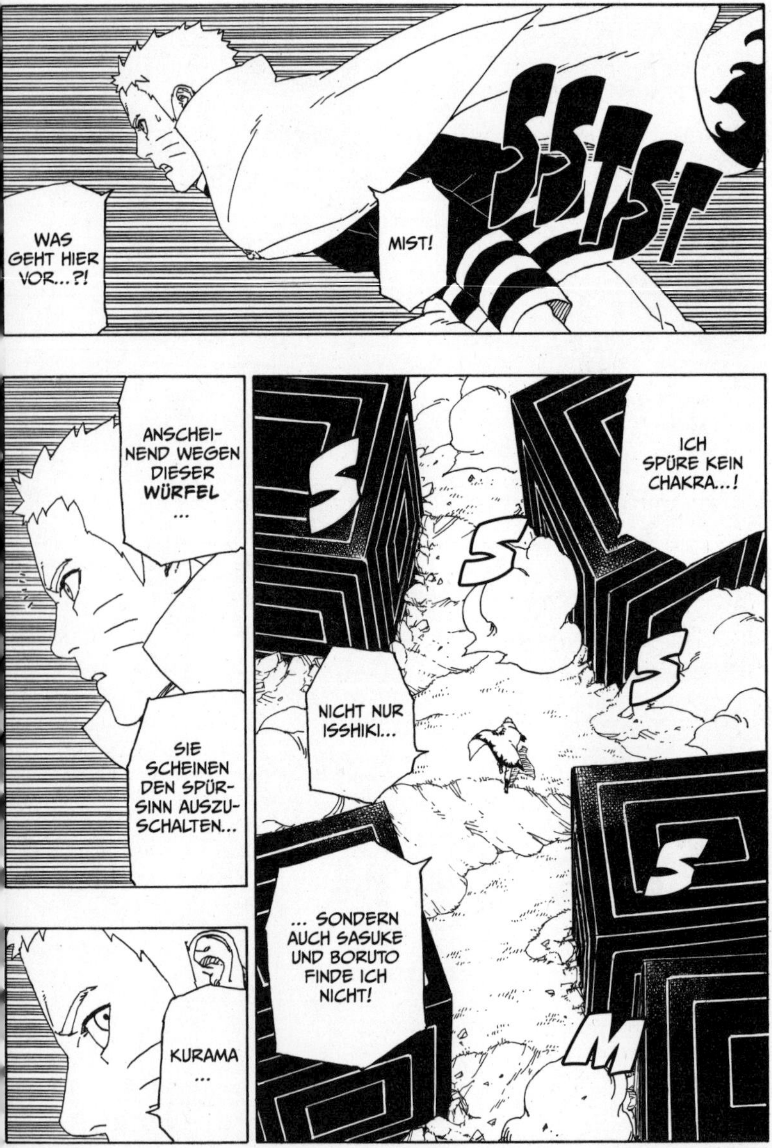
MIST!
WAS GEHT HIER VOR...?!
ICH SPÜRE KEIN CHAKRA...!
NICHT NUR ISSHIKI...
... SONDERN AUCH SASUKE UND BORUTO FINDE ICH NICHT!
ANSCHEINEND WEGEN DIESER WÜRFEL ...
SIE SCHEINEN DEN SPÜRSINN AUSZUSCHALTEN...
KURAMA ...

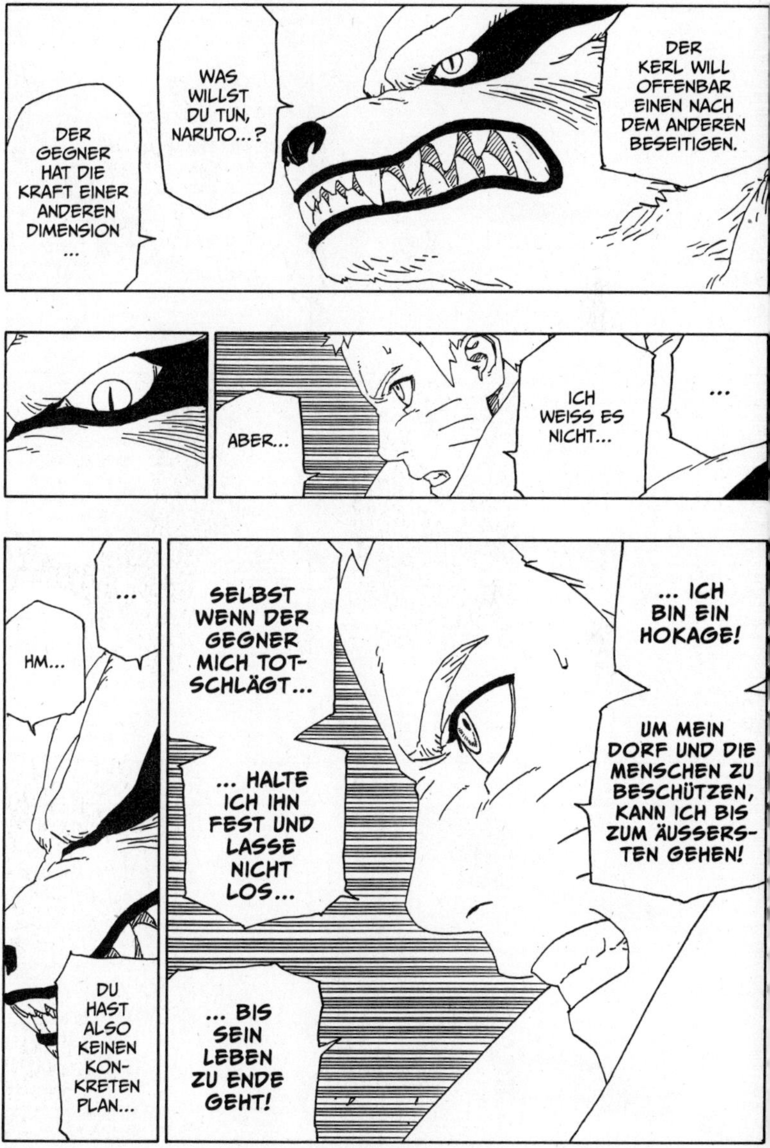
DER KERL WILL OFFENBAR EINEN NACH DEM ANDEREN BESEITIGEN.
WAS WILLST DU TUN, NARUTO...?
DER GEGNER HAT DIE KRAFT EINER ANDEREN DIMENSION ...
...
ICH WEISS ES NICHT...
ABER...
... ICH BIN EIN HOKAGE!
UM MEIN DORF UND DIE MENSCHEN ZU BESCHÜTZEN, KANN ICH BIS ZUM ÄUSSERS-TEN GEHEN!
SELBST WENN DER GEGNER MICH TOT-SCHLÄGT...
... HALTE ICH IHN FEST UND LASSE NICHT LOS...
... BIS SEIN LEBEN ZU ENDE GEHT!
...
HM...
DU HAST ALSO KEINEN KON-KRETEN PLAN...

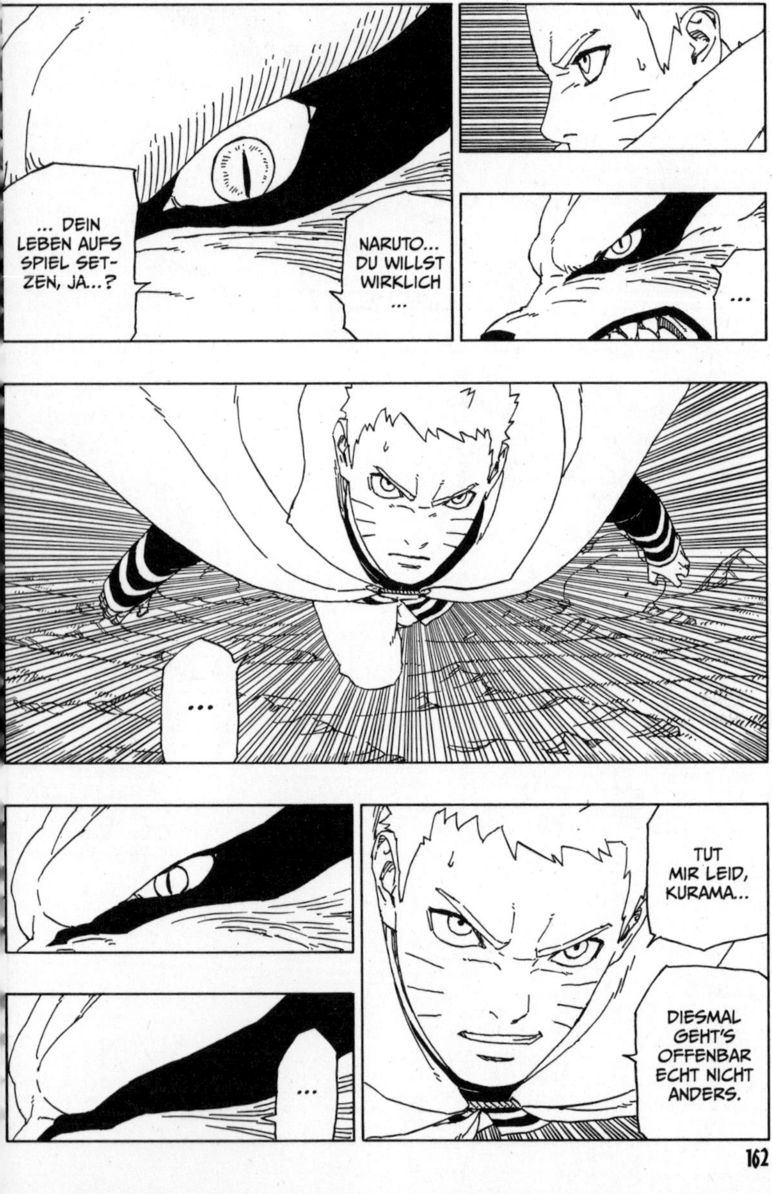
...
NARUTO... DU WILLST WIRKLICH ...
... DEIN LEBEN AUFS SPIEL SETZEN, JA...?
...
TUT MIR LEID, KURAMA...
DIESMAL GEHT'S OFFENBAR ECHT NICHT ANDERS.
...

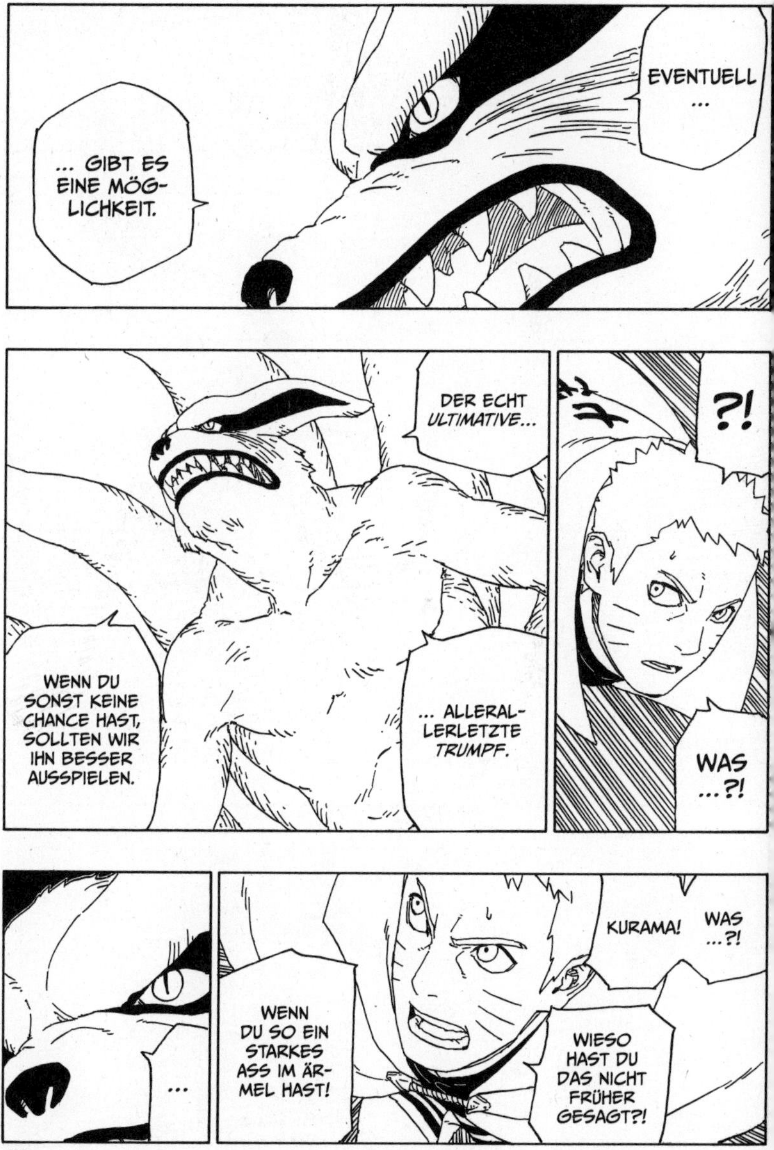
EVENTUELL ...
... GIBT ES EINE MÖG-LICHKEIT.
?!
WAS ...?!
DER ECHT *ULTIMATIVE*...
... ALLERAL-LERLETZTE *TRUMPF*.
WENN DU SONST KEINE CHANCE HAST, SOLLTEN WIR IHN BESSER AUSSPIELEN.
WAS ...?!
KURAMA!
WIESO HAST DU DAS NICHT FRÜHER GESAGT?!
WENN DU SO EIN STARKES ASS IM ÄR-MEL HAST!
...

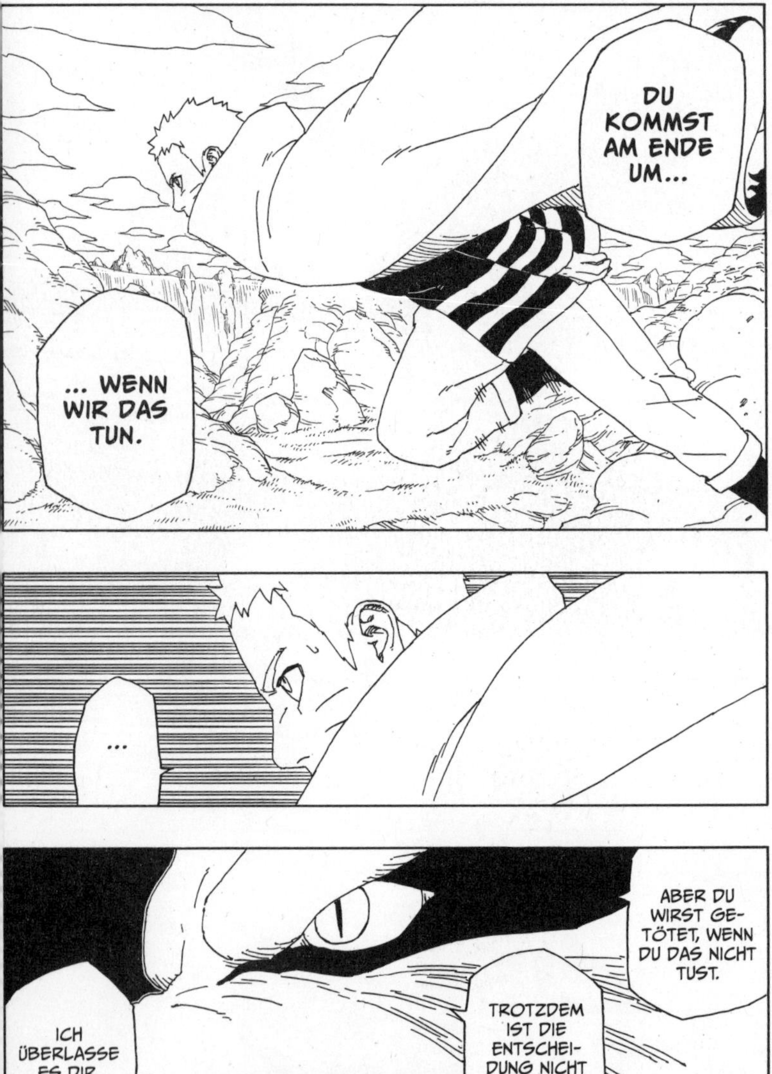
DU KOMMST AM ENDE UM...
... WENN WIR DAS TUN.
...
ABER DU WIRST GE-TÖTET, WENN DU DAS NICHT TUST.
TROTZDEM IST DIE ENTSCHEI-DUNG NICHT LEICHT.
ICH ÜBERLASSE ES DIR.

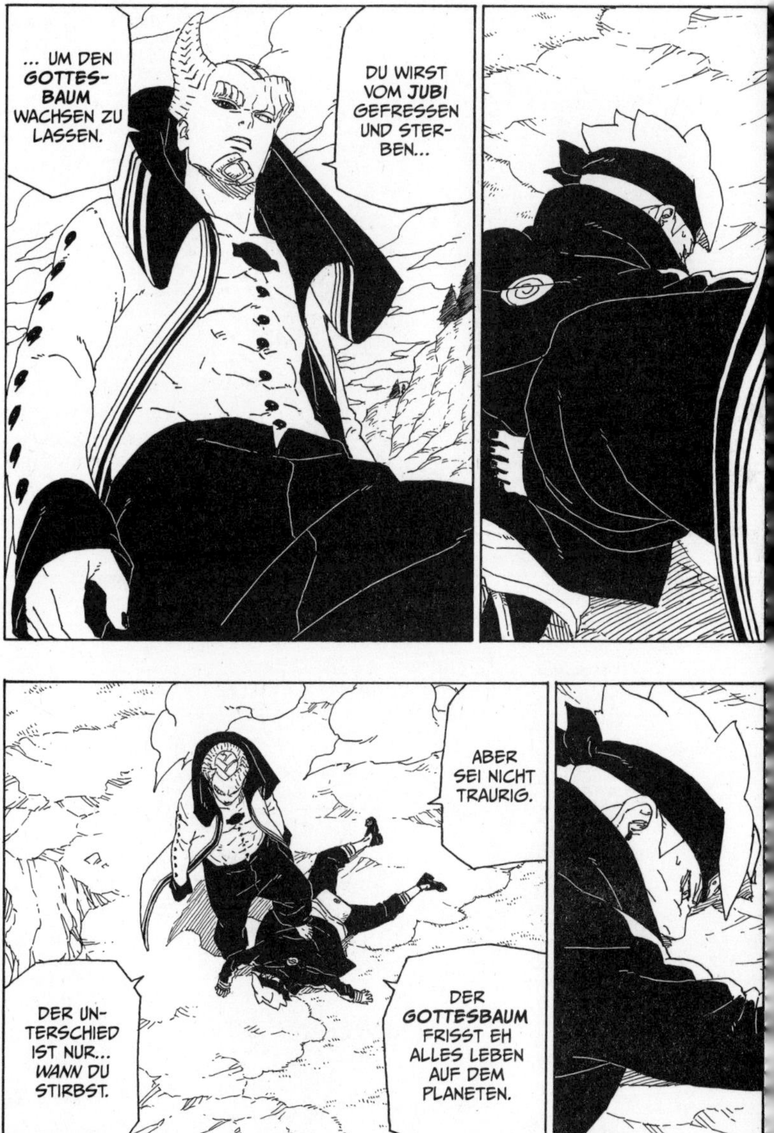
DU WIRST VOM JUBI GEFRESSEN UND STER-BEN...
... UM DEN GOTTES-BAUM WACHSEN ZU LASSEN.
ABER SEI NICHT TRAURIG.
DER GOTTESBAUM FRISST EH ALLES LEBEN AUF DEM PLANETEN.
DER UN-TERSCHIED IST NUR... WANN DU STIRBST.

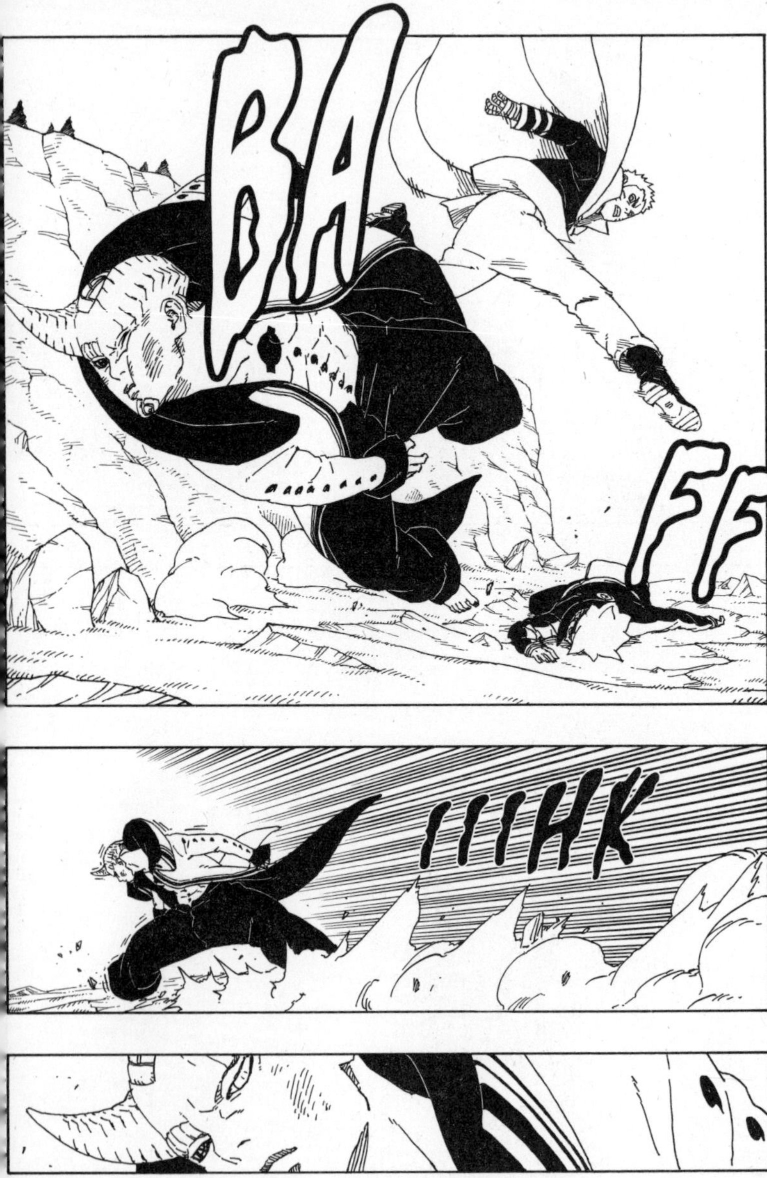
BA
FF
IIIHK

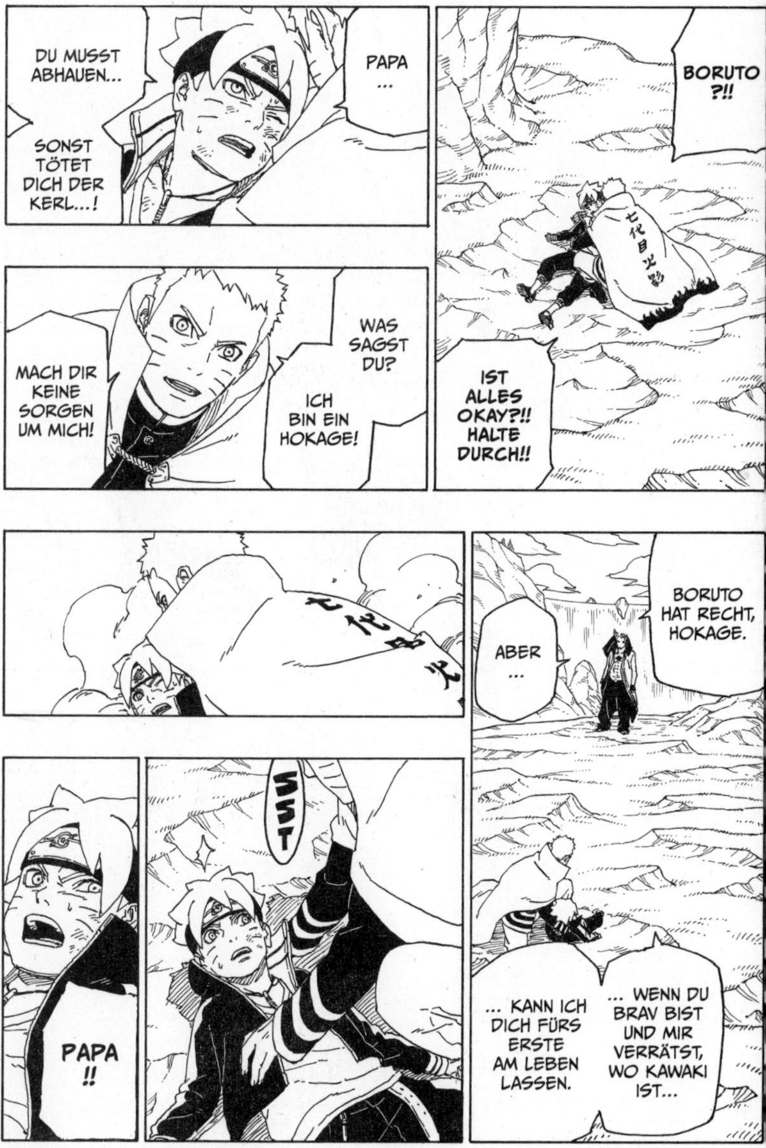
BORUTO ?!!
IST ALLES OKAY?!! HALTE DURCH!!
PAPA ...
DU MUSST ABHAUEN...
SONST TÖTET DICH DER KERL...!
WAS SAGST DU?
ICH BIN EIN HOKAGE!
MACH DIR KEINE SORGEN UM MICH!
BORUTO HAT RECHT, HOKAGE.
ABER ...
... WENN DU BRAV BIST UND MIR VERRÄTST, WO KAWAKI IST...
... KANN ICH DICH FÜRS ERSTE AM LEBEN LASSEN.
SST
PAPA !!

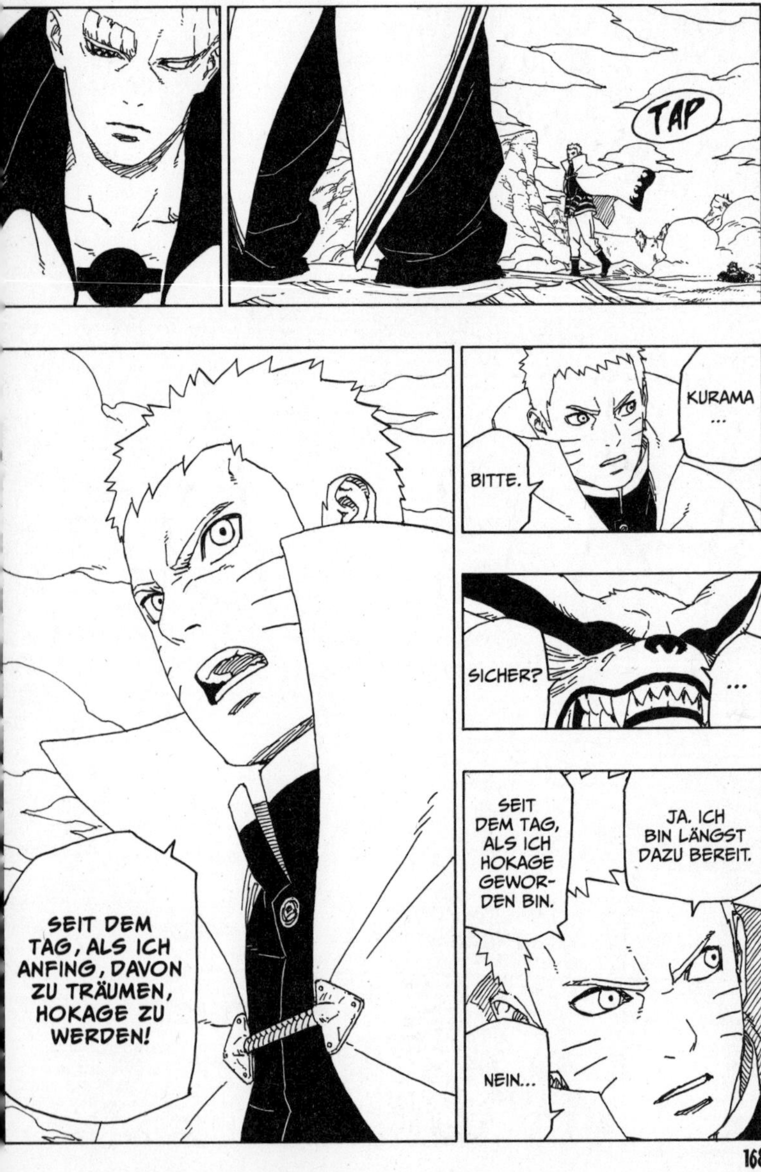
TAP
KURAMA ...
BITTE.
...
SICHER?
JA. ICH BIN LÄNGST DAZU BEREIT.
SEIT DEM TAG, ALS ICH HOKAGE GEWORDEN BIN.
NEIN...
SEIT DEM TAG, ALS ICH ANFING, DAVON ZU TRÄUMEN, HOKAGE ZU WERDEN!

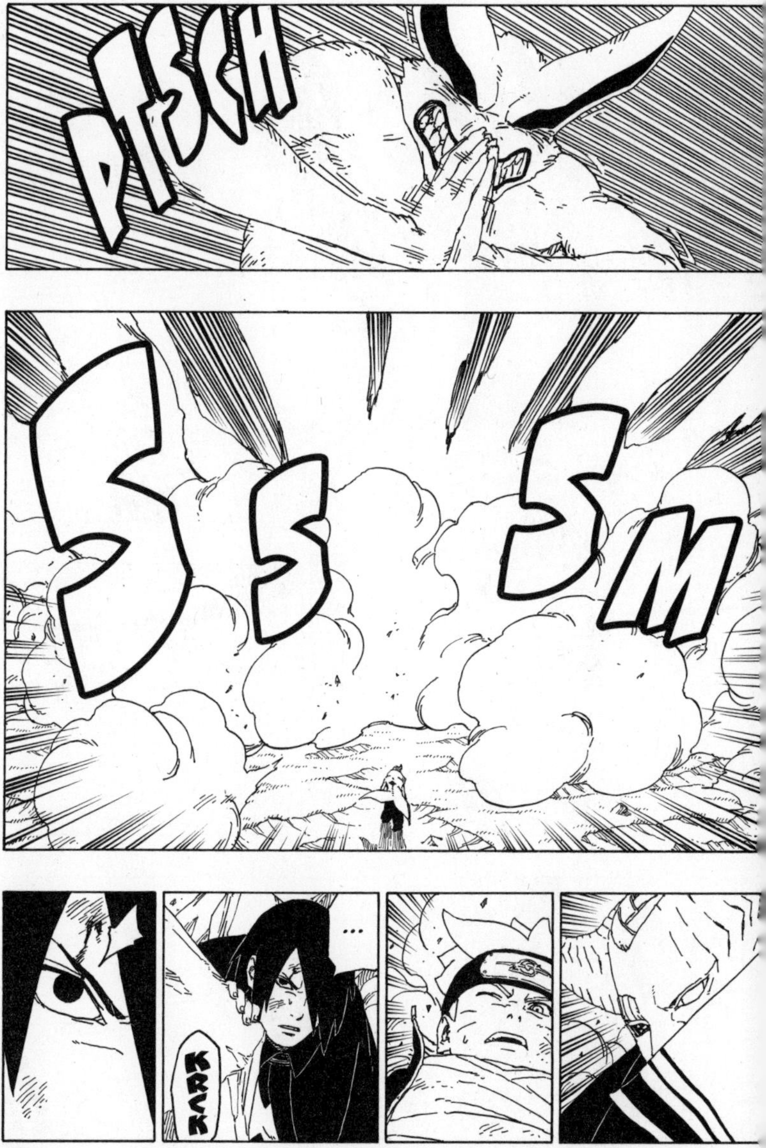

PTSCH
SSSSM
...
KRCK

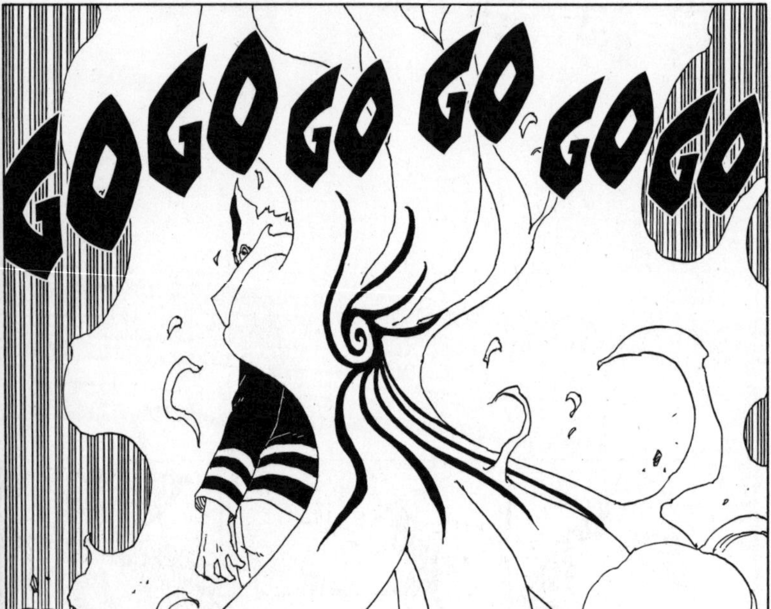
GOGOGO GO GOGO

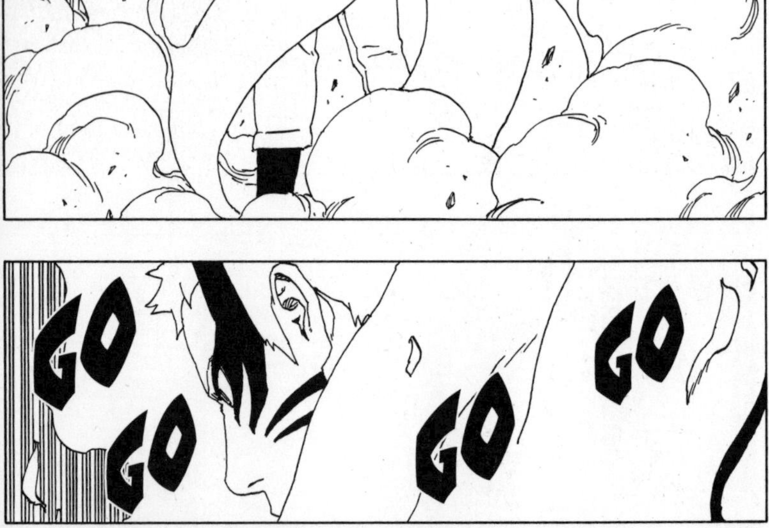
GO
GO
GO
GO

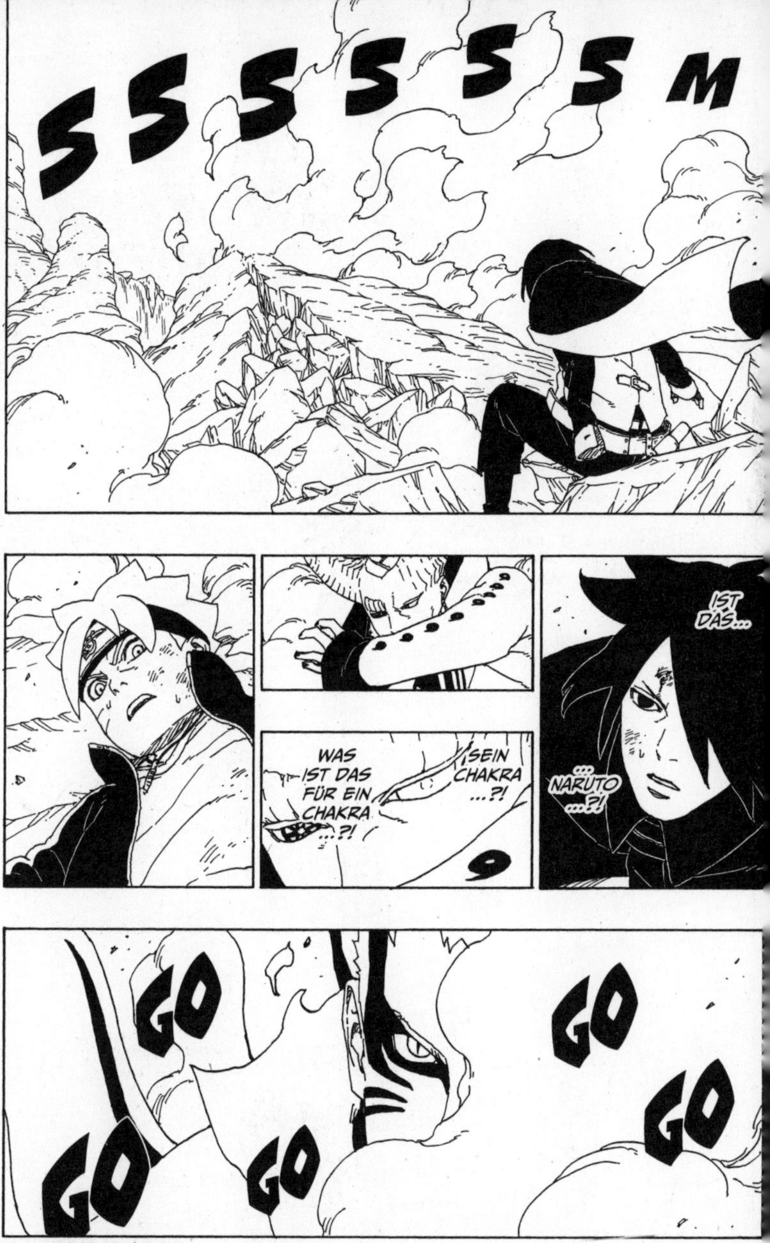
SSSSSSM
IST DAS...
...NARUTO ...?!
SEIN CHAKRA ...?!
WAS IST DAS FÜR EIN CHAKRA ...?!
GO GO GO GO GO

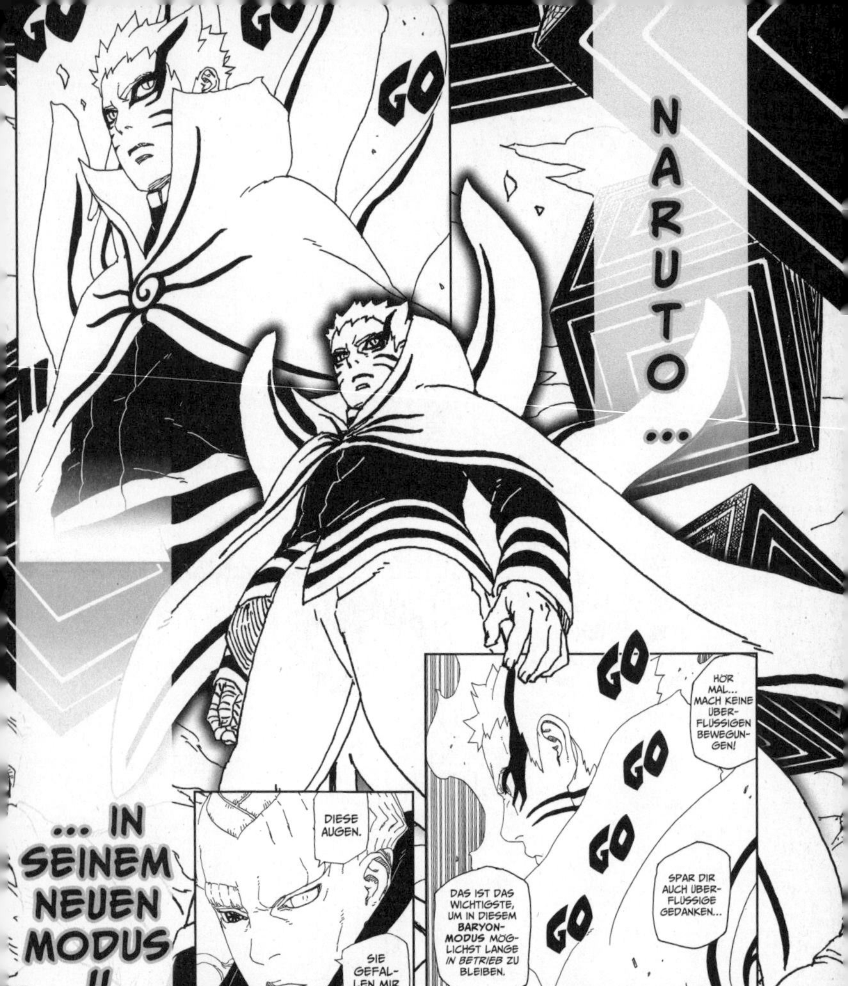
NARUTO ...
GO GO GO
HÖR MAL... MACH KEINE ÜBERFLÜSSIGEN BEWEGUNGEN!
GO GO GO GO GO
SPAR DIR AUCH ÜBERFLÜSSIGE GEDANKEN...
DAS IST DAS WICHTIGSTE, UM IN DIESEM BARYON-MODUS MÖGLICHST LANGE IN BETRIEB ZU BLEIBEN.
DIESE AUGEN.
SIE GEFALLEN MIR NICHT.
... IN SEINEM NEUEN MODUS!!

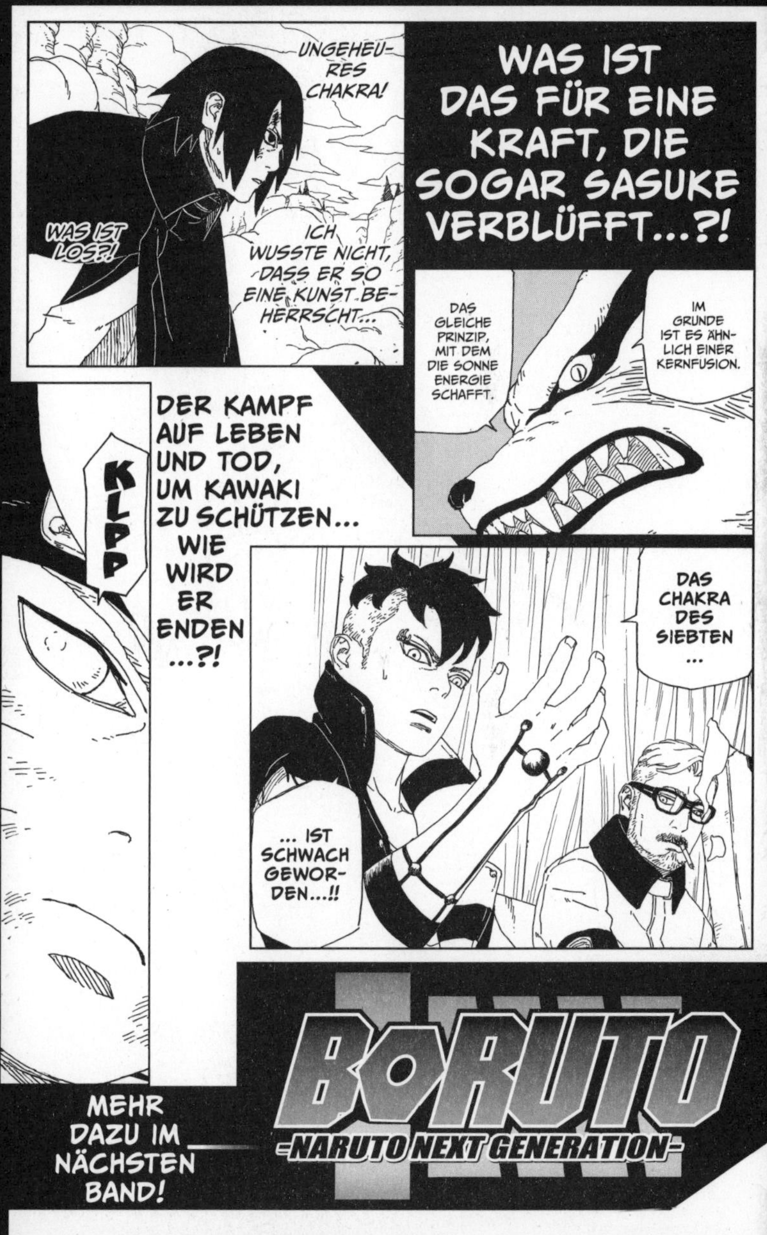
WAS IST DAS FÜR EINE KRAFT, DIE SOGAR SASUKE VERBLÜFFT...?!
UNGEHEU-RES CHAKRA!
ICH WUSSTE NICHT, DASS ER SO EINE KUNST BE-HERRSCHT...
WAS IST LOS?!
IM GRUNDE IST ES ÄHN-LICH EINER KERNFUSION.
DAS GLEICHE PRINZIP, MIT DEM DIE SONNE ENERGIE SCHAFFT.
DAS CHAKRA DES SIEBTEN ...
... IST SCHWACH GEWOR-DEN...!!
DER KAMPF AUF LEBEN UND TOD, UM KAWAKI ZU SCHÜTZEN... WIE WIRD ER ENDEN ...?!
KLPP
BORUTO
-NARUTO NEXT GENERATION-
MEHR DAZU IM NÄCHSTEN BAND!

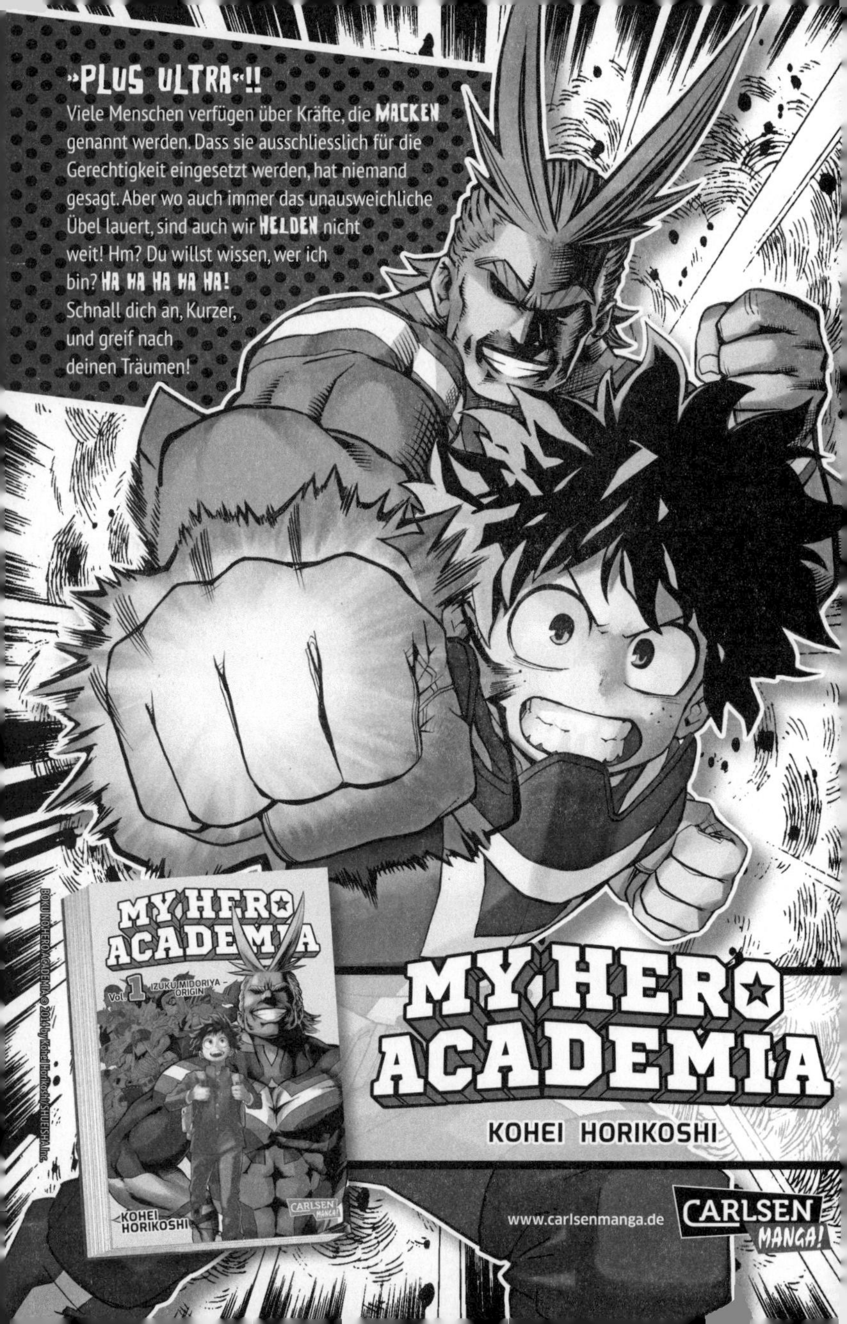
»PLUS ULTRA«!!
Viele Menschen verfügen über Kräfte, die MACKEN genannt werden. Dass sie ausschliesslich für die Gerechtigkeit eingesetzt werden, hat niemand gesagt. Aber wo auch immer das unausweichliche Übel lauert, sind auch wir HELDEN nicht weit! Hm? Du willst wissen, wer ich bin? HA HA HA HA HA!
Schnall dich an, Kurzer, und greif nach deinen Träumen!
MY HERO ACADEMIA
Vol. 1 IZUKU MIDORIYA – ORIGIN
KOHEI HORIKOSHI
CARLSEN MANGA!
MY HERO ACADEMIA
KOHEI HORIKOSHI
www.carlsenmanga.de
CARLSEN MANGA!
BOKU NO HERO ACADEMIA © 2014 by Kohei Horikoshi/SHUEISHA Inc.

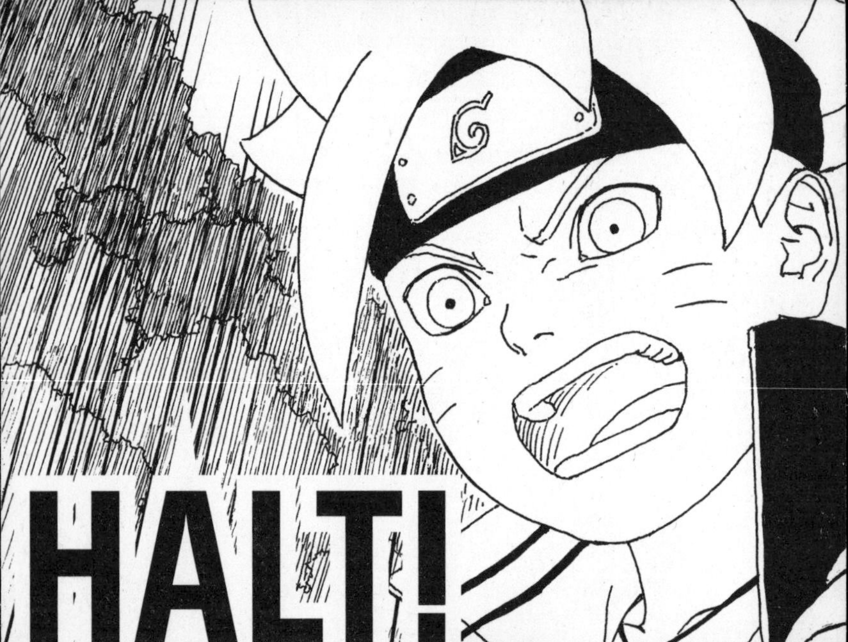

HALT!

Das ist nicht die erste Seite des Buches. »Boruto« ist ein japanischer Comic. In Japan liest man von »hinten« nach »vorne« und von rechts oben nach links unten, also genau spiegelverkehrt zu dem, wie wir es gewohnt sind.
Auch die Bilder und Sprechblasen auf jeder Seite werden so gelesen, wie es in der Grafik gezeigt wird! Die Legende der neuen Generation beginnt!!

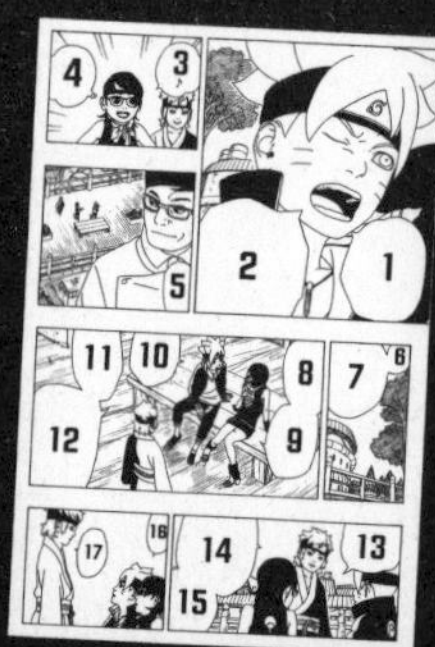

Wir produzieren nachhaltig

- Klimaneutrales Produkt
- Papiere aus nachhaltigen und kontrollierten Quellen
- Hergestellt in Europa

CARLSEN MANGA! NEWS * Aktuelle Infos abonnieren unter www.carlsenmanga.de * www.carlsen.de

CARLSEN MANGA * Deutsche Ausgabe / German Edition * Völckersstraße 14-20, 22765 Hamburg Aus dem Japanischen von Miyuki Tsuji * * First published in Japan in 2016 by SHUEISHA Inc., Tokyo. * German translation rights in Germany, Austria, Luxembourg and German-speaking Switzerland arranged by SHUEISHA Inc. through VME PLB SAS, France. * Redaktion: Anne Berling * Textbearbeitung: Ina Schiele * Herstellung: Derya Yıldırım *
ISBN 978-3-551-77847-5